니체 입문

니체 아카이브

니체 입문

베르너 슈텍마이어 지음
홍사현 옮김

Friedrich Nietzsche zur Einführung

개성

차례

서문

니체의 글은 잘 읽힌다. 그럼에도 이해하기는 쉽지 않다. 니체의 텍스트는 오늘날까지도 우리를 사로잡고 놀라게 한다. 그의 글쓰기 스타일이 그렇고, 그의 풍부하고 다채로운 사유가 그렇다. 하지만 우리가 니체의 텍스트를 읽고 그 내용에 대해 궁극적으로 확고한 믿음을 얻을 수는 없을 것이다. 그의 글은 독자에게 확신을 주기보다는 당혹감을 주기 때문이다. 니체가 원했던 것이 그런 것이었다. 니체는 철학의 모든 영역을 새로이 뒤흔들었고, 수백 년 수천 년 동안 믿어왔던 모든 것을 뒤집고 파헤쳤다. 진리와 이성과 논리와 학문을, 도덕과 종교를, 실체와 주체를, 원인과 결과를, 의식을, 의지와 자유를, 자기 유지와 진보 등등을 다시 새롭게 사유했다. 물론 이때 그 어떤 새로운 확실성이나 이론 혹은 체계를 통해 또 하나의 새로운 토대를 제공하려 하지는 않았다. 니체는 주저 없고 가차 없는 솔직함과 냉혹함으로 철학의 이 모든 전통적 가치를 인간 삶의 현실 앞에 마주 세웠다. 그 모든 가치는 겉보기에만 확정되어 있을 뿐 근본적으로는 규정할 수 없는 것임을 잘 알고 있었기 때문이다. 그래서 니체는 모순적으로 보일 수 있는 측면까지도 감수했다. 니체는 방향을 잡게 하면서, 그와 동시에 방향을 잃게 만든다. 우리가 모든 것에서 경험하듯이, 인간이 하는 삶의 방향 설정에 있어 최종적 확실성이란 원래 가능한 것이 아니다. 우리가 최종적 확실성을 말할 수 있는 경우는 삶 너머에서의 어떤 (초월적이거나 선험적인) 입장을 취하여 우리에게 순수한 개념처럼 보이는 것들을 통해 다시 이 삶을 이해할 때뿐이다. 그러나 철학자들 역시 자신도 모르게 자신의 숙고를 이끌어나가는 다양한 욕구와 필요를 가진 살아 있는 존재들이다. 니체는 철학자들에게 고유한 것으로 여겨졌던 무조건적인 절대자에의 의지를 다시 삶의 조건들하에 불러 내렸다. 그의 철학함은 글자 그대로 '살갗 안으로, 표피 속으로 들어가는 것이다'(unter die Haut gehen: 원래 숙어로는 '자극하다, 감동을 주다'라는 뜻). 니체에 따르면, 철학으로부터 하나의 이론을 만들어내기 이전, 그 철학자의 몸속에 이미 철학이 들어 있다. 그리고 필요할 경우에만 철학에서 어떤 하나의 이론을 만들어내는 것이다. 그러므로 그 누군가가 어떤 이론을 제시하는가를 보면 그 사람이 어떤 사람인지 알 수 있다. 하나의 철학적 이론은 참이거나 거짓인 것이 아니다. 어떤 철학자의 이론은 그가 극복하고자 하는 그 무엇의 징후다. 니체 역시 자신의 삶 자체에서 그에 관한 철저한 질문을 던졌다. 철학 혹은 철학함Philosophieren[*]은 철학하는 자 자신으로부터, 즉 자기 고유의 여러 지평과 관점, 그리고 방향 설정에서 시작되어야 한다. 철학자는 오직 이로부터 다른 사람들의 지평과 관점과 방향 설정에 다가가 이해할 수 있으며, 때로는 짐작만 할 수 있다. 이런 점에서 볼 때 절대적 보편타당성에 대한 철학적 요구는 월권이나 마찬가지다. 니체는 소위 철학적 객관성이라 불리는 것 대신에 어떤 누군가가 취할 수 있는 관점의 다양성을 제시했다. 그리고 이전의 어떤 위대한 철학자에게서도 찾아볼 수 없는 방식으로 매번 새롭게 시도되고 발전하는 콘텍스트들과 다양한 형식의 철학적 글쓰기를 통해 자신의 관점들의 다양성을 실험했다. 니체는 특히 그중에서도 아포리즘 형식의 저서를, 즉 그 자체로는 독립적인 여러 종류의 일련의 텍스트들이 서로 열린 맥락 관계를 이루며 연속적으로 이어져 있는 형태의 책을 전통적으로 하나의 원리를 중심으로 완결된 철학적 체계에 대항적인 글쓰기 기획으로서 부각시켰다. 니체에 처음으로 입문하는 사람이라면, 그의 사유 방향에 감을 잡는 데 있어 출발점으로 삼을 만한 그 어떤 궁극적이고 확고한 발판도 기대할 수 없다. 그 반면 자기 스스로 방향을 설정해야 할 필요와 욕구는 그만큼 더욱

★   저자는 이 책 전체에서 철학이라는 일반적인 단어 Philosophie보다는 '철학하다'라는 동사의 명사형인 Philosophieren을 주로 사용한다. 우리말로 옮길 때는 맥락과 내용에 따라 철학함, 철학, 철학 방식, 사유 등으로 조금씩 달리 번역했다.

더 강해진다. 니체의 독자는 니체를 읽을 때 다음과 같은 사실들을 자기 자신에게서 관찰할 수 있다. 자신이 얼마만큼 니체를 견뎌 낼 수 있는지를, 최종적 확실성으로 보이는 모든 것에 대해 니체가 던지는 의심의 눈길을 자신이 얼마나 멀리까지 함께 따라갈 수 있는지를, 그리고 더 이상 니체를 감당하지 못하고 포기하며, 그래서 자신은 역시 아무래도 의지할 수 있는 무엇, 궁극적이고 견고하고 무시간적인 그 어떤 것이 필요하다고 깨닫는 지점이 어디인지 스스로 관찰할 수 있다. 이때 이 궁극적이고 견고하고 무시간적인 것, 즉 형이상학은 그 자체로 반드시 체계적인 형태로 표현되어 나타나는 것만은 아니다. 종교나 도덕, 정치, 학문, 논리 속에도, 심지어 물음을 던지는 데 지친 단순한 피로감 속에도 숨겨져 있을 수 있다. 니체의 철학함은 인간 삶의 방향 설정이 이러한 형이상학 없이 과연 어느 정도까지 가능한 것인가에 대한 끊임없는 실험이며, 이 실험은 니체 자신뿐 아니라 그의 독자들까지도 대상으로 하는 것이다. 니체는 우리에게 너무나 자명하게 보이는 것이 도대체 어떤 조건에 의해 그렇게 자명한 것이 될 수 있었는지, 즉 그 가능성의 조건들이 무엇인가를 묻는 비판적 철학을 멈추지 않고 계속 진행하는데, 그 목적은 그 조건들에 대한 대안들을 보여줌으로써 인간 삶의 방향 설정이 다양하게 이루어질 수 있는 여지를 충분히 확장하는 것이다. 그리고 그의 비판철학은 우리를 불안하게 하는 동시에 자유롭게 한다. 이 점에 있어 니체만큼 멀리 나간 철학자는 지금까지 아직 없다. 니체는 철학을 무엇보다도 인간의 철저한 자기비판의 실험대로서 매우 엄격하고 심각하게 받아들였다. 이 실험은 인간을 삶과 삶의 부단한 변화로부터 차단하는 것이 아니라, 오히려 삶과 변화를 그에게 활짝 열어 보이고 거기에 내맡기도록 한다. 또 이 실험은 인간을 겉보기에 견고하고 불변하는 것들에 암울하게 붙들어 매어놓는 것이 아니라, 확신을 가지고 즐거운 마음으로 흘러 지나가는 시간을 동반자로 삼을 수 있는 힘, 그리고 시간이 제공하는 예상 밖의 놀라움을 새로운 방향 설정에 소용될 수 있도록 하는 힘을 발휘하게 한다.

바로 이러한 지점에서 니체를 이해하는 데 도움을 주고자 하는 것이 이 입문서의 목적이다. 따라서 이 책에서는 니체의 철학을 체계적 가르침들로 확정하여 설명하는 대신, 니체가 철학하는 방식과 태도 자체를 가급적 그대로 보여주는 데 주력한다. 이를 위해 다음과 같은 내용이 각 장으로 나뉘어 전개될 것이다. 니체가 접하고 읽었던 여러 문헌, 니체가 관심을 두었고, 또 그에게 영향을 끼쳤던 여러 영역, 니체가 실험적으로 시도했던 여러 철학적 글쓰기 형식들, '양성적' 독자들에게 니체가 기대하는 것들, 그가 자신의 철학적 '과제'로 삼은 것, 이 과제를 수행할 때 출발점으로 삼은 주도적인 구별, 이 구별로부터 니체가 비판하는 환영적인 방향 설정, 자기비판적 방향 설정의 근거와 척도, '모든 가치의 가치 전환'의 여러 길과 니체의 '긍정'이 그것이다. 내가 이 입문서를 통해 특히 강조하고자 하는 것은, 니체의 철학은 그가 여러 방식으로, 특히 차라투스트라의 입을 통해 전달하는 위버멘쉬, 힘에의 의지, 영원회귀 등의 잘 알려진 몇몇 개념만으로는 결코 충분히 설명할 수 없다는 점이다. 오히려 이러한 주요 개념들 역시 니체의 비판적 사유 태도 자체로부터 비로소 이해되는 것으로 보아야 한다. 이러한 의도하에(비록 얇은 입문서로 기획된 이 책이 허락하는 지면이 그리 많지는 않지만) 무엇보다 니체 자신의 발언을 직접 듣고자 한다. 특히 이 책의 서두로서 먼저 1장에서는 니체가 살아온 환경이나 경험들에 대한 내용이 비교적 길게 전개되는데, 이를 통해 그의 성격이나 [행위] 윤리적 근본 태도가 동시에 드러나도록 서술했다. 왜냐하면 니체의 사유나 철학 방식이 살아온 환경이나 경험들로부터만 생겨난 것은 분명 아니지만, 니체라는 개인을 형성한 환경과 경험을 알지 못하고는 니체 철학의 성격을 이해하기 쉽지 않기 때문이다. 이러한 사실은 니체에 대해 여전히 통용되고 있는 정치적 해석들이, 즉 분별력을 잃은 최초의 파시스트적 전사로서의 니체를 강조하려는 해석들이 애초부터 개연성이 전혀 없음을 분명히 확인해줄 것이다. 이와 연관하여 두 번째 장에서는 이러한 삶의 경험들이 니체의 철학적 저작에 대해 지니는 의미를 니체 자신이 어떻게 평가하고 있는지 드러날 것이다.

이 책에서는 불충분한 지면으로 인해 니체의 저서 소개 및 요약 역시 생략한다. 이러한 정보는 여러 철학 사전이나 니체에 관한 핸드북 등이 이미 제공하고 있기 때문이며, 다른 한편으로 그런 식의 요약에서는 불가피하게 적극적인 '학설들'을 통해 니체의 철학을 언급해야 하는데, 바로 이것이야말로 니체가 특히 비판적으로 공격하며 일어나지 않기를 원했던 것이기 때문이다. 이와 함께 니체 연구의 동향에 대한 언급 역시 최대한 생략한다. 니체 연구의 성과가 그사이 너무나 풍부하게 쌓여왔으며, 또 너무나 많은 영역의 갈래를 내는 상황에서, 각각의 주제에 대해 찬성과 반대 입장을 취하는 가장 영향력 있는 학문적 의견들만 소개하고 인용한다 해도, 이를 싣기 위해서는 또 다른 입문서 한 권이 추가로 필요할 정도이기 때문이다. (가령 1960~2000년 사이 프랑스, 이탈리아, 영국에서의 니체 연구 경향에 대한 입문서가 이미 나왔다[부록의 RNL 참조]). 심지어 이 책 부록의 학술지 항목에 실려 있는 국제적으로 중요한 니체 연구서들이나 논문들의 목록만으로도 책 한 권 분량이 넘을 것이다. 그래서 학문적으로 니체를 공부하는 데 중요한 도움이 되는 자료들을 한데 모아 작성했다. 여기에 학술적으로 고증되어 인용 가능한 니체 판본들, 니체 관련 사전들, 핸드북과 백과사전, 니체 관련 인터넷 사이트와 여러 기관뿐 아니라, 특히 1867년부터 1998년까지의 연구를 매우 철저히 조사하여 다섯 권으로 발행한 《바이마르 니체 참고도서 목록》이 속한다. 이 목록은 앞으로도 계속 갱신될 것이라고 한다. 그리고 《니체 연구 Nietzsche-Studien》 역시 마찬가지로 매우 중요한데, 여기에는 최근 니체 연구의 여러 영역에 대한 정기적인 서평 모음들이 실린다. 니체의 특정 주제어들과 관련된 전거 역시 앞서 언급한 니체 사전이나 핸드북 등에서 찾을 수 있다.

1844~1864년

1844년: 10월 15일, 프리드리히 빌헬름 니체는 목사인 칼 루드비히 니체Carl Ludwig Nietzsche(1813~1849)와 그의 아내 프란치스카Franziska(1826~1897. 결혼 전의 성은 욀러Oehler)의 첫째 아들로 뢰켄 Röcken bei Lützen에서 태어났다. 친할아버지와 외할아버지 모두 목사였다.

1846년: 7월 10일, 여동생 엘리자베스가 태어났다. (엘리자베스는 니체보다 35년 더 살았다. 1935년 11월 8일에 죽었다).

1849년: 2월 27일, 남동생 루드비히 요제프가 태어났다. 6월 30일, 니체가 존경하고 좋아했던 아버지가 '뇌연화증'으로 세상을 떠났다. 이듬해인 1850년 1월 4일에는 남동생이 죽었다. 니체는 그 전날 아버지가 남동생을 자기 무덤으로 데려가는 꿈을 꾸었다고 한다. 니체는 이후 여자들만 있는 집에서 어린 시절을 보낸다 (어머니, 여동생, 할머니, 고모들, 하녀).

1850년: 가족 전체가 나움부르크로 이주한다. 니체는 소년 시립초등학교에 입학했는데, 급우들은 엄숙하고 진지한 니체를 '어린 목사'라고 불렀다. 이와 반대되는 면이, 니체 자신의 표현을 빌리자면 '현실적이지 못한' 면이 니체의 원래 성격으로 남는다.

1851년: 니체는 자신과 비슷하게 진지한 성향을 지닌 친구 구스타프 크룩Gustav Krug, 빌헬름 핀더Wilhelm Pinder와 함께 사립 교육기관인 '칸디다텐 베버Kandidaten Weber'로 학교를 옮겼다. 여기서 피아노 수업을 받고, 나중에 매우 뛰어난 피아노 연주 실력을 갖추게 된다. 니체는 특히 즉흥연주를 매우 좋아했다. 고향 사투리를 쓰는 습관을 버렸다.

1854년: 할아버지 대부터 집안과 관계가 있던 할레의 수도원 학교에 수업료를 면제받고 다닐 기회가 있었으나 니체의 어머니가 이를 거절하고 유명한 '돔 김나지움Dom-Gymnasium'에 니체를 입학시켰다. 스스로 무언가 창작해내고자 하는 강렬한 욕구, 최초의 작곡 습작들, 시와 드라마 작품들, '성채게임'이나 '병사게임' 같은 보드게임을 좋아했다. '성채 구조에 대해'라는 제목으로 여러 스케치와 메모들을 남겼다. 니체는 동급생들에게 절도가 있다는 인상을 주었지만 내면적으로 매우 고독했으며, 자신의 고독을 사랑했다. 심한 두통으로 휴학을 했다. 이 두통은 이후 점점 증세가 악화되었고, 정신착란으로 쓰러지기 전까지 매우 활발한 정신적 활동을 하며 보냈던 평생 계속 반복되었다. 수영을 배우고 스케이트 타는 것을 좋아했다. 어린 여동생 엘리자베스는 니체를 우상처럼 떠받들었다.

1856년: 최초의 철학적인 논문 〈악의 근원에 대하여〉를 저술한다.

1858년: 최초의 자전적인 글 〈나의 생애로부터〉를 저술한다. 수영 시험에 통과한다. 니체의 가족은 나움부르크에서 봐인가르텐 18번지로 이사하는데, 이곳에서 니체의 어머니는 죽을 때까지 (1897년) 계속 살았다.

1858~1864년: 왕립 기숙학교인 김나지움 '슐포르타Schulpforta'에 입학한다. 이 학교에서는 고전어가 수업의 거의 절반을 차지했고, 철학에는 크게 가치를 두지 않았다. 247개에 달하는 조항의 엄격한 학칙, 철저한 일과(늦어도 오전 5시 기상), 학생들이 완수해야 할 여러 봉사 의무, 가문별로 나누어지는 학생들의 그룹, 세밀하게 짜놓은 벌칙 체계(가령 '호메로스 서사시 80행 외우기' 같은 것)가 있었다. 학생들은 15명의 선생 가운데 각자 자신의 담임교사를 선택했다. 방학 기간은 여름과 크리스마스 때뿐이었다. 고인(이된 학생들)을 추도하는 미사는 '에케Ecce'로 시작하는 진혼곡으로 거행되었다. 니체는 이제 남자들로만 이루어진 환경에서 살아간다. 학생들은 서로 존대하는 분위기였는데, 니체는 그중 파울 도이센Paul Deussen(1845~1919)과는 서로 말을 놓는 친구가 된다. 파울 도이센은 이후 니체와 함께 본대학교에서 공부하고, 니체처럼 쇼펜하우어를 찬양하며, 니체와의 친분이 소원해진 후 나중에는 인도철학 전문가이자 철학 교수가 된다. 니체는 학교 의무실에 머무는 일이 잦아졌다.

1859년: 열다섯 번째 생일에 다음과 같이 기록한다. "인식을 향한 엄청난 열망, 보편적 교양에 대한 엄청난 열망이 지금 나를 사로잡고 있다." 의사로부터 언젠가 시력을 완전히 잃을 수 있다는 말을 듣는다.

1860년: 나움부르크 시절의 친구인 크룩, 핀더와 함께 '게르마니아Germania'라는 모임을 만든다. 정기적으로 시문학 작품이나 학술적 간행물을 내고, 나중에는 음악 작품이나 시사적인 글도 창작하기로 계획하면서 서로의 글이나 작품에 대해 비판적인 의견을 교환했다. '게르마니아'는 엄격한 규칙을 정해놓고 거기에 따랐다. 이 모임에서 바그너가 작곡한 〈트리스탄과 이졸데〉의 피아노 편곡 악보를 구해서 열광적인 연주를 했으며, 가사를 따라 부르기도 했다. 하지만 구성원들이 각자 맡았던 창작물들을 더 이상 활발히 준비하지 못하는 상황이 자주 생겨나면서, 이후 1863년 여름 '게르마니아'는 결국 완전히 중단되었다.

1861년: 니체는 견진성사 후에는 기독교로부터 거리를 취한다. 슐포르타에서 배웠던 성서에 대한 역사적·비판적 접근 방법의 인상 역시 여기에 영향을 끼쳤을 것이다. 니체가 '가장 좋아하는 시인'은 프리드리히 횔덜린Friedrich Hölderlin이었는데, 이를 보고 어떤 선생은 "좀 더 건강하고, 좀 더 명료하며, 좀 더 독일적인 시인들을 읽으라"고 주의 섞인 충고를 했다. 말년의 니체는 횔덜린을 병리학적으로 건강하지 못하다고 여기게 된다.

1862년: 그리스어와 라틴어 논문에서 뛰어난 실력을 보인다. 니체가 수학에 매우 취약했다는 사실은 잘 알려져 있다. (슐포르타를 졸업하면서 수학에 대해 "지나치게 지성적인 학문", "너무 지겨운 학문"이라는 메모를 남겼다). 그럼에도 별로 재능이 없었다. 〈음악에서의 악마적인 것에 대하여〉라는 제목으로 학교에서 강연했고, 〈운명과 역사〉, 〈의지 자유와 운명〉이라는 논문을 작성했다. 상급생들끼리 가는 수학여행에서 니체는 보통 맥주 대신에 코코아를 마셨다. 피아노에 앉으면 대가다운 즉흥연주를 했다. 연기에는 맞지 않아 교내 연극 공연에 어울리지 못했다. 한 번 음주 행위로 벌을 받았으며, 이에 대해 후회했다.

1863년: 에르마나리크 전설에 대한 논문을 작성했다(니체에 따르면 "학교생활 동안 어느 정도 만족했던" 유일한 작업). '훈족의 지배를 받았던 동고트족의 불행한 왕'이라는 이 논문의 소재는 이후로도 오랫동안 니체를 사로잡았다. 지방 영주의 아들 칼 폰 게르스도르프Carl von Gersdorff(1844~1904)와 친교를 맺는데, 이후 라이프치히와 바젤에서 그들의 우정은 더욱 돈독해지면서 게르스도르프가 니체의 초기 저작 중 여러 편을 받아 적기도 한다. 그러나 1877년에 이 관계는 깨진다. 1878년 게르스도르프는 아버지의 땅과 재산을 물려받았으며, 왕립 시종이자 요한 기사 수도회 훈장을 받고 명예기사가 된다. 니체는 '끔찍하고 정욕적인' 성적 사랑보다는 우정을 언제나 우위에 놓았다.

1864년: 니체는 라틴어로 고대 그리스의 엘레기 시인인 테오그니스Theognis에 대한 졸업논문을 썼다. 테오그니스는 기원전 6세기 그리스의 계층 투쟁에서 (귀족들에게 더 이상 아무런 힘이 없다는 한탄과 함께) 귀족의 편에 섰던 시인이며, 또한 현명한 태도로 삶에의 순리에 따를 것을 충고했고, 삶의 향유와 '소년에 대한 사랑'을 옹호했다. 니체는 학업 기간 동안 계속 테오그니스에 매달렸다. 니체가 '가장 좋아하는 시문학 작품'은 플라톤의 《향연Symposion》이었다.

1864~1865년

본대학에서 두 학기 동안 (어머니의 소망에 따라) 신학을, (본인의 뜻으로) 고전문헌학을 공부했다. 친구 도이센 및 다른 신입생들과 함께 대학생 연맹 '프랑코니아Frankonia'에 열렬한 관심을 보이며 적극적으로 가입했고, (재미로 벌였던) 결투에서도 지지 않는 실력을 보였으며, 개교 기념 축제에서 "애국적인 구호로 끝을 맺는 마법 익살극"을 쓰기도 했다. 그러나 그리 만족감을 느끼며 지내지 못했고 아웃사이더에 속했다. 학문에 매우 열중하여 여러 학술적인 모임에 참가했다. 사육제를 싫어했다. 경제적으로 생활이 계속 궁핍했기 때문에 돈을 빌릴 수밖에 없는 경우도 생겼다. 다시 심한 병(류머티즘)으로 고생했다. 칼 샤르슈미트Carl Schaar-schmidt에게서 철학 수업을 들었지만, 니체에게 그리 큰 영향을 끼치지는 않은 것으로 보인다. 테오그니스에 대한 논문 작업을 계속했다. 신학 공부를 포기했으며, 작곡도 중단하려고 했다. 도이센이 남긴 기록에 따르면, 니체가 쾰른에서 마차로 시내 일주를 할 때 마부가 길을 잘못 들어 사창가로 가게 되었는데, 거기서 니체는 여자들 앞에서 피아노 즉흥연주를 하고 빠져나왔다고 한다. 니체가 매독균에 한 번 감염된 것이 이때라고 빈번히 언급되곤 하지만 그 사이의 연구 결과에 따르면, 그럴 가능성이 없는 것으로 밝혀졌다. 니체는 이제 나움부르크에서 방학을 보낼 때, 더 이상 어머니와 저녁을 같이 먹지 않는다. 그렇지만 본대학 시절에 가족들을 그리워하곤 했다. 니체는 유명한 문헌학 스승인 프리드리히 리츨Friedrich

Ritschl(1806~1876)을 따라 본에서 라이프치히로 대학을 옮겼다. 니체는 본을 떠나면서 그때의 기분을 다음과 같이 남겼다.

"모든 것이 이렇게 될 수밖에 없었다."

1865~1867년

니체는 라이프치히에서 매우 편안한 기분을 느끼기 시작했다. 곧이어 사교적인 대학 생활을 보냈으며, 매우 친밀한 교우 관계를 형성했다. 고전문헌학에 집중하기 위해 신학을 포기했고 '프랑코니아'를 탈퇴했다. 자신이 사는 건물 1층 건물주가 운영하는 '론'이라는 이름의 헌책방에서 쇼펜하우어의《의지와 표상으로서의 세계》를 우연히 발견했으며, 이 '강렬하고도 음울한 천재'에게 몇 주 이상 마음을 빼앗겨 극심한 '자기 경멸'과 엄청난 '자기 고문' 심지어 '육체적인 고통'에까지 빠져들었다. 니체는 이때 "나는 쇼펜하우어가 마치 나를 위해 그 책을 쓴 것처럼 그를 이해했다"고 썼다. 대학생의 일상으로 돌아와서 스승 리츨의 권고와 도움을 받아 '고전문헌학회'를 설립했으며, 이 학회 정관은 대학 사법 조정관들을 통해 공적으로 인가를 받았다. 니체는 이곳에서 자신이 작업해왔던 테오그니스 논문을 발표해 큰 성공을 거두었고, 이 글을 리츨에게도 제출했다. 이 논문에 대해 리츨은 대학 3학기 학생이 이와 같은 글을 쓴 경우는 본 적이 없다고 칭찬했으며, 책으로도 출판해볼 것을 제안했다. 니체는 자신에 대한 리츨의 자부심을 부끄러워했다. 니체는 자신에게 '일종의 학문적 양심'인 리츨 교수와 좀 더 밀접하고 사적인 관계가 되었지만, 리츨 교수는 니체에게 철학을 하지 말라고 말렸다. 니체는 리츨의 '고전문헌학연구회'에도 가입했는데, 여기서는 매주 구성원들의 연구에 대해 라틴어로 논평과 토론이 이루어졌다. 쇼펜하우어에 대한 '선교 활동'은 그치지 않고 이어졌다. 마치 성자처럼 살았으며, 육체적 향유는 케이크와 파이를 먹는 데 그쳤다. 하인리히 로문트Heinrich Romundt(1845~1919)와 친구가 되었다. 후에 니체는 로문트를 바젤로 불러와 철학으로 이끌었고, 로문트는 그 후 실제로 대학의 시간강사가 되었으나 쇼펜하우어주의자였던 까닭에 교수직을 얻지는 못했다. 그러나 그는 칸트에 대한 여러 저서를 통해 이름을 알렸고, 니체와 마찬가지로 리츨 교수를 따라 본에서 라이프치히로 대학을 옮겼던 에르빈 로데Erwin Rohde(1845~1898)와 함께 고전문헌학회 회원이 되었는데, 로데 역시 쇼펜하우어를 숭배했다. (니체에 따르면 "윤리학적, 철학적 배경을 통해 형성된 교우 관계를 경험한 것은 지금까지 이때 단 한 번밖에 없다.", "우리는 보통 매우 심하게 논쟁을 했다.") 바젤대학 시기에 니체는 에르빈 로데를 진심 어린 우정으로 대했으며, 언제나 두터운 의리로 헌신적으로 격려했다. 로데는 바이로이트 후원자의 핵심 멤버에 속했으며, 명망 있는 고전문헌학 교수가 되었다. 그러나 니체가 바그너와 절교한 후 로데는 니체와 점점 매우 소원해졌다. 니체가 묘사했듯이 "비판과 규율"의 인간이었던 로데에게 니체의 '즐거운' 학문이라는 실험은 그저 재기 넘치는 탈선에 지나지 않는 것으로 여겨졌다. 프로이센 및 독일 북부 여러 작은 주와 오스트리아 및 독일 남부 여러 주 간에 전쟁이 일어나고 있을 때("최근 50년 이래로 우리는 단 한 번도 우리 독일인들의 희망을 성취하는 데 이렇게 가까이 다가간 적이 없었다. 나는 결국 파괴적인 전쟁의 끔찍한 (길 외에 더 부드러운 어떤 다른 길이란) 아마도 있을 수 없었을 거라는 사실을 차츰 이해하기 시작했다"), 니체는 자신이 "열광적인 프로이센인"이라고 고백했다. 물론 입대 지원을 한 것은 아니었다("우리는 학업을 계속하면서도 조국에 봉사하고 있다"). 비스마르크는 니체에게 "엄청난 감흥"을 불러일으켰다.

〈테오그니스 문집의 최종 편집〉, 〈수다Suida의 문학적, 역사적 전거에 대하여〉, 〈테오그니스의 격언 모음집의 역사에 대하여〉가 당시 명성 있는 잡지 《라인 문헌학 학술총서Rheinischen Museum für Philologie》(이하 《라인 문헌학》으로 약기)에 실렸다. 니체는 새로 출간된 프리드리히 알베르트 랑게Albert Lange의 《유물론과 그 현재적 의미에 대한 비판의 역사Geschichte des Materialismus und Kritik seiner Bedeutung in der Gegenwart》를 읽었다. 이 책은 니체에게 가장 중요한 영향을 준 책들 가운데 하나가 된다("칸트, 쇼펜하우어, 그리고 랑게의 이 책—내게 필요한 것은 더 이상 없다"). 디오게네스 라에르티오스Diogenes Laertios의 전거들에 대한 연구논문을 완성했다. 이 주제는 같은 기간에 리츨 교수가 대학의 학술상 공모 과제로 지정한 것이며, 니체가 이 상을 수상했다. 이 연구 결과가 《라인 문헌학》에 발표되었을 때, 여느 때와 마찬가지로 니체는 이에 대해 전혀 기뻐하지 않았다("여러 가지로 오류가 너무 많다. 무모한 헛소리는 더욱 많고, 모든 것이 미숙하게 표현되었다"). 아리스토텔레스에 관해 쓴 발렌틴 로즈Valentin Rose의 책에 자극을 받아(이 책으로부터 니체는 '각자 자신을 위해 쓴다sibi quisque scribit'라는 자신의 모토를 빌려왔다), 니체는 고전문헌학회에서 아리스토텔레스의 저작들에 관한 디오 게네스 라에르티오스의 《피나케스》(도서목록집)에 대해 강연한다. 소위 호메로스 문제, 그리고 호메로스와 헤시오도스 사이에 있었 던 것으로 추정되는 경쟁 문제에 전념했고, 그 가운데 경쟁(아곤 agon)에서 고대 그리스인들의 본질적 특성을 발견한다. 아곤의 독 일적 양식에 대해 연구하기로 결심한다. 책에 대한 염증을 토로한 다. 로데와 함께 승마 수업을 받는다. 랑게가 선호했던 데모크리 토스의 위작들을 연구한다.

1867~1868년

나움부르크 야전 포병 연대의 기병 부대에서 소위 '1년 임기 의' 자원병으로 군 복무를 한다. 이 일은 "가장 힘든 군 복무"로 간 주되었다. 니체는 이 기간을 용감하게 뚫고 지나갔으며, 자질 있 는 훌륭한 기병임을 입증했다. 나아가 연구를 방해할 정도의 강한 회의감이나 자신 안에 존재하는 문헌학적 "공장 노동자"에 대한 '해독제'로서 군대 생활을 오히려 즐겼다. 말에 올라타다가 흉골 을 심하게 다친 후 "끔찍한 고통"에 시달린다. 고통을 경감하기 위 해 모르핀을 맞고, 5개월간 의사의 치료를 받는다.

"가슴 한가운데에는 뼈와 함께 자라면서 아물고 난 후에 생긴 깊숙한 흉터 하나만 남아 있다."

다시 문헌학 연구에 몰두한다. 상등병으로 승진하지만, 군 복무를 하기에는 '현 상태로는 불합격'이라는 판명을 받아 군 복무가 면제되어 스물네 번째 생일에 군대를 떠난다.

1868~1869년

다시 라이프치히로 온다. 새로 출간된 문헌학 연구에 대한 서평들을 《문학중앙지Literarisches Centralblatt》에 싣는다. 호메로스와 헤시오도스의 동시대성에 대한 문헌학 박사 논문을 구상하고, 또 쿠노 피셔Kuno Fischer가 쓴 칸트에 대한 저술들과 칸트의 《판단력 비판》을 (부분적으로) 읽고 이를 기초로 철학 박사 논문 〈칸트 이후의 유기체 개념에 대하여〉 역시 구상한다. 이 두 계획 모두 얼마 후 곧 포기한다. 칸트에 의해 포에지와 종교의 대열로 옮겨진 형이상학을 확실하고 단호하게 거부한다. 쇼펜하우어 역시도 결국 사유할 수 없는 것으로 남아 있을 수밖에 없는 칸트의 물자체 X의 자리에 의지를 상정했을 뿐이다. 물론 니체는 쇼펜하우어를 계속 '위대한 인물'로, 그의 진정성과 용기 그리고 그의 문체를 높이 평가한다. 현실적 삶을 위해 문헌학 교수가 되기로 결심한다. 동시에 로데와 함께 1년을 더 파리에서 지내기로 계획한다. 감격에 겨워 〈트리스탄과 이졸데〉 서곡과 〈뉘른베르크의 마이스터징어(명가수)〉 서곡을 듣는다. 동양학자인 헤르만 브로크하우스Herman Brockhaus의 집에서 '마이스터' 바그너를 직접 만난다. 니체에게 이미 〈뉘른베르크의 마이스터징어〉의 한 부분을 연주해 주었던 브로크하우스는 바그너의 누이와 결혼했으며, 누이는 리츨 교수의 부인과 친구였다.

리하르트 바그너Richard Wagner(1813~1883)도 자신이 직접 〈뉘른베르크의 마이스터징어〉를 연주했다. 쇼펜하우어에 관해서도 대화를 나누었으며, 니체가 후에 (《즐거운 학문》 279번에서) 언급하는 일명 '별들의 우정'이 싹트기 시작한다. 헤어지면서 바그너는 니체를 자신의 집으로 초대했고, 니체는 바그너의 시문학 텍스트들과 미학 저술들을 읽고 바그너에게서 쇼펜하우어적 의미의 천재를 발견한다.(《의지와 표상으로서의 세계》 3부 참조) 니체는 로데에게 보낸 편지에서 다음과 같이 말한다.

"이제 이것은[바그너라는 천재는] 지식인들 사이에 통용되는 지배적인 의견과는 거의 무관하게 정하는 우리만의 우상에 대한 두 번째 예다."

물론 니체는 자신의 '우상'들에 대해 반어적 거리를 유지했으며("늙은 주교 쇼펜하우어는 자신의 철학이라는 봉헌 주전자를 이리저리 휘두른다"), 단순 소박한 쇼펜하우어주의자나 바그너주의자를 혐오했다. 니체는 라이프치히 사교계에서 인기 있는 인물이 되었고, 동시에 리츨이 표현하듯이 "이곳 라이프치히의 젊은 문헌학도들의 세계에서는 숭배의 대상이자 (스스로는 원하지 않았지만) 일종의 지도자가 되었다". 니체는 이후에도 계속 '상류층의 사람들', 즉 대학 교육을 받은 지식인이나 학자, 명문가 자제, 귀족, 예술가 등과 어울렸다. 특히 품위를 지키며 나서지 않고 교양을 갖춘 여성들, 그리고 때로는 자신보다 나이가 많은 여성들과의 친밀한 교제를 좋아한다.

1869년

니체가 고전문헌학 공부를 중단하고 당시 새롭게 발전하는 자연과학을 (가능한 한 파리에서) 공부하려고 이미 결심하고 있었을 때, 지도교수 리츨은 니체가 바젤대학 고대 그리스 어문학과의 교수직에 초빙되도록 니체 모르게 추진했다. 당시 바젤대학은 여러 어려움에 봉착해 있었지만(1870년에 총학생 수가 116명뿐이었다), 바젤시의 상공 및 문화 자문위원회의 지속적인 지원을 받고 있었다. 이 지원은 젊은 강사들이 기회를 얻을 수 있는 발판이 되었다. 니체의 전임자 역시 교수직에 임명될 당시 25세에 지나지 않았다. 니체는 처음에는 바젤 김나지움의 상급반 수업인 페다고기움Pädagogium도 의무 수업으로 맡아야 하는 부교수에 임명되었다. 니체는 열렬한 칭송과 환영을 받았다. (여동생에 따르면, 모두가 "그토록 젊고 신과 같은 교수를 둘러싸고 진정한 환호와 존경의 기대감으로 술렁거리는 분위기를 만들었다".) 하지만 정작 니체 자신은 이 직업의 "속물성"에 거부감을 느끼고 걱정했으며, 그럼에도 '어쩔 수 없는 것'으로 받아들였다. 라이프치히대학 철학부에서는 그때까지 니체가 출판한 논문들을 근거로 별도의 심사 없이 니체에게 박사학위를 수여했다. 니체를 환호하는 이러한 분위기에 동조하지 않았던 도이센은 부치지 않은 한 편지 초안에서 니체를 향해 "더 뛰어난 사람을 인정하지 않으려는", "가소로운 농부의 교만"이라는 말로 비난했으며, 명함에 절교를 통보하는 내용을 써서 보냈으나 곧 다시 니체와 화해했다. 드레스덴에서 공연했던 바그너의 〈뉘른베르크의 마이스터징어〉를 보고 니체는 황홀경에 빠진 것과 같은 체험을 했다. 리츨이 니체에게 위임했던《라인 문헌학》의 목록 작업을 여동생의 도움으로 함께 즐거운 분위기에서 끝마쳤다. 니체는 전시 입대 대상자에 포함되지 않기 위해 프로이센의 국적을 포기했기 때문에, 이제 국적 없이, 스위스의 용어로 표현하자면 '고향 없이heimatlos' 지낸다. 4월 중순에 쾰른, 하이델베르크, 카를스루에를 거쳐 기차와 배로 독일을 떠난다. 카를스루에에서는 〈뉘른베르크의 마이스터징어〉를 다시 한 번 관람했으며, 여행 중에 '호메로스와 고전문헌학'을 제목으로 취임 강연 원고를 작성했다. 니체는 이 원고를 일종의 신앙고백 같은 것으로 끝맺는데, 이로써 그는 동시에 스승 리츨을 중심으로 하는 리츨 학파와도 작별을 고했다. 그것은 다음과 같은 문장이다.

"philosophia facta est quae philologia fuit(문헌학이었던 것이 철학이 되었다)."

바젤의 여러 회합이나 사교계에 소개되어 어울렸으나 곧 그 고루한 분위기에 따분함을 느꼈다. 그럼에도 니체는 이따금 사교계 모임에 참석하곤 했다. 같은 해 니체는 피어발트슈테터 호수 근처 트립셴에 방을 얻어 지내기도 했는데, 이곳은 장려한 스타일의 별장에서 리하르트 바그너가 코지마 폰 뷜로Cosima von Bülow(1837~1930), 그리고 그녀의 아이들과 함께 거주하고 있었던 곳이다. 니체가 나중에 기록한 바에 따르면, 그가 이때 미리 기별하지도 않고 바그너의 저택으로 가 그 앞에서 주저하며 서 있을 때 〈지크프리트〉에 나오는 구절 "나를 깨우는 자, 그가 나에게 상처를 입혔다!"의 화음을 들었다고 한다. 바그너 가족과 긴밀한 교제가 이루어졌다.

"가장 따뜻하고 진심 어린 방식으로 리하르트 바그너와 친해지고 있어 너무 행복하다. 이 시대 최고의 천재이자 최고의 인간, 그 누구와도 결코 비교 불가능한 인물! 2주 혹은 3주마다 한 번 나는 피어발트슈테터 호수 근처에 있는 그의 저택에 며칠간 머물곤 한다. 바그너와 맺은 친분이야말로 쇼펜하우어로부터 받은 것 다음으로 내 삶에서 얻은 최고의 결실로 생각된다."(파울 도이센에게 보낸 편지)

니체가 후에 "풍부한 정신을 소유한 기인"이라고 칭했던 야콥 부르크하르트Jacob Burckhardt(1818~1897)를 이때 알게 된다. 부르크하르트는 당시 바젤대학에서 역사학 및 예술사 교수직을 맡고 있었으며, 《이탈리아 르네상스 문화》라는 저서로 이 영역에서 신기원을 이루었다. 니체는 자신과 부르크하르트가 "심미적 모순이라는 문제에서 놀랍도록 일치함"을 발견했고, 그와 친교를 쌓고자 했다. 부르크하르트 역시 니체와 마찬가지로 어렸을 때 아버지를 여의었을 뿐 아니라 작곡을 하고 시를 썼으며, 쇼펜하우어에 열중했고, 처음에 신학을 공부했으며, 평생 결혼을 하지 않았고, 사람들과도 거리를 두었다는 점에서 공통점이 많았다(하지만 니체와 달리 부르크하르트는 바그너를 매우 싫어했다).

당시 바젤에는 소수의 사람과 관계를 유지하면서 속세를 벗어난 삶을 살았던 요한 야콥 바흐오펜Johann Jakob Bachofen(1815~1887)도 있었다. 그도 매우 젊었을 때 로마법 교수직을 맡았다가 얼마 후 그만두었으며, 매우 유명한 저서《모권제Mutterrecht》에서 역사적으로 증명 가능한 법률 형태들을 넘어 역사 이전의 법적 기원들을 해명해내고자 했다. 부르크하르트와 바흐오펜 모두 바젤의 오래된 가문 출신이며, 둘 다 니체에게는 결정적이고 획기적인 영향을 미쳤다. 또 니체는 바젤대학의 비교해부학 및 동물학 교수였던 루드비히 뤼티마이어Ludwig Rütimeyer(1825~1895)를 알게 되었는데, 뤼티마이어는 진화론에서는 다윈과는 확실히 반대 입장에 있었다.

경제적으로 곤궁한 상태가 계속되었다. 니체의 어머니는 더욱 철저히 절약하라고 니체를 다그쳤다. 그 당시에 쓰인 다음의 기록은 근본적으로 우울한 니체의 성격을 보여준다.

"나는 행복과 쾌활함에 어울리게 태어나지는 않은 것 같다."

니체는 "위가 좋지 않아 채식하는 것이 건강에 좋았음에도" 불구하고, 바그너는 니체에게 채식주의를 그만두도록 설득했다. 김나지움 학생들로부터 존경을 받았는데, 니체는 학생들을 칭찬하거나 벌을 주지 않았으며 절제된 인상을 남겼다. 니체는 대학생들에 대해서는 충분히 체계적으로 가르치지 않았고, 점점 수업 내용을 자신의 관심 영역에 맞추었다. 《라인 문헌학》의 목록 작업이 마침내 완결되었다. 바그너는 니체에게 "이루 말할 수 없는 신뢰의 표시로" 자신의 〈삶 이야기Lebenserzählung〉 앞부분을 보냈다. 이에 니체는 코지마를 위해 선물을 마련했다. 트립셴에는 니체를 위한 '사유의 방'이 만들어졌고, 니체는 바그너 가족과 크리스마스를 함께 보냈다.

1870년

〈고대 그리스의 음악극〉과 〈소크라테스와 비극〉을 제목으로 한 니체의 강연은 경악과 오해를 불러일으켰으며, 니체의 동료 철학 교수 슈테펜스Steffens에게 특히 그랬다. 니체는 그중 두 번째 강연 〈소크라테스와 비극〉의 원고를 소책자로 출판했다. '문헌학자로서의 삶'에 대해 회의를 한다. 이와 관련해 바그너는 편지에서 니체에게 다음과 같이 말한다.

"이제 당신이라면 나의 천직 중 많은 것을, 아니 절반 정도를 모두 떠맡을 수도 있을 것 같습니다. 그것은 아마도 전적으로 당신 자신의 천직에 몰두하는 것이 될 것입니다."

니체는 정교수로 승진한다. 어머니와 여동생과 함께 레만호로 여행하고 로데를 동반해 베르너 오버란트로 여행한다. 바흐의 〈마태 수난곡〉을 세 번 들었으며, 그때마다 "항상 이루 헤아릴 수 없는 경탄의 감정을 느꼈다. 기독교를 완전히 잊어버린 사람은 이 〈마태 수난곡〉에서 기독교를 실제로 마치 하나의 복음처럼 듣게 된다". 니체보다 일곱 살이 많으며 상트페테르부르크에서 태어난 상인의 아들 프란츠 오버벡Franz Overbeck(1837~1905)은 고대 교회사 및 신약학 교수로 바젤로 초빙되었는데, 니체가 살고 있던 건물(쉬첸그라벤 45번지. 현재는 47번지. 나중에 일명 '바우만의 동굴Baumanns-Höhle'로 불린다)로 이사를 왔다. 오버벡이 결혼할 때까지 니체와 오버벡은 5년간 이 집에서 같이 살았다. 오버벡은 '오직 역사적인 관점에서 본 신약성서의 기원과 정당성'을 주제로 교수 취임 강연을 했고, 곧이어 〈오늘날 우리의 신학에서의 기독교 정신에 관하여〉를 통해 기독교에 매우 비판적인 입장을 표현했으며, 결국 교회를 탈퇴했다. 니체에게 오버벡은 전적으로 신뢰할 수 있으며 없어서는 안 될 친구가 되었다.

바그너의 바이로이트 기획에 참여하고 도와주기 위해서 교수직을 몇 년간 휴직하려는 계획을 세운다. 여동생 엘리자베스를 트립셴의 바그너 가족에게 소개한다. 원래 엘리자베스는 바그너와 코지마의 적절치 않은 관계 때문에 이곳을 방문하기를 주저했었다. 코지마는 엘리자베스에 대해 "겸손하고 공손한 소녀"라고 기록한다. 보불전쟁 동안《비극의 탄생》의 예비 단계로 구상한 논문 〈디오니소스적 세계관〉 초안을 작성한다. 스위스로부터 참전 허가를 받을 수 없었던 니체는 코지마의 간곡한 만류에도 "적어도 간호인으로 전쟁터로 나가려고" 한다. 화가인 아돌프 모스엥겔Adolf Mosengel과 함께 에어랑엔에서 군위생병 교육을 받는다. 알자스에 있는 바이젠부르크에 배치되어 부상자들과 죽어가는 중상자들을 보살핀다. 같은 시기에 바그너와 코지마 폰 뷜로가 결혼한다. 전장에 일주일 정도 참가한 후 카를스루에로 이동하는 부상자를 돕는 과정에서 이질과 디프테리아에 걸리고, 이로써 그의 전장 생활은 끝이 난다. 전쟁에 참여한 잠깐의 이 모험은 그가 가장 밀접하게 겪은 역사적 경험으로 남는다.

이 시기에 쓰여 단상으로 남아 있는 드라마 〈엠페도클레스〉는 여러 면에서 《차라투스트라는 이렇게 말했다》 이전 단계의 형태를 보인다. 고대 그리스어 운율에 대한 새로운 구상에 몰두하고 이에 대한 강의를 계획한다. '역사적 위대함'에 대한 부르크하르트의 자유 강연을 듣고 '큰 기쁨'을 느꼈으며, '역사 연구에 대하여'라는 제목의 그의 강의에도 참석한다. 이 강의의 내용은 나중에 《세계사적 고찰》이라는 제목으로 출판된다. 니체는 당시 몇몇 전쟁의 승리로 기세를 올리고 있던 프로이센을 "문화에 가장 큰 위협이 되는 세력"으로 간주했으며, "우리는 전반적으로 퍼져 있는 이 도취적 분위기 속에서도 냉철함을 유지할 만큼 충분히 철학자여야" 하며, "다가오는 미래의 문화 번영을 위한 투사가 필요하다. 이를 위해 우리는 스스로를 잘 보존하고 있어야 한다"라고 강조했다. 니체는 친구들과 함께 '정신의 자유로움'을 위한 수도원을 설립하고자 했다. 바그너의 《베토벤》 초고를 열광적으로 읽었고, 그가 쓴 ("신뢰할 수 있는 소중한 친구들"을 위한 15부의) 회고록을 검토했다. 교수로서의 업무에 부담을 느끼고 있었지만 그럼에도 대학

총장 보좌직에도 선출되었다. 크리스마스를 이번에도 트립셴에서 보낸다. 니체는 바그너에게는 뒤러의 동판화 〈기사, 죽음, 악마〉를, 코지마에게는 《비극적 사유의 기원》이라는 제목의 〔《비극적 사유의 탄생》의〕 초고를 크리스마스 선물로 선사한다. 바그너는 12월 25일 생일을 맞은 코지마를 위해 〈지그프리트 목가〉 연주를 준비한다. 니체는 몽테뉴의 책과 〈지그프리트〉 1막의 피아노 연주용 악보를 선물로 받았다.

1871년

독학한 철학자이자 쇼펜하우어 신봉자임을 공언한 니체가 공석인 구스타프 타이히뮐러Gustav Teichmülle(1832~1888)의 철학 교수 후임 자리에 지원한다. 이 자리는 빌헬름 딜타이Wilhelm Dilthey(1833~1911)로부터 타이히뮐러가 이어받았던 것이다. 니체는 지원 동기와 정당성으로서 자신은 항상 철학에서 자신만의 "고유한 과제"를 발견했으며, 단지 불행히도 "진정한 자극을 받을 수 있는 중요한 철학적 스승을" 만나지 못했을 뿐이라고 밝혔다. 또 "통일적인 무언가를 철학적으로 철저히 숙고하고, 어떤 한 가지 철학적 문제에 매우 긴 사유의 호흡으로 지속적이고도 집중적으로 매달리고자 하는 강한 충동을 본성적으로 지니고" 있으며, 지금 맡은 교수직으로 혹사당하고 있어 "균형 잡히고 명쾌한 직업 수행"을 할 수 없었고 육체적으로 점점 더 병이 악화된다고 했다. 니체는 이 철학 교수직을 지원하는 동시에 에르빈 로데를 당시 자신이 맡고 있던 교수직 후임으로 추천했으나 이 시도는 실패로 돌아간다. 니체는 휴직하고 여동생 엘리자베스와 함께 6주 동안 '루가노 호텔 뒤 파크'에서 휴양 생활을 한다. 이때 엘리자베스는 이 기간을 즐거웠던 "사육제의 〔짧은〕 꿈"이라 기록했다. 니체는 문헌학으로부터 우월감이 섞인 거리감을 느끼는 가운데《음악 정신으로부터의 비극의 탄생》집필에 전념한다(이때는 '비극의 기원과 목적'이라는 제목을 달고 있었다). 니체는 이 책을 통해 어느 정도 철학적으로 자신을 입증하고 인정받기를 원했다.

"나는 이렇게 철학자로서의 삶으로 점점 더 깊이 들어갔고, 이미 나 자신에 대한 확신이 생겼다. 아마 내가 시인이 되도록 정해져 있다 한다면, 나는 그것에 대해서조차도 각오가 되어 있다. 나의 운명을 정해주는 인식의 나침반을 나는 소유하고 있지 않다."

물론 그럼에도 모든 것이 이미 놀랍게도 잘 들어맞고 있다고 생각했다. 니체 자신도 만약 철학 교수직을 맡게 된다 하더라도 이 역시 "단지 임시적인 것"에 지나지 않을 것이라 보았다. 니체의 철학 교수 지원은 받아들여지지 않았고, 그 자리에는 타이히뮐러의 제자인 루돌프 오이켄Rudolf Eucken(1846~1926)이 임명되었다. 이 결과로 로데의 일(교수직) 역시 성사되지 않은 것이 더욱더 니체를 당황하게 했다. 철학사적 지식에 덜 정통해 있던 상태에서 니체는 철학 '선생'이 아니라 곧바로 '철학자'가 되었다. 니체의《비극의 탄생》은 〔디오니소스적인 것과 아폴론적인 것이라는 심미적 대립 쌍으로부터〕 근본적으로 새로이 해석된 고대 그리스 문화의 부활을 매우 게르만적이라고 할 수 있는 바그너의 총체예술작품을 통해 널리 확산시켰다.

당시 독일의 승전보들은 독일 문화의 쇄신을 기대하던 니체를 혼란스럽게 했고, 파리코뮌 정부 시기의 튀일리궁전 방화는(니체는 이 궁전과 붙어 있던 루브르까지도 화재를 당했다고 생각했다) 니체를 경악케 한 사건이었다(니체는 "내 생애 최악의 날이다"라는 기록을 남겼다). 니체는 휴양지를 찾아 여행을 계속한다. 트립센에서 처음으로 바그너 가족과 거리감을 느꼈다. 코지마는 "그리 자연스럽지 않은 소극적 태도"를 보이는 니체를 불편해하며 "그는 마치 바그너라는 인물의 압도적인 인상으로부터 자신을 방어하는 것처럼 보인다"라고 말했다. 니체는 한 젊은 제후와 문화 여행을 다니는 공상도 해보았다. 니체는 문헌학과 더욱 거리를 두었고, 문헌학 수업들에 대해서도 더 이상 신경을 쓰지 않았다. 다시 작곡에 매달린다(코지마 바그너에 헌정한 〈섣달 그믐날 밤의 추억〉).

"내가 6년마다 한 번씩 디오니소스적 선율로 음악의 마력을 통해 해방된다 한들 문제될 것이 무엇이며 무슨 해가 되겠는가!"

만하임에서 열린 공연에서 바그너가 며칠 동안 지휘를 했을 때 코지마는 니체의 에스코트를 받으며 참석했다. 니체는 이번 크리스마스에는 바젤에 머물렀다. 아마도 트립센에 가면 자신의 작곡에 대한 비판을 들을까 두려웠기 때문이었을 텐데, 실제로 그의 작곡은 트립센에서 사람들의 화제에 웃음거리로 등장했다고 한다.

1872년

바젤의 대학후원협회로부터 의뢰를 받고 '우리 교육기관의 미래'라는 제목으로 강연을 한다. 여기서 니체는 그 어떤 현실적 이익을 지향하지 않고 국가로부터 거리를 둔 새롭고 '진정으로 독일적인' 문화를 장기적인 목표 아래 지속적으로 양성해야 한다고 주장했다. 이 강연 중 마지막 여섯 번째 강연은 이루어지지 않았다. 니체는 독일 그라이프스발트대학에서 초빙교수 수락 여부를 묻는 편지를 받고 거절의 답을 보냈는데, 이것이 바젤대학에 대한 존중으로 인정받아 이후 좀 더 높은 급료를 받았다. 《음악 정신으로부터의 비극의 탄생》이 바그너의 악보를 출판했던 에른스트 프리치의 출판사에서 출간된다. 바그너의 음악에 바친 이 책의 초판 표지에는 사슬을 풀고 나오는 프로메테우스가 그려져 있었으며, 바그너를 비롯해 리스트와 폰 뷜로 등 여러 사람에게서 열렬한 환영을 받았다. 그러나 이 책으로 인해 문헌학자로서의 니체의 명성은 끝났다. 슐포르타 김나지움의 4년 아래 후배이자 후에 주도적인 위치의 고전문헌학자가 되는 울리히 폰 빌라모비츠-묄렌도르프Ulrich von Wilamowitz-Moellendorff(1848~1931)는 《미래의 음악! 프리드리히 니체의 '비극의 탄생'에 대한 대답》이라는 제목의 소책자에서 니체의 이 책은 "모교인 슐포르타"의 치욕이며, 니체는 대학 강단에서 내려와야 한다고 비판했다. 니체는 이때 에르빈 로데에게 보낸 편지에서 "싸우고, 싸우고 또 싸우자. 나는 지금 전투가 필요하다"라고 말했다. 이 책을 둘러싼 논쟁이 일어난 가운데 니체의 고전문헌학 스승이었던 리츨 교수는 누군가에게 니체에 대해 "과대망상이자 종교 창설 짓거리"가 틀림없다고 확신하며 말했고, 니체가 "매우 존경했던 본대학의 문헌학 교수"인 헤르만 우제너Hermann Usener는 학생들 앞에서 "그런 것을 쓴 사람은 학문적으로 죽은 것"이라고 말했다고 한다. 야콥 베르나이Jacob Bernays는 니체가 자신의 관점을 받아들였는데 "단지 매우 과장해서 받아들였다"라고 공언했으며, 니체는 이에 대해 "이 교양 있고 영리한 유대인의 더할 나위 없는 무례함"이라고 칭했다(에르빈 로데에게 보낸 편지). 학생들은 더 이상 그의 강의를 들으러 오지 않았으며, 니체는 이로 인해 대학에 피해를 끼칠까 미안해했다. 로데와 바그너는 니체에 대한 공격에 공개적인 글로 항변함으로써 니체를 변호했다(니체는 [바그너에게 보낸 편지에서] "나는 진정 친구들의 사랑이라는 어떤 태양계 한가운데에서 살고 있다"라고 하면서 고마움을 드러냈다). 《비극의 탄생》 프랑스어 번역 작업이 시작되었다(이 번역은 끝을 맺지 못한 것으로 보인다). 바그너는 바이로이트로 이주하고, 니체는 '트립셴 세계'의 상실로 인해 '우울한 나날'을 보냈다. 니체는 바그너를 위한 활동을 하기 위해 대학을 휴직하고 그다음 2년은 '남쪽으로' 가서 지냈으며, 그동안 로데에게 자신의 교수직을 맡기려고 계획한다. 바이로이트 축제극장의 기공식에 참석하기 위해 바이로이트로 여행한다. 말비다 폰 마이젠부크Malwida von Meysenbug(1816~1903)를 알게 된다. 그녀는 쇼펜하우어주의자인 동시에 스스로도 인정하는 관념론자였으며, 바그너뿐 아니라 유럽의 여러 지도급 인사와 친분을 맺고 있었고, 또 독일의 여성해방과 민주주의 운동의 선구자였다. 마이젠부크 부인은 니체와 마찬가지로 극심한 눈병과 두통에 시달리고 있었으며, 니체와 마찬가지로 끊임없이 자신에게 알맞은 기후를 찾고 있었다. 그녀는 니체에게 신망이 매우 두텁고, 가까운 사이이자 모성애를 동반한 친구가 되었다("당신은 내게서 그러한 엄마를 필요로 하는, 너무나 필요로 하는 아들로서의 그 누군가를 보고 있습니다"라고 니체는 편지에서 마이젠부크에게 썼다). 뮌헨에서 처음으로 〈트리스탄과 이졸데〉 연주를 듣는다. 이 연주를 지휘했던 사람은 코지마의 첫 번째 남편 한스 폰 뷜로Hans von Bülow(1830~1894)였으며, 니체는 그에게 자신이 작곡한 〈만프레드 명상곡〉을 보냈으나 이 곡이 매우 비전문적이고 "바그너의 〔선율을 회상적으로 탐닉한 것에〕 지나지 않는다"라는 비판적인 평이 돌아왔다. 니체는 폰 뷜로의 비판에 동의한다(친구인 구스타프 크룩에게 보낸 편지에는 다음과 같은 내용이 등장한다. "나는 스스로에 대한 환상을 가지고 있지 않다. 특히 지금은 그런 환상이 가장 없는 때다", "나는 그리 뛰어난 취향의 소유자가 아니다", "지금 나는 철학을 하는 데 꼭 필요한 정도 그만큼만 음악가다"). 그리고 니체는 폰 뷜로에게 보낸 편지에서 자신의 음악이 그 정도로 "절대적으로 무가치"하다고는 생각 못했으며, 지금까지 아무도 자신을 "소박한 상상력으로부터 일깨워주지" 않았는데 "당신은 나에게 매우 큰 도움이 되었다"라고 말한다. 하지만 니체의 귀에 들려온 바에 의하면, 리스트는 니체의 〈섣달 그믐날 밤의 추억〉에 대해 호평했다고 한다. 니체는《호메로스의 경쟁》과《그리스 비극 시대의 철학》을 집필한다. 그때 바젤대학 철학과의 시간강사가 된 로문트 역시 오버벡도 함께 사는 건물, 일명 '바우만의 동굴'에 입주한다. 게다가 여동생 엘리자베스도 4개월 동안 바젤에 머문다. 갑작스러운 발병 상태에서 혼자 스위스 그라우뷘덴으로, 그리고 이어서 이탈리아의 베르가모로 휴양 여행을 가지만, 서둘러 돌아온다("끔찍하게도 흐물흐물한 공기, 조명도 전혀 갖추어져 있지 않다!"). 11월 말에 슈트라스부르크에서 바그너를 만난다. 크리스마스 연휴 동안 바이로이트가 아니라 나움부르크에서 지낸다. 미완성 상태의《쓰이지 않은 다섯 권에 대한 다섯 개의 서문》을 코지마 바그너에게 뒤늦은 생일 선물로 선사한다. 이 글은 그리 좋은 반응을 얻지 못했다. 니체는 여기서 특히 '경쟁에 대한 그리스인의 관념'을 다음과 같이 강조한다.

"이 관념은 독재를 싫어하고 독재의 위험을 경계한다. 그래서 천재에 대한 방어 수단으로서 또 다른 천재를 갈망하는 것이다."(《쓰이지 않은 다섯 권에 대한 다섯 개의 서문》5)

1873년

이제《비도덕적 의미에서의 진리와 거짓》과《반시대적 고찰》을 통해 본격적으로 철학적인, 그리고 바그너적 의미의 문화혁명 프로그램이 시작된다.《반시대적 고찰 I: 다비드 슈트라우스, 고백자와 저술가》에서 니체는 잘난 척하는 독일의 '교양 속물'을 망상의 징조라고 공격하는데, 이 망상이란 보불전쟁에서 프랑스에 승리한 것을 독일 문화의 승리로 착각하는 것이다. 다비드 슈트라우스David Strauss(1808~1874)는 《예수의 삶Leben Jesu, kritisch betrachtet》에서 복음서를 역사적, 비판적으로 탈신화화했을 뿐 아니라, '그리스도'를 헤겔적인 의미에서 '인간의 이념'으로 이상화함으로써 당시 엄청난 파장을 불러일으킨 신학자가 되었다. 그리고 이로써 신학자로서 그의 이력과 명성은 파괴되었다. 결국 슈트라우스는 1872년 《낡은 종교와 새로운 종교》에서 기독교 교의들을 완전히 파괴하고 학문을 통해, 특히 다윈의 진화론을 통해 새로운 종교를 주창하고자 했다. 몇 년 전에 슈트라우스는 공개적으로 바그너에 반대했는데, 이 때문에 사실 여러 면에서 니체와 잘 맞았던 슈트라우스의 이 책에 대해 이제 바그너 역시 "끔찍할 정도로 피상적"이라고 맞받아 비판했다. 니체는 슈트라우스에 대한 논박서 《반시대적 고찰 I: 다비드 슈트라우스, 고백자와 저술가》의 첫 번째 글로 60세 생일을 맞은 바그너를 기쁘게 하고자 했고, 공개적인 '공격과 논쟁'을 의도적으로 시도했으며, 이것은 성공적으로 끝났다.

칼 힐레브란트Karl Hillebrand(1829~1884)는 바덴혁명에 학생으로 참여했고, 얼마 동안 하인리히 하이네Heinrich Heine의 개인 비서이기도 했다. 후에 파리 지식인 그룹의 명사이자 교수이자 외교관이 되었는데, 당시 독일 대학으로부터의 교수직 초빙은 모두 거절하고 유럽의 중요한 잡지들에 글을 싣는 자유 문필가로 활동했다. 힐레브란트는 니체의 능력을 알아보았고, 첫 번째 《반시대적 고찰》뿐만이 아니라 이어지는 두 번째, 세 번째 글 역시 비평적 가치가 있다고 높이 평가했다. 이 사실에 대해 니체는 나중에《이 사람을 보라》에서도 여전히 자부심에 가득 차 언급한다. 이 두 사람은 개인적으로도 알게 되어 때로는 몇 년의 간격을 두면서도 서로 서신 교환을 계속 이어갔다. 힐레브란트는 니체에게 한 이탈리아 잡지에 실을 글을 청탁했으나 니체는 잡지에는 전혀 글을 쓰지 않았기 때문에 이 역시 거절했다.

니체는 플라톤 이전 철학자들에 대한 자신의 강의를 들었던 파울 레Paul Rée(1849~1901)와 처음으로 알게 된다. 봉토 소유 기사의 아들로 태어났으며, 유대인 출신이면서 프로테스탄트였던 파울 레는 온화하고 호의적인 성격에 섬세한 유머 감각을 타고난 사람이었다. 레는 처음에는 아버지의 뜻에 따라 법학을 공부했고, 그다음에는 철학을 공부했으며, 니체와 마찬가지로 지원병으로 1년간 보불전쟁에 참전했으나 곧 부상을 입고 군대를 떠났다. 나중에는 의학을 공부해 평범한 의사로 일했는데, 처음에는 부모님 영지 주변에서, 나중에는 결국 니체의 '시골 지방'이라 할 수 있는 스위스의 오버엥가딘에서 의사 생활을 했다. 니체는 눈병이 악화하여 거의 읽지도 쓰지도 못하게 되었다. 게르스도르프가 니체의 원고 집필을 도왔고, 누이 엘리자베스가 다시 몇 달간 가까이에서 돌봐주었다. 〈우정 찬가Hymnus an die Freundschaft〉 작곡에 매달린다. 라이프치히의 프리치 출판사는《반시대적 고찰 I: 다비드 슈트라우스, 고백자와 저술가》를 출판할 준비를 하고 있었으며, 니체 철학 고유의 사유에 기본적 토대가 되는《비도덕적 의미에서의 진리와 거짓》은 출판되지 않은 채 남는다. 한편《비극의 탄생》의 열렬한 숭배자로서 스스로 "디오니소스의 화신"으로 여겼으며(칼 알브레히트 베르누이), 오버벡의 표현으로는 "꽤 나이가 들었고 반쯤 정신이 나간 것처럼 보이는 아주머니", "유령" 같은 로잘리 닐슨이라는 여성이 니체를 성가시게 괴롭혔으며 프리치 출판사와 바그너에 대해 좋지 않은 소문을 퍼뜨렸다. 니체는 그녀를 말 그대로 문밖으로 내쫓았다. 게르스도르프와 로문트와 함께 방학을 보내고, 수도원의 교육 시설에 들어갈 계획을 한다. 바그너가 위임해 급하게 작성한 격정적 어조의 〈독일인들에 보내는 경고〉를 "독일 민족"의 "가장 뛰어나고 고귀한 예술과 문화의 효과"를 "장려"하는 바이로이트의 경제 후원회에 보내지만, 너무 과격하다는 이유로 바그너 연합에 의해 거절당한다.

고트프리트 켈러Gottfried Keller는《반시대적 고찰 I: 다비드 슈트라우스, 고백자와 저술가》를 읽고 난 후에 한 편지에서 니체에 대해 "바그너와 쇼펜하우어에 의해 오도"되었으며, "과대망상 중독"으로 "사변에 빠진 청년"이라고 평했다. 니체는 그 외 다른 사람들에게, 특히 슈트라우스에게도 증오와 격분의 대상이 되었다. 니체 스스로도 자신의 "과도함"을 알고 있었으며, 오버벡과 자신을 "특이한 괴짜"로 생각하긴 했지만, "단지 겉으로만 음울한 맹수"라고 보았다. 이번 해에도 크리스마스 연휴를 바이로이트가 아니라 나움부르크에서 보낸다.

니체는《반시대적 고찰 II: 삶에 끼치는 역사의 이로움과 해로움》에서 당시의 과도한 역사주의를 겨냥하여 "한 인간, 한 민족, 한 문화의 조형력"을 약화시키고 또 파괴하려 한다고 비판한다. 이러한 상황은 자신이 몸담고 있는 문헌학의 영역에서도 마찬가지였다. 니체는 당시 25세의 에두아르트 폰 하르트만Eduard von Hartmann(1842~1906)이 집필한《무의식의 철학》역시 공격한다. 이 책은 쇼펜하우어적 사유뿐 아니라 헤겔의 영향도 함께 받아 저술되었으며, 대중적으로 매우 큰 성공을 거두었다. 장교의 아들이자 니체와 마찬가지로 독학한 철학자인 하르트만은 맹목적 충동에서 진행되는 '세계 과정'에서 논리적 표상이, 그리고 이를 통한 '삶 의지의 긍정'이 승리한다고 보았다. 하르트만의 입장과 자신의 사유가 혼동되지 않기를 원했던 니체는 이러한 혼동을 방지하기 위해 여러 차례 날카로운 공격을 가했다.《반시대적 고찰 Ⅱ: 삶에 끼치는 역사의 이로움과 해로움》의 마지막 부분은 1장이 이미 인쇄에 들어갔을 때 완성되었다. 이런 식의 완성 방식은 이후로도 니체의 저술 작업 스타일의 특징을 나타내게 된다.

1874년

니체는 원하지 않는데도 바젤대학 철학/역사 학부의 학장에 선출되어 불만스러워한다. 다수가 반대하는 가운데에도 니체는 바젤대학 박사학위 과정의 여성 입학을 허용하는 결정에 찬성표를 던진다. 다양한 자연과학 서적들을 연구하고, 그중에서도 특히 천재 물리학자 로저 요셉 보스코비치Roger Joseph Boscovich

(1711~1787)를 공부하고, '시간원자이론Zeitatomenlehre'을 구상한다. '철학의 위기'라는 제목 아래 철학의 상황과 과제에 관한 또 하나의 '반시대적 고찰'을 기획한다. 이 당시 "외적으로는 자연과학과 역사에 몰두하는 가운데" "내면에서는 하나의 철학을 실천하며 살고자 하는 용기가 꺾였다"라고 쓴다. 그럼에도 철학자의 학설이 아니라 그의 삶을 다루는 《반시대적 고찰 III: 교육자로서의 쇼펜하우어》를 완성한다("문장들이 어떻게 쓰여 있든 상관없다. 그 사람의 자연이 백 가지 철학 체계를 우리에게 보장한다"). "'산다'라는 말 자체가 위험 속에 있다는 말이다." 그리고 진정한 철학자의 위험이란 고독해지는 것이며, 진리의 끔찍함에 절망하는 것이며, 또 그러한 자신의 운명에 직면해 더 단단해지는 것이다. 진정한 철학자는 "사물의 기준 및 그 상징물과 의미에 대한 입법자"여야 하며, 그러한 입법자로서 모든 제도로부터 자유로워야 한다. 그는 자기 '자신'으로의 해방자로서 이를 통해 다른 사람들의 '교육자'가 된다. 니체는 몇 달에 걸쳐 자신의 건강 상태가 매우 좋다고 느낀다. 그리고 자신이 "쏟아내는 토로가 별로 세련되지 않고 미숙"하다는 것을 스스로 알고 있었지만, "논쟁적이고 부정적인 주제"를 제대로 내뱉어 표현하고자 한다. 그가 "찾고자 하는 것은 자유라는 것 외에 그 어떤 것도 아니며", 자신에게 달라붙어 있는 "너무나 많은, 말할 수 없이 많은 종류의 부자유에 대해" 저항하고자 한다. 바그너는 니체가 자신에게 모습을 드러내지 않는다고 불평하면서, 또 그에게 결혼하라고 재촉한다. 니체는 결혼과 관련해 여러 번 내키지 않는 시

도를 한 후 포기한다("결혼한 철학자란 코미디에 속한다. 이것이 나의 원칙이다"《도덕의 계보》제3논문 7).

뢰라흐 출신의 마리 바움가르트너Marie Baumgartner(1831~1897)가 《반시대적 고찰 Ⅲ: 교육자로서의 쇼펜하우어》를(또 나중에는 《반시대적 고찰 Ⅳ: 바이로이트의 리하르트 바그너》도) 프랑스어로 번역한다. 그녀는 니체가 가르쳤던 학생의 어머니였는데, 니체에게 거의 노골적인 호감을 가졌다. 니체는 바움가르트너에 대해 "내가 아는 최고의 어머니"라고 말한다. 여동생 엘리자베스가 다시 몇 달 정도 바젤에 와서 머문다. 니체는 또다시 "국가와 대학과 연결된 모든 공식적인 관계에서 벗어나 당당하고 거침없이 개체로서의 삶 속으로, 초라하고 단순하지만 품위 있는 삶 속으로 숨을" 생각을 한다. 바이로이트에 있는 바그너의 저택 '반프리트Wahnfried'에서 니체는 브람스의 〈승리의 노래〉를 연주했고, 바그너는 이에 매우 기분 나빠 하며 화를 냈다. 프리치 출판사가 파산한 후 출판업자 에른스트 슈마이츠너Ernst Schmeitzner(1851~1895)의 출판사에서 책을 내는데, 이 사람은 니체의 책들로는 큰 이익을 남기지 못했고, 1880년부터는 반유대주의 선동에 확고하게 몸을 담게 된다. 이 때문에 니체는 때로는 소송을 하기도 하며, 슈마이츠너 출판사와 관계를 끊으려고 시도한다. 친구들 및 바젤대학 국민경제학과의 아우구스트 폰 미아스콥스키August von Miaskowski와 그 부인이 참석하는 사교 모임인 '화요회'에서 즐거운 시간을 보낸다. 이해에도 크리스마스를 고향인 나움부르크에서 보낸다. 자신이 작곡한

곡들을 손질하고 정리한다.

1875년

친구인 로문트는 예나로 초빙되었던 오이켄의 빈자리에 후임으로 들어가지 못했고, 그 후 가톨릭 사제가 되기 위해 바젤을 떠난다. 니체는 충격을 받는다. 여동생 엘리자베스는 바그너 가족이 몇 주간의 연주 여행을 하는 동안 바이로이트에서 바그너의 가사를 맡는데, 얼마 지나지 않아 곧 이 일에 독단적으로 행동한다. 니체는 다시 병고로 매우 고통스러운 나날을 보내고, 의사는 정확한 병명을 진단하지 못한다("위를 더 이상 진정시킬 수 없다. 나 자신이 어리석게 느껴질 정도로 다이어트를 철저히 해도 아무런 소용이 없다. 격렬한 두통이 여러 날 계속되고, 아무것도 먹지 않았는데 몇 시간 동안 구토하는 날이 며칠마다 되돌아온다. 마치 신체 기관이 산산조각이 나려는 것처럼 보인다. 솔직히 말해 차라리 그렇게 되기를 원한 적도 몇 번 있음을 부인하지 않겠다"). 니체는 이제 철저히 사회생활이나 인간관계를 피하고 '혼자인 삶과 혼자서 가는 길에 열중'하고자 한다. 그래서 오버벡이 매우 유감스럽게 생각했음에도 니체에게는 누이 엘리자베스의 도움이 필요했으므로 방 여섯 개짜리 새 아파트로 이사해(슈팔렌토어 길 48번지), 이곳에서 엘리자베스가 살림을 관리하게 된다. "일 잘하는 하녀도 한 명 고용했다." "자신만의 성"이 생긴 것을 기뻐한다. "이곳에서는 세상을 관망할 수 있고, 삶에 쫓기고 재촉당한다는 기분을 더 이상 느끼지 않는다." 하지만 가구와

살림살이 장만을 위해 게르스도르프로부터 돈을 빌려야 했다. 슈바르츠발트 남쪽에 있는 슈타이나바트에서의 여름 휴양은 니체의 건강에 많은 도움이 되었다. 니체를 진료했던 의사는 "심각할 정도의 위 확장이 일어난 것 같다"라고 진단했다. 니체는 철저한 다이어트에 돌입해 아침 식사 전에 수영장에서 수영하고, 두 시간을 걷고, 오후나 저녁에 다시 산책을 했다. 또한 국민경제학 공부에 몰두한다("우리는 아직도 꽤 긴 구간의 길을 계속 올라가야 한다. 우리의 옛 문화를 진정으로 [자유롭게 조망]할 수 있는 상태가 되려면 천천히, 그러나 끊임없이 가야 한다. 그리고 여러 가지 힘들고 어려운 학문을 통해, 특히 본래적으로 엄밀한 학문을 통해 이 길을 끝까지 완주해야 한다"). 글쓰기를 중단한다("출판되는 것들에 대한 혐오감"). 병으로 인해 바이로이트에서 열리는 〈니벨룽겐의 반지〉 리허설에 참석하지 못한다. 대신 오랫동안 미루어왔던 《반시대적 고찰 IV: 바이로이트의 리하르트 바그너》를 제대로 준비하기 시작한다. 니체는 로데에게 보낸 편지에서 이 책에 대해, "오직 나에게만 우리가 지금까지 한 경험 중 가장 힘들었던 지점을 넘어가는 새로운 방향 설정의 가치가 있다. 나는 그것을 극복하지 못했으며, 나 자신에게서도 이 방향 설정이 완전히 성공한 것은 아니다. 그러니 내가 어떻게 다른 사람을 도울 수 있겠는가!"라고 말한다. 쇼펜하우어, 바그너, 문헌학에 대한 새로운 방향 설정이 일어난다. 물론 "그 누군가에게 이 사실을 말할 용기는 없었지만" 자신의 "삶의 과제"를 점점 더 분명히 의식하기 시작한다.

자신은 "사랑하는 친구들" 덕분에 "고통으로부터 가장 혹독하게 공격받을 때도 항상 이를 피해 지나갈 수 있었던 행운아"라고 생각한다. (대학 교수의 김나지움 상급반 의무 수업) 페다고기움 수업에서는 좀 더 만족하게 되었다. '7년 계획 연속 강의'를 시작했고, 이제 자신의 삶이 어느 정도 자리를 잡고 안정되었다고 생각한다. 니체는 파울 레의 《심리학적 관찰Psychologische Beobachtungen》 (1875)을 읽었으며, 레는 니체로부터 평을 받고 대단히 기뻐한다. 작센주 안나베르크 출신의 음악가이자 작곡가이며, 기업가의 아들인 하인리히 쾨젤리츠Heinrich Köselitz가 학업을 위해 바젤로 온다. 쾨젤리츠는 니체를 위해 《반시대적 고찰 IV: 바이로이트의 리하르트 바그너》 한 부 전체를 정서하고, 이 글의 출판을 제안한다. 이후 쾨젤리츠는 니체가 쓴 대부분의 출판 원고를 정서해서 완성하고 교정쇄를 읽고 마지막 수정 작업까지 했으며, 니체는 이 일 전체를 완전히 그에게 맡겼다("당신한테 절대적인 수정 권한이 있습니다!"). 니체는 분명 음악가로서의 쾨젤리츠를 높이(혹은 과대) 평가하고, '마에스트로' 페터 가스트Peter Gast라고 부른다. 쾨젤리츠는 엄청난 노력과 정성으로(때때로 속으로는 불평하고 반감을 가지기도 했지만) 아무런 보수 없이 니체를 위해 원고 작업을 했는데, 이 때문에 니체는 부담을 느끼지 않을 수 없었다. 니체는 쾨젤리츠의 수고에 대한 일종의 답례로 영향력 있는 지휘자들과의 연분을 통해 공연 초대장을 얻어주려 했고, 그래서 몇 번은 성공하기도 했다. 서로의 작품에 대해 항상 뛰어난 수준이라고 인정하고 확신했다. 두 사람은 서로 존대를 했고, 니체가 자신에게 확고한 신뢰를 보여주는 가운데에도 니체와의 관계로 쾨젤리츠는 끝까지 니체에게 '교수님'이라는 호칭을 사용했다. 쾨젤리츠의 삶은 전적으로 니체에 의해 결정적 영향을 받았는데, 나중에는 한때 엘리자베스 니체에 의해 주도되는 니체 기록보관소의 니체 저작 편집위원이 되었고, 그녀가 니체의 작품에 행한 독단적 편집과 왜곡에도 함께 책임을 지게 된다. 니체는 크리스마스를 바젤에서 보내지만 건강 악화로 쓰러진다. '심각한 뇌질환'이 추정되어 아버지와 마찬가지로 일찍 죽을 거라 예상한다.

1876년

페다고기움 수업 면제 신청을 한다. 건강 악화로 대학 강의 역시 중지해야 했다. 니체의 어머니가 이 소식을 듣고 바젤로 온다. 게르스도르프와 함께 제네바호에서 휴양하며 하루 대여섯 시간의 산책을 한다. 〔제네바호 근처〕 페르네이에 있는 볼테르의 집을 방문한다. 제네바와 빈 등 여러 곳에서 니체 숭배자들이 새로이 나타난다. 니체의 뛰어난 학생이자 불치의 폐병을 앓고 있던 알베르트 브렌너Albert Brenner(1856~1878)와 함께 1년 동안 아드리아해에서 지내자는 말비다의 권유를 받아들여 대학에 휴가 신청서를 낸다. 오랫동안 고심하며 저술한 《반시대적 고찰 Ⅳ: 바이로이트의 리하르트 바그너》가 슈마이츠너 출판사에서 출판되었고, 바이로이트에서는 이 책에 대해 호의적이고도 열광적인 반응을 보였다. 바그너는 이 글을 자신의 후원자인 바이에른의 루드비히 2세에게 보낸다. 이 책은 격앙된 감정으로 "결전의 날 아침의 축성"으로서 구상되었으며, 바그너의 문화 혁신 프로그램을 '힘'과 '사랑'의 긴장 관계를 통해 두드러지게 강조하고 있는데, 이러한 긴장 관계는 〈니벨룽겐의 반지〉에 등장하는 인물 보탄과 브륀힐데로부터 그 형식적 구조를 부여받은 것이다. 니체는 여기서 많은 부분 바그너의 텍스트를 사용하고 있지만, 다른 한편으로 모든 종류의 관찰에 항상 내재하는 '반대편'의 입장에서도 말한다. 가령 바그너의 "신경질적인 조급함"과 "거의 병적일 정도로 팽팽히 긴장된 분위기에서 느끼는 지독한 만족감", 또 "딜레탕티즘", "천부적 재능의 연극성", "권력에 대한 강력한 욕망" 등의 표현이 등장한다. 바이로이트 축제가 세 번째의 전체 리허설과 총연습을 포함한 4주간의 준비를 마친 후에 드디어 개막되었고, 여기에 참석하기 위해 니체의 여동생과 니체, 그리고 니체의 친구들도 차례로 바이로이트에 도착했다. 수많은 제후와 함께 국왕 루드비히 2세도 직접 참석한 개막식은 세계사적 사건으로 성대하게 막을 올렸다. 축제의 소용돌이와 자금을 후원받기 위한 분투 속에서 바그너는 거의 관심을 받지 못하고 니체에 대한 떠들썩한 찬사만이 남았다. 니체는 광적인 바그너 숭배자들에게 역겨움을 느꼈고, 무대 기술적으로 부족한 공연에 실망감을 느꼈으며, 또 이제는 불쾌하게 들리는 음악에 괴로워하며 쫓기듯이 며칠 동안 시골로 옮겨가《인간적인 너무나 인간적인》의 최초 초안을 작성한다. 이 당시에는 아직 "(쟁기 끄는) 소떼들die Pflugschaar"이라는 제목을 달고 있었다. 이탈리아 여행을 앞두고 니체는 누이 엘리자베스와 함께 살던 집을 처분한 뒤 다시 전에 살던 '바우만의 동굴'로 이사했는데, 이번에는 결혼으로 인해 비어 있던 오버벡의 방을 사용했다. 10월에는 파울 레와 함께 처음에는 론강의 벡스를 여행하고(니체: "그 누구와도 비교할 수 없는 레와 함께", 레: "거의 우리 우정의 밀월여행 같았다"), 그다음에는 아주 심한 발작이 일어난 상태로 제노바에서 배를 타고 나폴리로 갔다. 나폴리에서 말비다와 브렌너를 만났고 이후 계속 이어 소렌토로 갔는데, 이곳에 바그너 가족도 얼마 전부터 머물고 있었다. 바그너 가족과 '집단 거주자들Colonie'인 니체 일행은 서로 여러 번 만나긴 했지만, 결국 '이스라엘인Israeliten' 레의 문제로 서로 충돌했으며, 이후 코지마 바그너는 자신의 일기에 더 이상 니체를 언급하지 않았다. 이것이 니체와 바그너 일가의 마지막 만남이었다. 말비다는 자신의 "사내아이들"(니체 일행에 대한 바그너의 표현)과 함께 어떤 독일 여자가 운영하는 소박한 여관 '빌라 루비나치'에 묵었고, 그때부터 제대로 '자유사상가를 위한 일종의 수도원'에서 엄격한 일정에 따라 공부하고 글을 써서 낭독하며 서로 들어주고, 또 같이 산책하는 시간을 1877년 5월 초까지 계속했다. 파울 레와 니체는 바다에서 수영을 즐겼으며, 뛰어난 절경을 자랑하는 나폴리만 주위로 소풍을 다녔다(말비다: "니체까지도 자신의 통증을 잊고 감격에 겨워 어쩔 줄 몰랐다"). 이들 중에서 낭독은 대부분 눈 상태가 좋은 파울 레가 맡았다. 이들은 특히 부르크하르트의 강의 노트를 읽고 서로 많은 토론을 했는데, 그 내용은 그리스 문화, 그리스 역사가들, 스페인 시인들, 프랑스 모럴리스트들, 신약성서 등에 관한 것이었다. 파울 레는《도덕 감정의 기원》의 집필을 끝냈다. 니체의 경우 차도가 나빠지는 일이 가끔 있기는 해도 전체적으로는 어느 정도 건강이 좋아졌으며, 후에《인간적인 너무나 인간적인》으로 출판될 책 '자유 정신'을 위한 구상들을 기록한다. 니체도 높이 평가한《어느 관념론자의 회상록》을 이미 1875~1876년에 3권으로 출판한 말비다는 이때 소설〈페드라〉를 집필 중이었고, 쇼펜하우어와 레오파르디와 횔덜린을 경배했던 브렌너는 노벨레 형식의 작품을 쓰고 있었다. 함께 웃으며 즐거운 시간도 많이 보냈다. 니체는 때때로 피아노에 앉아 즉흥연주를 했으며, 산책하는 동안에는 떠오르는 생각들을 아포리즘으로 기록했다. 좋은 날들도 있었고 좋지 않은 날들도 있었다("모든 작업을 완전히 중지했다. 받아 적게 하는 것도, 토론하는 것도. 어떻게 되려는지!"). 당시 한 젊은 소렌토 여자가 "정기적으로" 니체를 찾아와 대화를 청했다는 확인되지 않은 이야기도 있다.

1877년

니체는 '교육자들의 학교'를 위한 구상을 하고, 주변에서는 니체를 결혼시키고자 하는 계획이 진행되었다. 이곳 소렌토에서 니체를 진료했던 의사도 결혼을 권했으며, 니체의 어머니와 특히 여동생 엘리자베스는 나움부르크에서 지치지 않고 결혼 제안을 계속했다. 레와 브렌너는 4월에 소렌토를 떠났으며, 니체 역시 이곳에서의 휴양이 별 차도가 없고, 또 레 없는 생활이 지루해졌기 때문에 5월에 이곳을 떠났다. 그 뒤 바트라가츠에서 온천 요양을 했으며, 이 또한 별 효과가 없자 베르너 오버란트의 로젠라우이바트에서 온천 요양을 했다. 두 번 모두 혼자였다. 니체는 바그너의 '신경과민을 일으키는 음악'과 쇼펜하우어의 '형이상학적 철학'이 자신의 병을 일으킨 원인이라고 생각했으며, 이들로부터 '벗어남'으로써 동시에 오래된 친구 로데와 게르스도르프와도 소원해졌다. 이후 가끔 이들과 다시 가까워지기도 했지만 결국 관계가 끊어졌다. 7월에는 누이 엘리자베스와 휴가를 보냈다. 바젤에 새 아파트를 구해서 '자신에게 많은 도움을 주는 필경사-친구' 쾨젤리츠와 함께 사용했다. 1878년 중순부터 다시 엘리자베스가 살림을 맡았으며, 탈고한 《인간적인 너무나 인간적인》의 아포리즘들을 쾨젤리츠와 함께 교정하고 정리했다. 피아니스트이자 박사학위를 받은 음악저술가 카를 푹스Carl Fuchs(1838~1922)와 서신 교환을 한다. 니체는 원래 1872년 프리치 출판사를 통해 푹스를 알게 되었으며, 1876년 바이로이트에서는 그의 저돌적인 태도 때문에, 무엇보다도 음악미학과 관련된 문제로 니체가 비난했던 인물이다. 푹스는 니체의 끈질긴 요청에 따라 페터 가스트(쾨젤리츠)의 오페라 〈베네치아의 사자〉를 단치히에서 공연하는 데 성공했지만, 이 공연은 1890년에야 실제로 이루어졌다.

폴란드 출신이며 거친 성격의 소유자인 지그프리트 리퍼너

Siegfried Lipiner(1856~1911)는 니체의 정신에 따라 서사시 〈해방된 프로메테우스〉(《비극의 탄생》 표지 그림)를 저술했으며, 이 작품은 니체를 비롯한 그의 친구들에게 깊은 감명을 남겼다. 리피너는 니체 숭배자로 이루어진 한 서클의 회원으로서 니체와 개인적으로 친분을 맺기를 매우 강렬히 바라고 있었다. 니체는 그가 혹시 유대인인지 물어보면서 다음과 같이 말했다.

"왜냐하면 나는 최근 들어 유대인 출신의 젊은이들로부터 매우 커다란 기대를 불러일으키는 많은 경험을 했기 때문이다."

하지만 니체는 리피너가 "멀리서부터 자신의 삶을 마음대로 조종하려고" 했을 때, 그와 거리를 두었다. 리피너가 소렌토에서 니체를 방문했던 라인하르트 폰 자이들리츠Reinhard von Seydlitz와 함께 빈의 저명한 신경과 의사들에게 니체를 넘기려는 계획을 가지고 있었기 때문이다. 이후 리피너 역시 《인간적인 너무나 인간적인》의 출판을 계기로 니체에 대해 싸늘한 반응을 보였으며, 이 일이 있고 난 뒤 그는 바이로이트에서 바그너 일가로부터 얼마 동안 환대를 받았다. 니체는 오토 아이저Otto Eiser 박사와 그의 동료들로부터 광범위한 진료를 받았다. 아이저는 프랑크푸르트에서 바그너협회를 설립한 인물인데, 니체를 숭배했으며, 로젠라우이바트에서 니체에게 접근해 자신이 도와주겠다고 제안을 하면서 그의 신임을 얻었다. 아이저는 니체의 두통을 눈질환과 관계 있는 것으로 보고 몇 년 동안 읽고 쓰는 것을 금지했다. 그 당시 새로 개발된 그의 전기요법은 성공을 거두지 못했다. 바그너가 니체의 건강에 대해 물어보자 아이저는 니체의 병을 말해주었고, 이 말을 듣고 바그너는 자신의 추측으로는 그 원인이 자위 때문일 수 있다는 의견을 내놓았다. 하지만 이런 가능성은 이미 아이저와의 문진을 통해 니체가 일축했던 사실이다. 나중에 니체는 바그너가 그러한 언급을 했다는 사실을 알게 되자, 이것을 '자연에 어긋나는 무절제', 즉 동성애를 암시하는 것으로 연결시켜 매우 분개했다. 니체에 따르면 바그너가 "극도의 악의를 가지고 복수를 시험"해 보인 것이라고 했다.

1877년 말에 니체는 강의에 상당히 회의적이었음에도 다시 학생들을 가르치기 시작했다. 김나지움 의무 수업은 제외하고 대학의 강의만 맡았다. 파울 레는 자신의 저서 《도덕 감정의 기원》을 니체에게 보내면서, "이 저작의 아버지에게 최고의 감사한 마음을 담아 이 저작의 어머니가"라는 헌사를 적었다.

1878년

니체는 바그너의 '파르지팔' 텍스트를 받아보면서 끔찍스러운 기분을 느꼈다. 바그너가 연극적인 몸짓으로 기독교 십자가 앞에 무릎 꿇는 모습을 머릿속에 그렸다.

바덴바덴에서 한 달 동안 온천 요양을 했으나 효과가 없었고, 그 마지막 주에 누이동생과 쾨젤리츠가 바덴바덴으로 왔다. 《인간적인 너무나 인간적인. 자유사상가를 위한 책》이 볼테르 사후 100주기가 되는 날인 1878년 5월 30일에 출판되었다. 이 책은 특히 형이상학에 대한 근본적인 비판 등 새로운 주제들과 '도덕적 감정의 역사'(《인간적인 너무나 인간적인 I》 2장의 제목)에 대한 글로 이루어진 아포리즘 저서로 쓰여졌다. 이 책에 대해 부르크하르트는 "탁월한 책"이라 칭찬했으며, 레는 경탄했지만, 〔바그너가의〕이전 친구들은 격앙된 반응을 보였다. 이 책을 읽지도 않았던 코지마는 책 속에 "레 박사의 모습을 한 이스라엘", "악"이 들어 있다고 보았으며, 아이저 박사는 "정신착란의 시작"이라고 진단했다. 바그너는 《바이로이트 신문Bayreuther Blättern》에 니체의 이름을 직접 언급하지 않은 채 니체를 공격하는 난폭한 비방문을 실었다. 그럼에도 바그너는 니체의 건강 상태에 대해서는 걱정하는 마음으로 계속 관심을 가지고 사람들에게 물어보았다. 니체는 끝까지 바그너와의 대결 관계에서 벗어나지 못했다. 결별은 명백했다. 니체는 레의 편에 선다. 그리고 "이전에는 철학자들을 존경했지만, 이제 자신이 철학자이고자" 한다. 이제 니체는 혼자이고자 한다("나에게 속하지 않는 것을 이제 나는 다 털어 없애버린다. 인간들을, 그들이 친구든 적이든 간에. 그리고 습관들, 편안한 것들, 책들까지도. 나는 앞으로 몇 년 동안 고독 속에서 살 것이다. 마침내 삶의 철학자로서 충분히 성숙하여 준비된 상태로 다시 돌아와도 될 때까지. 그리고 아마도 그래야 할 때까지)." 누이 엘리자베스는 나움부르크로 돌아간다. 4주 동안 해발 2000미터가 넘는 베르너 오버란트에서 〈혼합된 의견과 잠언들〉(《인간적인 너무나 인간적인 II》 1장)을 집필했으며, 그다음 3주는 나움부르크에서 보냈다. 바젤 근교에 가구가 딸린 작은 방을 구해서 "노인이자 은둔자의 삶을 산다. 이를 위해 사람들과의 교제를 완전히 끊었고, 그다음에는 가까운 친구들과의 연락까지도 끊었다". 그럼에도 여전히 '용감하고', '당당하다'. 바그너로부터 완전히 해방된 느낌을 가진다. "나는 나의 본분과 나의 과제를 위해 살아야 한다"라고 다짐한다. 견디기 힘든 고통에도 불구하고 겨울 학기에는 더욱 많아진 청중 앞에서 강의했으며, 이 강의를 통해 스스로를 지탱했다("나는 아직도 버티고 있다"). 친구들이 보기에 니체는 이런 상황에서도 여전히 온화하고 관대한 성격을 잃지 않았다.

1879년

"고통과 탈진으로 거의 죽어가는 기분"으로 〈혼합된 의견과 잠언들〉을 완성했다. 마리 바움가르텐이 인쇄 원고로 준비했으며, 그사이에 베네치아에 와 있던 쾨젤리츠가 교정을 보며 원고를 검토했다. 니체는 서둘러 작업해달라고 출판사에 독촉했다. 바젤에서의 삶과 가르치는 일은 니체에게 이제 완전히 '고문'이 되었다. 그에 따르면 "나의 영혼은 모든 것에 있어서 그 어떤 때보다 더욱 참을성이 많아졌다. 이것이 그나마 제일 좋은 일이다". 또 "혼자라는 것은 내가 하는 요양법 중에서 가장 훌륭한 방법이다". 베네치아에서 살기 위해 구체적인 계획을 세운다("'내가 여행을 할 수 있을지?' 내게 이 물음은 때때로 다음과 같은 것이었다. '내가 그때도 여전히 살아 있을지?'"). 제네바에서의 요양은 효과가 없었고, 이어서 병이 더욱 악화했다("나는 이제 더 이상 회복할 수 있을 거라 생각하지 않는다"). 여름 학기에 강의할 계획을 공고하지만 결국 강의를 할 수 없었다. 교수직 퇴직을 신청했고 대학 측이 니체의 상황을 이해하여 이를 수용했으며, 감사하게도 지금까지 받았던 월급의 3분의 2에 달하는 금액을 여러 기관의 기금으로부터 우선 6년 동안 연금으로 받게 되었다. 여기에 더해 소액의 유산과 나움부르크에서 정기적으로 보내는 소포 상자를 받았는데, 니체의 금욕적인 생활에는 이것으로 충분했다. 누이 엘리자베스에게 자신의 가재도구를 완전히 정리해달라고 부탁했다. 그 일을 하면서 엘리자베스는 니체가 쓴 거의 모든 것을 보관했으며, 심지어 니체가 불에 태워달라고 했고 또 그렇게 알고 있던 메모장들 역시 버리지 않고 니체 몰래 간수했다. 니체는 자신이 소장했던 대부분의 책을 오버벡의 장모가 사는 빌라로 옮겼고, 그 외 남은 것들은 팔았다. 니체는 여행 가방 두 개에 들어갈 몇몇 물건만을 남겼다. 니체의 방랑 생활이 시작되었다("한때는 교수였지만, 이제 '정처 없이 떠도는 피난민fugitivus errans'이다"). 자신이 견뎌내며 살 수 있는 적당한 장소를 찾아 제일 먼저 생모리츠로, 그곳의 오버엥가딘으로 갔고("이곳이 나에게는 약속의 땅인 것처럼 여겨진다", "여기서 오래 머물 것이다"), 〈방랑자와 그의 그림자〉를 쓴다. 니체는 여기서 자신을 재발견하게 하는 "자연의 분신술"에 대해 기술한다. 이 분신술은 "어떠한 두려움도 없이 만년설의 끔찍한 위용과 나란히 놓여 있는 이 높은 고지가 품고 있는 우아하게 진지한 언덕과 호수와 숲속에서 일어나고 있으며, 이곳은 이탈리아와 핀란드가 서로 결합되어 있고, 자연에 존재하는 모든 은빛 색조들의 고향처럼 보인다"(〈방랑자와 그의 그림자〉 338). 니체는 1882년 한 번만 제외하고 1881년부터 매년 여름 이곳 오버엥가딘으로 돌아온다. 새로운 방향 설정이 시작되었고, 그 중 나움부르크의 성채에 붙어 있는 오래된 성탑으로 이주할 계획, 또 "머리를 혹사하지 않고 시간이 들고 노력을 요하는 현실적인 노동을" 하기 위해" 채소를 키울 계획도 한다(이것은 "미래의 '현자' 에게 결코 어울리지 않는 일이 아니다"). 또다시 건강 상태에 전혀 차도가 없다. 자신이 "일생의 역작을 이루어냈음"을 의식하는 가운데 "고통을 동반한 갑작스러운 죽음"을 맞이할 수도 있다고 생각한다. 나움부르크에서 좋지 않은 겨울을 보낸다. "끊임없이 계속되는 나의 내적인 작업 앞에서도 가능한 한 많은 휴식을 취하고, 내가 몇 년 전부터 가지지 못했던 나 자신으로부터의 회복"을 요양 방법으로 취한다. 자신을 방문하러 오라는 레의 제안을 처음에는 거절한다. 1879년 말에 〈방랑자와 그의 그림자〉가 《인간적인 너무나 인간적인 II》의 2부로 출판된다.

"'인간적인 것' 전체가 두 개의 부록과 함께 잠시도 멈추지 않는 가장 혹독한 고통의 시간으로부터 생겨났다. 그렇지만 이것은 나에게 전적으로 건강한 어떤 것으로 보인다. 바로 이것이 나의 승리다."

1880년

1월에 레가 나움부르크로 며칠 동안 니체를 방문한다. 2월 중순에는 중간에 이탈리아 볼차노에서 병이 발작적으로 악화되어 잠시 머문 뒤 리바로 갔고, 거기서 쾨젤리츠를 만났다. 레는 비밀리에 쾨젤리츠를 경제적으로 돕고 있었다. 쾨젤리츠가 바그너의 〈신들의 황혼〉에 나오는 부분을 연주했고, 그것이 니체의 기분을 극도로 상하게 했다. 마침내 베네치아에 도착했다. 니체는 바다와 무덤 섬인 산 미켈레가 내다보이는 곳에 방을 얻어 살았고, 건강을 위해 스스로 제대로 된 섭생을 했으며, 정신적으로도 그렇게 했다 ("이 점에서 의사들은 대단히 무기력하다. 오직 자신의 이성만이 도움이 될 뿐이고, 나의 경우 이미 매우 많은 도움이 되었다"). 구경 갈 장소를 따로 정하지 않은 채 베네치아의 좁고 그늘진 골목길을 따라 정처 없이 쉬지도 않고 돌아다녔다. 산마르코광장은 니체의 "가장 아름다운 공부방"이 된다(《도덕의 계보》 제3논문 8). 당시 자신의 작곡 작업에도 노력을 기울이고 있었던 쾨젤리츠는 니체로부터 '베네치아의 그림자'라는 글을 받아 적었는데, 이 글로부터 나중에 《서광》이 생겨난다. 7월과 8월에는 오스트리아의 케른텐을 거쳐 마리엔바트(체코)로 갔다("이곳에서는 괴테도 그토록 근본적인 것들이 머리에 떠오르지는 않았을 것이다. 나는 나 자신을 훌쩍 뛰어넘어 있었다" 〔1880년 8월 20일, 쾨젤리츠에게 보낸 편지〕). 9월에 다시 나움부르크로 돌아왔다. 10월 초에는 특정한 목적지 없이 마지오레호수로 갔는데, 건강 상태가 다시 나빠졌다. 원래는 나폴리만에 있는 카스텔라마레로 가려고 했지만 결국은 제노바에 머물렀다. "이곳에서 나는 소란스러움과 고요함, 높은 산속의 오솔길, 그리고 이런 것들에 대한 나의 꿈보다 더 아름다운 캄포산토를 즐기고 있다." 오랫동안 적당한 곳을 찾은 끝에 난로도 없이 "가장 깊숙이 숨겨져 있는 다락방의 삶"(이후 다가오는 겨울에 추위로 힘들어진다). 니체는 가능한 한 더 이상 호텔에 묵지 않고 좀 더 싼 여관이나 방 한 칸을 얻어 생활하고 식사도 호텔의 정식이 아니라 혼자서 한다. 편지는 거의 어머니와 누이, 쾨젤리츠와 오버벡 부부에게만 쓴다. 이제 이 사람들이 니체의 삶과 전기에 가장 중요한 증인들이 된다. 저술 작업을 위해 완전한 고독 속에서만 생활한다. "나는 자유에 열광하는 사람이다. 자유를 위해 모든 것을 희생할 수 있을 것이다. 그건 아마도 내가 얽매이지 않는 영혼을 지녔기 때문일 것이며, 다른 사람들이 쇠사슬에 묶여 고통스러워 하는 것보다 가느다란 끈에 묶인 내가 느끼는 고통이 더 클 것이기 때문이다." 다시 좀 더 쉽게 생각하고 읽고 글을 쓸 수 있게 되었다("나는 마치 몇백 년이 하나의 무인 것처럼 살며, 매일 바뀌는 날짜나 신문의 소식들에 대해서는 아무런 관심 없이 오직 내 생각에만 몰두했다").

1881년

"햇빛이 나면 나는 항상 바닷가에 있는 외로운 절벽 위로 올라가 파라솔을 펴고 그 아래서 자유로운 공기를 마시며 가만히 누워있다. 마치 도마뱀처럼. 여러 번 이렇게 해보니 머릿속이 다시 맑아졌다. 바다와 청명한 하늘!" 제노바에서 사람들은 니체를 '작은 성자'라고 불렀다. 여동생도 그렇게 불렀다. 《서광》의 텍스트를 완성했다. 4월 말부터 쾨젤리츠의 제안에 따라 그와 함께 비첸차 옆에 있는 레코아로에 머물면서 인쇄 원고의 교정 작업을 했다. 산책할 때 음악은 너무나 넘쳐났고, 그늘진 곳은 너무 없었다. 5월 말 쾨젤리츠는 그곳을 떠났고, 그래서 두 사람 모두 조금 편해졌다. 니체는 자신의 삶을 어느 정도 견딜 만하게 해주는 건강 관리에 계속 매달렸으며, 그 어떤 이상理想도 동반하지 않는 금욕적인 삶을 살았다(쇼펜하우어의 '금욕적 이상'을 염두에 둔 저자의 표현). 7월에는 다시 엥가딘으로 갔다. 가는 길에 생모리츠에서는 모든 일이 어긋났지만, '한 진지하고 친절한 스위스인'이 니체를 실스마리아로 데려다주었으며, 그 덕분에 니체는 바로 산으로 이어지는 조그만 숲길이 뒤쪽으로 나 있는 자신의 수수한 숙소로(현재는 '니체 하우스Nietzsche-Haus'가 되어 있다), 이 숲 쪽으로 창이 나 있는 충분히 어두운 자신의 방으로 돌아갈 수 있었다. "이곳은 별 볼 일 없는 나의 삶에 필요한 50가지 조건 모두를 충족시키는 것 같다." 《서광. 도덕적 편견에 대한 생각들》이 출판되었다. 반응은 거의 없었다. 니체는 매일 7~8시간을 걷는 '산책-인생'을 싫증 내지 않고 꾸준히 이어 나갔고, 산책하는 동안 떠오르는 생각들을 메모장에 기록했는데, 이를 위해 안전한 숲길을 택했으며 메모를 위해 멈추어 설 때는 가능한 한 나무 그늘에 머물렀다. 병으로 인한 고통이 계속 심했지만, "나는 나의 건강보다 더 무거운 것을 내 위에 지고 있으며, 이것 역시 감당하는 데 아무런 문제가 없다". 니체는 여기서 또한 걸음 더 나아가 스스로 자신의 의사가 되기로 하고, 자기만의 작은 약국을 만들어본다. 그리고 "환경이 만들어내는 전류"가 자신에게 엄청난 영향을 끼칠 것을 기대한다.

스피노자가 자신의 "전임자, 그것도 대단한 전임자!"임을 발견한다(1881년 7월 30일, 오버벡에게 보내는 엽서). 14일 후 "[오버엥가딘에 있는]. 수를라이 근처 피라미드 모양으로 거대하게 솟은 어떤 바위"가 그 뒤로 역시 그와 비슷한 피라미드 모양의 산맥과 대조를 이루고 있는 곳에서, 같은 것의 영원회귀에 대한 사유가 그에게 떠올랐다. "내가 지금까지 아직 한 번도 마주한 적이 없는 그런 사유들이 나의 지평에 떠올랐다. ─ 나는 그중 어떤 것도 누설되지 않도록 하고 싶고, 나 스스로 흔들리지 않는 침착함을 유지하고 싶다."(1881년 8월 14일, 쾨젤리츠에게 보낸 편지) 그리고 니체는 1881년 8월 26일 이전에 이미 《차라투스트라는 이렇게 말했다》의 처음 몇 줄을 기록했다. 이제 모든 사람에 대해서, 심지어 파울 레까지도 "엥가딘에서 저술 작업으로 보내는 여름을, 즉 내게 맡겨진 과제, 즉 내게 '필요한 한 가지'에 박차를 가하는 데 방해가 되는" 적으로 여긴다(1881년 8월 18일, 누이동생에게 보낸 편지). 또다시 생겨나는 새로운 고통으로('corporis cruciatus: 육체의 고문') 힘들어한다. 오버벡에게 보내는 엽서에 라틴어로 자포자기의 외침을 써서 보낸다('Sum in puncto desperationis: 절망적인 순간이다'). 9월 말에 제노바로 돌아올 수 있었지만, 이는 "필사적으로 힘을 내서야 겨우 가능했던 일이었다". 힘겹게 방을 찾아다니다가 결국 방을 구하는 데 성공해서 안도의 한숨을 내쉬었다. 조르주 비제Georges

Bizet의 〈카르멘〉을 처음으로 듣고 "바그너와 반어적인 대조를 이루는 것으로서" 이 음악에 점점 더 열광하게 된다.

1882년

제노바에서 아름다운 1월을 보냈고, 작업 중인 《즐거운 학문》 4부에도 니체는 그렇게('Sanctus Januarius, 신성한 1월') 표제를 달았다. 2월 초에는 레가 제노바로 방문을 해서 니체의 '기분을 북돋워주었다'. 처음에는 니체의 병이 다시 심하게 재발한 상태였지만, 곧 좋아졌고 친구들과 함께 소풍을 가고 바다에서 수영도 즐겼다. 레는 니체의 여동생이 지불한 일명 '타이핑볼'을, 즉 둥근 모양의 값비싼 덴마크제 몰링 한센 타자기를 가지고 왔다. 이것은 시리즈별 대량생산으로 만들어진 최초의 타자기였다. 니체는 이 타자기를 사용해 눈도 보호하고, 원고도 도움 없이 혼자서 작성할 수 있을 것이라 기대했다. 그런데 타자기는 손상된 채로 배달되었고, 사용해보니 다루기가 힘들고 니체에게는 별 도움이 되지 못했다(편지에 따르면, 니체는 이후 이 타자기를 몇 번 수리를 맡겨 고쳐 사용했다. 가령 1882년 3월 5일 편지). 니체는 과로와 병으로 힘든 쾨젤리츠를 경제적으로 도와주려고 했지만, 쾨젤리츠가 거절한다. 니체는 쾨젤리츠의 음악이 무대에서 상연될 수 있도록 적극적으로 노력한다. 레는 3월 중순 로마에 있는 말비다 폰 마이젠부크를 방문하고, 이때 그녀의 집에서 루 폰 살로메Lou von Salomé(1861~1937)를 알게 된다. 러시아 야전군 소속 독일인 장교의 딸인 살로메는 당시 취리히에서 신학과 미술사를 공부하며 어머니와 함께 살고 있었는데, 건강이 좋지 않아 요양을 위해 이탈리아에 머물고 있었다. 레는 루 살로메를 "활동적이고 매우 영리한 여자"로 묘사하면서 니체에게 그녀를 "만나봐야" 한다고 전했다. 하지만 니체는 3월 말에 화물선 으로 메시나로 떠났으며, 이곳에서 여름을 보내려 하고 있었다. 바 그녀 가족 역시 1881년 11월부터 시칠리아에 체류하고 있었고, 나중에는 메시나에서 지내기도 했다. 그러나 니체는 메시나에 머 무는 3주 동안 그들과 만나지 않았고, 자신의 체류를 알리지 않았 다. 이때 남긴 기록은 단지 "나의 새로운 이웃 시민들이 너무나 친 절하게 나를 호강시키고 또 나를 망쳐놓는다"다(4월 8일, 쾨젤리츠 에게 보내는 엽서). 〈메시나에서의 전원시〉가 (니체가 이전에 책 내 기를 거부했던 반유대주의 성향의) 슈마이츠너 출판사에서 발간 하는 《국제월보Internationale Monatsschrift》에 실렸는데, '밤의 비밀' 등을 포함하는 이 글은 이후 《즐거운 학문》에 추후 덧붙인 5부의 부록 '포겔프라이 왕자의 노래'에 속하게 된다. 다시 친구들 보기 를 기대하며 만나고 싶어 하고, 레가 있는 로마로 갔으며 성베드 로대성당에서 루 살로메와 만난다. 니체는 예기치 않게 삶의 새로 운 활력을 되찾는다. 루, 그리고 레와 '삼위일체'로 빈이나 파리에 서 같이 공부할 계획을 즉흥적으로 세운다. 처음에는 루의 어머니 와 함께 오르타로 여행했으며, 여기서 루와 니체는 몬테 사크로를 올라갔다(이 때문에 일행은 이들을 오래 기다려야 했다). 그다음에 트 립셴으로 갔으며, 니체는 이전의 목가적 분위기를 추억했다(그리고 눈물을 흘렸다). 이후에는 루 살로메의 어머니 없이 루체른으로 이동했는데, 바로 이곳에서 니체의 제안으로 그 유명한 사진이 생겨난다(레와 니체가 수레 앞에서 경직된 모습으로 서 있고, 루 살로메는 라일락으로 장식된 채찍을 들고 찍은 사진). 친구 사이인 둘은 모두 루 살로메에게 청혼한다(니체는 두 번 청혼하는데, 첫 번째는 레를 통해서 한 것이다). 니체는 5월 중순부터 6월 중순까지 나움부르크에서 지낸다. 여기서 여동생과 또 한 명의 필경사와 함께 《즐거운 학문》의 인쇄 원고를 완성해서, 이 원고는 8월 중순에 출판된다. 루 살로메에게서는 단 한 줄의 답도 없었다. 니체는 오버벡의 부인인 이다에게 루 살로메를 만나 자신에 관해 이야기해달라고 부탁하고, 루 살로메에게 열렬한 내용의 편지를 쓴다("내 모든 미래의 삶의 지평에 걸쳐 있는 금빛 찬란한 가능성"—"선생"이자 "학문적 업적으로의 여정을 인도하는 안내자"로서). 6월 말부터 예나 근처 타우텐부르크에서 피서를 즐긴다. 여동생이 이 여행을 준비했고, 니체는 여동생에게 루 살로메에 대해 언급해놓으며, 루를 옆에서 챙겨주는 샤프롱 역할을 부탁했다. 결코 서로에게 호감을 느낄 수 없었던 두 여성은 니체를 통해 소개받기 전에 이미 바이로이트에서 〈파르지팔〉의 초연을 함께 보았으며, 곧바로 심하게 다투는 일이 있었고, 이어서 타우텐부르크로 왔다. 이곳에서 그들은 목사관에서 함께 생활했다. 이때 니체와 루 살로메는 함께 산책하고, 흥미롭고 자극이 되는 철학적인 생각들을 나누었는데, 이러한 경험은 니체가 그때까지 다른 누구에게서도 겪어보지 못했던 것이다. 그 외 다른 모든 것은 그대로 내버려두었다. 니체는 자신이 작곡한 〈우정 찬가〉에 루 살로메의 시 〈삶을 위한 기도〉를 붙이고, 쾨젤리츠에게 보낸 편지에서 "루와 나의 관계에서 연애라는 개념을 제외해주기를" 부탁하면서 "우리는 친구다"라고 말한다. 그러나 이 둘의 관계에 대해 여동생 엘리자베스는 놀라워하고 흥분했으며, 어머니는 니체를 "'가문의 수치'이자 '아버지의 무덤에 끼치는 치욕'"이라 불렀다. 말비다 역시 등을 돌렸고, 니체는 흔들린다. 라이프치히에서는 레에 대한 부정적인 말로 루 살로메에게서 레를 떼어놓고자 시도하지만, 루 살로메는 결국 레와 함께 라이프치히를 떠나 처음에는 스팁베에서, 그다음엔 베를린에서 친구 관계로 같이 산다. 나중에 루 살로메는 동양학자인 안드레아스와 결혼하고, 특히 릴케와 프로이트와도 가까운 관계를 유지하며, 1915년에는 정신분석 상담소를 열어 성공적으로 운영한다. 부치지 않은 니체의 편지 초고에 따르면, 니체는 이 일로 깊이 실망해서 평소의 기품 있는 태도까지 잃어버릴 지경이 되었고, 친구들을 도덕적으로 책망했다. 결국은 루와 레뿐 아니라 여동생과 어머니, 그리고 이들의 "나움부르크적 '미덕'"과도 결별한다. 다시 자살의 문턱에 다가가기도 하고, 자신을 잊기 위해 아편을 복용한다. 바젤에 있는 오버벡 부부를 방문하고, 그들에게 마음을 다 털어놓는다. 자신이 마지막으로 살았으며 현재 다른 사람이 거주하는 집이 있는 제노바를 거쳐 라팔로로 여행을 계속했다. 니체는 이제 완전히 혼자가 된다.

1883년

극심한 불면증의 나날을 보낸 후, 1월 말에 니체는 열흘 동안 《차라투스트라는 이렇게 말했다. 모두를 위한, 그리고 그 어떤 누구도 위한 것이 아닌 책》(1부 '서설'과 '차라투스트라의 가르침')을 집필한다. 아직은 어떤 입장을 정해야 할지 망설이는 가운데, 이 글에 대해 "매우 독특한 방식의 '도덕 설교'"이며, "내가 지고 있던 부담을 모두 벗어 던졌을 때, 그때의 나를 있는 그대로 가장 예리하게 묘사한 상"이며 자신의 "유언"이며, "다섯 번째 '복음서'", "나의 창작품 중 가장 느슨하게 풀려난 것", 스스로를 심지어 '문학가'와 '작가'들 속으로도 섞어놓게 될 "나의 최후의 바보짓", 자신의 "아들", 자신의 "가장 심오한 진지함"이자 자신의 "철학 전체", "아주 오래전부터 약속된 '안티크리스트'", "힘들의 폭발", "하나의 서문, 건물 입구 현관의 넓은 홀", "나를 경건하게 하고 격려하는 책"이라고 칭한다. "인식의 최고 정상에 대한 책임감으로 끔찍한 기분"을 느끼며 살고 있다고 쓴다. 니체는 인쇄 원고를 직접 마무리했으며, 인쇄가 늦어지자 출판사에 독촉한다. 처음에는 '50만 부의 기독교 성가집' 때문에, 그다음에는 슈마이츠너 출판사의 반유대주의 활동 때문에 인쇄가 지연되어 엄청난 불만을 느끼고 있었던 것이다. 《차라투스트라는 이렇게 말했다》 1부가(이것이 1부라는 표시 없이) 출판된 것은 1883년 8월 말인데, 이때는 2부가 이미 조판 중이었고, 니체가 3부의 초안을 이미 시작한 때였다. 니체가 이 책의 1부를 완성한 2월 13일에 바그너가 베네치아에서 죽었다. 니체는 '발진티푸스를 오랫동안' 앓았으며 2월 말부터 5월 초까지 다시 제노바에 머물렀다("편안하지만 매우 짙은 우울감에 빠져 있다. 나의 삶은 그 모든 밑바닥에서부터 잘못되어 있다. 매 순간 그렇게 느끼고 있다.—또 이렇게 될 수밖에 없었다는 것, 그리고 이것이 나의 유일한 '존재 형식'이라는 것도"). 그다음 6월 중순까지는 로마에서 지냈으며, 여동생을 만나 화해했다. 여동생이 루 살로메와 레에 대해 또 한 번 공격적인 말을 한 후 다시 불화가 생겼지만 니체는 이런 불편한 상태를 견디지 못했고(니체는 '결투'를 생각했다), 또 한 번 내키지 않는 화해에 이를 수밖에 없었다("나는 적대감이나 증오와는 맞지 않는 사람이다." 이런 것들은 "나의 철학이나 사유방식 전체와 어울릴 수 없게 되어 있다"). 자신에게서 발견하는 복수심과 증오심으로 니체는 스스로를 비난하고, 스스로 낙담해서 '망상'에 대한 불안을 느끼기도 하지만, 동시에 그 때문에 〔여동생과의〕 솔직한 대화를 할 수 없었다. 니체의 도덕 비판과 윤리학에서 그의 소중한 여동생은 가장 혹독하고 개인적인 시험대가 되었다. 7월 말부터는 다시 실스마리아에서 여름을 보냈고, 9월에는 나움부르크로 돌아왔다. 어머니와 여동생은 니체가 다시 대학으로 돌아가서 '존경받는 사람들'과 교제해야 한다고 끈질기게 몰아댔다. 실제로 라이프치히대학에서 고대 그리스의 문화에 대해 강의할 계획을 세웠다. "내 마음속에서는 가르치고 싶은 충동이 매우 강하다." 그러나 대학 쪽에서 니체가 가진 "신에 대한 입장들과 특히 기독교에 대한 생각" 때문에 망설임을 표현해오자, 니체는 단념해버린다. "절망적인 생각—나는 나의 궁극적 과제로 원래대로 되돌아가지 않고, 강도 높은 일상의 작업을 통해 정신을 분산하고 싶었다." 한편으로는 의기양양한 기분을 느끼고 다음과 같이 말한다.

"나는 기독교에 대한 가장 지독한 반대자들 중 한 명으로서, 기독교에 대한 어떤 공격 방법을 고안해냈는데, 이것은 볼테르조차도 전혀 생각하지 못한 것이다."

37세가 된 여동생은 김나지움 교사이자 반유대주의자로서 중요한 인물인 베른하르트 푀르스터Bernhard Förster (1843~1889)와 약혼한다. 이 사람은 강연에서 니체에 대해서도 칭찬을 곁들여 이야기했으며, 여동생은 그의 생각을 '매우 친숙하게' 느꼈다. 1885년 여동생은 그와 결혼하고, 1886년에는 파라과이에 있는 그의 '아리안족' 집단 거주지 '누에바 게르마니아Nueva Germania'로 그를 따라간다. 이 집단 거주지는 실패로 돌아가고, 푀르스터는 스스로 목숨을 끊는다. 여동생은 자신의 반유대주의 신조를 통해, 그리고 니체의 성격에 대해 '가장 악의적인 의심'을 하며 니체를 '괴롭혔기' 때문에 니체는 다시 여동생과 완전히 결별하려 하지만, 이번에도 성공하지 못한다. 니체는 이 "복수욕이 강하고 반유대주의적인 여편네"가 파라과이로 돌아가기를 원했다. 나중에 여동생은 니체의 편지 가운데 많은 부분을 자신이 원하는 대로 변조한다. 10월 초에는 "엄청나게 지친 상태"가 되었다. 제노바와 스페치아와 빌라프란카를 거쳐 니스로 갔다. 이때부터 정기적으로 여름은 실스마리아에서, 겨울은 니스에서, 환절기에는 여름 도시들에서 번갈아가며 지낸다. 이제 개인적으로 가까운 관계를 유지하는 사람은 계속 니체를 위해 일을 해주는 쾨젤리츠, 그리고 니체가 자주 방문하는 오버벡 부부뿐이다. 하지만 나움부르크도 정기적으로 방문한다. 1888년까지는 건강이 좋지 않은 상태가 이어졌고, 그사이 아주 잠깐 건강이 좋아지는 때도 있었다.

1884년

1월 말에 《차라투스트라는 이렇게 말했다》의 3부가 완성되었고, 2부가 출판되었다.

"이로써 전체가 정확히 1년 동안 진행되었다. 더 엄격하게 따져보면 심지어 [두 주씩 3번에 걸친 기간] 동안이다. 마지막 두 주는 내 생애에서 가장 행복한 시간이었다. 나는 그처럼 행복한 바다에서 그처럼 행복한 돛을 달고 항해한 적이 없었다."

이제 니체의 다음 구상은 "독일에서 현재 횡행하는 모든 종류의 반계몽주의에 대한 대규모 정면공격"이다. 쾨젤리츠는 《차라투스트라는 이렇게 말했다》 이후 '새로운 역사가 시작된다'고 해야 할 것이며, 니체가 언젠가 '종교 창시자'로 숭배받을 것이라고 말했다. 니체는 또 "나는 인간 전체의 미래를 결정할 중요한 결단들로 인류를 이끌어가고자 한다. 그리고 언젠가 몇천 년에 걸쳐 인류가 나의 이름을 걸고 최고의 서약을 하는 날이 올지도 모른다"라고 말했다. 니체는 4월 중순 제노바를 거쳐 베네치아로, 이어서 바젤로 갔고(여기서 그는 "섬뜩한 느낌의 속삭이는 목소리로" 오버벡에게

영원회귀라는 "비밀의 가르침"을 전수했는데, 후에 돌이켜 관찰해보면 이
것은 정신질환의 징후로 여길 수 있다), 그다음 다시 실스마리아로 갔
다. 8월 말에 하인리히 폰 슈타인Heinrich von Stein(1857~1887)이 방문
했는데, 이 사람은 1876년 파울 레가 "불과 같은 영혼과 고귀한
자태와 빛나는 눈동자, 그리고 모든 위대한 것에 대한 극도의 감수
성을 지닌 19세의 청년이라고", 한마디로 "특별한 인물"이라고 소
개했던 사람이다. 슈타인은 〈감각들에 대하여〉라는 논문으로 박사
학위를 받았으며, 〈조르다노 브루노의 철학에 나타나는 시적 요소
들의 의미〉라는 논문으로 교수 자격시험 과정을 거쳤는데, 니체와
는 말비다 폰 마이젠부크의 집에서 알게 되었다. 그는 한동안 지크
프리트 바그너의 교육을 맡기도 했으며, 1883년에 〈바그너 백과
사전〉, 그리고 바그너가 주도해서 간행한 논문집 〈영웅과 세계. 드
라마적 장면들〉의 편집 작업에 참여했고, 당시는 빌헬름 딜타이의
도움으로 베를린에서 강의하고 있었다. 니체는 다시 한 번 그에게
커다란 희망을 걸었다("마침내 나에게 어울리고, 본능적으로 나에게
경외감을 표하는 새로운 인물이 등장했다"). 그러나 슈타인은 니체를
피했다. 니체는 1887년 슈타인이 젊은 나이로 죽었을 때, 이를 격
렬하게 슬퍼했다("나는 그를 정말로 좋아했다. 내게는 그가 노년을 위
해 나에게 남겨진 것처럼 보였다"). 자신의 숭배자들, 특히 여성 숭배
자들과 알게 된다. 고트프리트 켈러는 니체가 자신을 방문하고 난
후 "저 사람은 좀 이상한 것 같다"라고 추측하는 말을 남겼다. 다시
한 번 여동생과 함께 취리히에서 한 달을 보냈다. 프리드리히 헤

가Friedrich Hegar는 한 리허설에서 자신의 악단과 함께 쾨젤리츠의 오페라 〈베네치아의 사자〉를 니체에게 연주해주었다. 쾨젤리츠가 취리히로 왔고, 이 곡을 자신이 직접 지휘했다. 전체적으로는 편안한 몇 주였다. 니체는 다시 강력한 수면제를 먹기 시작한다. 그중 일부는 자신이 직접 처방했다(닥터 니체). 멘토네를 거쳐 다시 니스로 돌아갔다.

1885년

니스, 다시 베네치아, 실스마리아, 그다음엔 라이프치히를 거쳐 나움부르크, 뮌헨, 피렌체와 제노바를 거쳐 니스로 돌아갔다. 2월 중순《차라투스트라는 이렇게 말했다》4부를 완성했다. 원래는 4부에 '차라투스트라의 유혹'이라는 제목을 붙였다고 한다. 니체는 자신의 책을 위해 아무런 신경을 쓰지 않고 자신에게 아직도 많은 액수를 지불하지 않는 슈마이츠너 출판사를 떠나고 싶었지만 다른 출판사를 찾지 못했기 때문에, 게르스도르프의 재정적 도움으로 사비를 들여 45부를(처음에는 20부를 찍을 계획이었다) 라이프치히에 있는 나우만 출판사에서 출간했다. 비밀을 유지해달라는 요청과 함께 소량의 책만을 몇 군데 보내도록 했다. 1888년에는 이 역시 다시 회수하려고 시도했다. 이 책은 판매 가능한 판본으로는 1892년에야 출판된다. 바젤에서 주는 연금이 비록 3분의 1로 축소되긴 했지만 이후 3년 동안은 보장되었다. 여동생의 결혼을 계기로 한 "일종의 삶의 청산"으로서, 그리고 앞으로의 관계에서 방향을 정리하는 차원에서 니체는 5월 20일 여동생에게 다음과 같은 내용의 편지를 썼다. 그는 "어릴 때부터 지금까지 자신과 같은 고민을 마음과 양심에 지닌 사람은 그 누구도 보지 못했으며", 자신은 항상 "가능한 한, 그리고 때로는 종종 매우 내키지 않는 기분으로, 오늘날 합법적이고 상식적으로 이해할 수 있는 여러 인간 유형 중 하나로 스스로를 나타내 보이도록" 강요받아 왔지만, 이것을 받아들인 것은 자신이 "고독을 절대적으로 더 이상 견디지 못했을 때"뿐이었으며, 그래서 한 번도 자신을 제대로 "전달"할 수 없었으며, 자신의 말은 다른 사람들과는 "다른 색깔"을 지닌 것 같다고 했다. "지금까지 내가 쓴 모든 것은 전면에 지나지 않는다. 나 자신에게는 항상 가장 먼저 줄표로 시작한다. 그것들은 내가 관계를 맺고 있는 것 중 가장 위험한 종류의 것들이다. 내가 그사이 대중적인 방식으로 때로는 독일인들에게 쇼펜하우어나 바그너를 권하고, 때로는 차라투스트라와 같은 것들을 고안해낸다는 것, 이것은 나에게는 기분 전환이 되는 일이지만, 무엇보다 내가 그 뒤에서 한동안 그냥 앉아 있을 수 있는 숨을 곳이 되기도 한다." 이제 니체는 혼자 지내는 어머니와 함께 베네치아에 거주하는 것에 대해 고려해본다. 전체적으로는 만족한 생활이고 "건강 상태가 눈에 띄게 매우 좋아졌으며, 평온한 상태"다.

1886년

니체는 1885년과 비슷한 경로로 여행한다. 그는 실스마리아와 니스 중간에서 이번에는 4주 동안 제노바 남쪽 리구리아 지역의 루타에서 보냈다. 새로운 출판사를 찾는 일이 여전히 진척이 없었다. 《선악을 넘어서. 미래 철학의 서곡》, "나의 영혼으로부터 이번에 흘러나온 끔찍한 책—매우 어둡다. 거의 칠흑빛의 책"이 또다시 니체의 자비를 들여 나우만 출판사에서 나왔다. 증정본으로 66부를 발송했고, 팔린 책은 거의 없다. 하지만 다수의 서평이 나왔다. 그중 하나인 비트만J. V. Widmann이 〔스위스 일간지 '데어 분트Der Bund'의 분책〕〈베르너 분트Berner Bund〉에 실은 서평이 니체를 기쁘게 했다. 이 서평은 니체 사유의 '다이너마이트'를 표제어로 제시했다. 프랑스의 영향력 있는 저널리스트이자 미술사 교수인 이폴리트 텐Hippolyte Taine(1828~1893)은 실증주의자로서 사회적·정신적 현상들은 종족, 환경, 역사적 상황에 근거한다고 보았으며, 프랑스 혁명을 이념에 대한 절대적 믿음에 고착된 것으로 비판했고, 나폴레옹 1세를 대중 위로 우뚝 솟아오른 위대한 개체이자 근대 유럽의 창시자로 부각시켰다. 니체는 이폴리트 텐을 자신과 같은 생각을 지닌 사상가로 평가한다. 니체는 나중에 이폴리트 텐에 대한 로데의 비판적인 언급에 화를 내며 텐을 변호하고, 이 일로 니체와 로데는 완전히 절교하게 된다. 이전에 니체의 책을 출판했던 프리치 출판사는 재고로 남아 있는 니체의 책들을 다시 사들인다. 니체는 《비극의 탄생》, 《인간적인 너무나 인간적인》, 《서광》, 《즐거운 학문》에 새로운 서문들을 추가하고(니체는 이때 이 책들을 모두 수중에 지니고 있지는 않았다), 이 서문들을 통해 자기 고유의 사유에 대한 최초의 계보학을 시도했다. 새 판본들 역시 잘 팔리지 않았는데, 니체는 이 판본의 증정본조차 받지 못했다. "4부로 된 대표작"을 계획하는데 "제목 자체가 이미 모종의 두려움을 만들어낸다: 〈힘에의 의지. 모든 가치에 대한 가치 전도의 시도〉". 이런 식의 새로운 구상을 여러 번 계속한다. '힘에의 의지'라는 대표작은 결국 생겨나지 않았다. 1886년 말 프리치 출판사에서 《차라투스트라는 이렇게 말했다》 1부에서 3부까지를 한 권으로 출간했다.

1887년

여행 경로를 약간 변경해서 니체는 니스와 실스마리아 사이 마지오레호수, 쿠어, 렌처하이데에 머문다. 니체는 '매우 건강하게 느꼈던 어느 오후'를 기억하면서 다음과 같이 말한다.

"내가 7년 전부터 매해 겨울마다 건강이 사는 쪽을 향해 한 번씩 점프해갔다는 사실은 분명하다."

하지만 병이 다시 기습하곤 했다. 몬테카를로에서 처음으로 〈파르지팔〉 서곡을 들었다. '순전히 심미적인' 측면에서만 보자면 바그너가 만든 것 중 최상이라고 평가한다("사랑의 우울한 시선"). 하필이면 《반유대주의 통신》이라는 간행물이 정기적으로 《차라투스트라는 이렇게 말했다》에서 나온 문장들을 인용해 니체를 격분시켰다. 쾨젤리츠에게 같이 작업해달라고 다시 도움을 청한다.

"친구에게, 기분 나쁘게 생각하지 말아주시기 바랍니다. 특히 이번에는 당신 없이 아무것도 되지 않습니다. 사실 나는 지난 10월에 가능한 한 신속히 앞서 말한 '학문'(《즐거운 학문》)에 덧붙여 5부를 휘갈겨 써놓았습니다(전체적으로 《서광》과 일종의 균형을 맞추기 위해, 즉 제본을 고려해서). 지금은 내가 도대체 그 당시 무슨 말을 썼는지 나 스스로 어느 정도 호기심이 생겼습니다. 나의 기억에서는 완전히 사라졌습니다."

출판사와의 문제가 금방 해결될 것 같지 않아 보이자 니체는 《즐거운 학문》 4부를 "당분간 인쇄하지 않고" 놔두기로 했으며, 경우에 따라 《선악을 넘어서》 2판에 덧붙여 하나의 책으로 만들 생각도 한다. 하지만 5부와 '포겔프라이 왕자의 노래'를 추가한 《즐거운 학문》 재판이 6월에 출간된다. 니체는 도스토옙스키를 처음으로 알게 된다. "그는 갑자기 말을 쏟아내는 직관적 인간, 그에게서 나 같은 사람을 만난 것 같다." 2월 23일에 니스에서 지진이 일어난다. 니체가 살고 있던 하숙집도 피해를 보았다. 니체는 별로 동요하지 않고 느긋했다. "우스꽝스러운 상황": "모든 극단적인 당파들(사회주의자들, 허무주의자들, 반유대주의자들, 기독교 정교주의자들, 바그너주의자들)에게서 나는 어떤 기이하고, 거의 불가사의한 명성을 누리고 있다. 내가 풍겨내는 극도의 진정성 있는 분위기, 이 때문에 그들은 유혹을 당했다. 그들은 길을 잘못 든 것이다…."
〔1887년 3월 24일, 오버벡에게 보낸 편지〕

여전히 남은 과제가 있다. "다른 한편으로 서로 연관된 사유 구조물을 앞으로의 몇 년 동안 구축해야 한다는 무리한 요구가

100파운드의 무게로 나 스스로를 누르고 있다.―이를 위해 나는 대여섯 가지 조건을 필요로 하는데, 현재로서는 모든 것이 내게 부족하고 심지어 그 조건이 갖추어질 것처럼 보이지도 않는다!"(1887년 3월 24일, 오버벡에게 보낸 편지) 니체는 엥가딘의 추위가 어느 정도 풀릴 때까지 쿠어에서 기다리며 이 시간을 도서관에서 공부하는 데 보낸 후, 6월 7일 렌처하이데에서 마침내 이 과제에 돌입했다. 그리고 16항목으로 '유럽의 니힐리즘'이라는 제목의 (단상이 아니라!) 〔체계적인 글을 위한〕 초안을 작성한다. 이어서 《도덕의 계보학. 논쟁서》의 한 부분을 집필한다. 이 책의 처음 두 논문은 6월 10일과 30일 사이에, 세 번째 논문은 8월 28일까지 작성되었다. 《도덕의 계보》는 11월에 나우만 출판사에서("모든 것이 정확히 《선악을 넘어서》의 경우와 똑같이") 출판되었다. 그사이 실스마리아에 여권운동가인 메타 폰 살리스Meta von Salis가 여자 친구인 헤드비히 킴Hedwig Kym과 함께 자주 방문했다("1887년 여름에 니체는 때때로 매우 유쾌했으며, 재미있고 가벼운 농담을 자주 던졌다"). 물론 니체가 자신의 총명함을 그들에게 내보이고자 한 것은 아니었다("나는 되도록 이 두 부인에게 즐거움을 선사하고자 그렇게 했다"). 니체가 작곡한 〈삶에 대한 찬가〉가 루 살로메의 텍스트와 함께 쾨젤리츠의 관현악 편곡으로 출판되었다. 게오르그 브란데스Georg Brandes(1842~1927)〔풀 네임은 Georg Morris Cohen Brandes〕가 니체와 접촉해 교제를 시작했다. 본명이 모리스 코헨Morris Cohen인 브란데스는 철학을 공부하고 이폴리트 텐에 대한 연구로 교수 자격시험을 통과했으며, 그럼에도 덴마크에서 표현과 언론의 자유를 위한 투쟁에 참여했기 때문에 오랫동안 교수직을 거부당했다. 그는 베를린으로 와서 루 살로메, 레와 친분을 맺었으며, 이들을 통해 니체의 책들을 알게 되었다. 이에 니체는 브란데스에게 《선악을 넘어서》와 《도덕의 계보》에 대한 글이나 서평을 보내주었다. 브란데스는 자신의 소개와 영향으로 스웨덴의 작가 아우구스트 스트린드베리August Strindberg 역시 니체에게 관심을 갖자 처음에는 코펜하겐에서, 그다음엔 유럽의 많은 도시에서 '귀족주의적 급진주의'라는 표제어로 니체에 대한 강연을 열었다. 이 강연들에 의해 니체의 명성이 퍼지기 시작했다. "이렇게 세상의 명성이 시작된다 Sic incipit gloria mundi."(1888년 5월 3일, 도이센에게 보낸 니체의 편지. 라틴어 인용구 'Sic transit gloria mundi: 이렇게 세상의 명성은 사라져간다'의 변형)

1888년

"온갖 극심한 문제와 처리해야 할 결정들로 가득 찬" 겨울. 니체는 4월 초까지는 니스에 머물렀으며, 이후 토리노로 가려고 했다(이 도시에 대해 "사람들은 나에게 축축하지 않은 날씨와 조용한 거리를 칭찬하며 추천했다". 그리고 "니스에서 하루 안에 도착한다"). 하지만 기차를 잘못 타서 제노바 근처의 산피에르 다레나로 갔고, 병이 났으며 짐가방도 없어졌다. 하지만 토리노는 다시 그에게 생기를 불어넣었다. "이 도시는 이루 말할 수 없이 내 마음에 든다." "이곳은 모든 것이 자유롭고 넓게 펼쳐져 있다." 만약 엥가딘이 니체의 시골 지방이라면, 토리노는 니체의 도시다. 토리노의 '고귀한 기품'에 깊은 인상을 받아 니체는 자신을 새로 재정비한다. 그곳 철학부의 학장이 정중한 예의를 갖춰 니체를 방문한다. 여름을 보낸 실스마리아에서 다시 건강이 '형편없이 비참한 상태'가 된다. 이제 "신경쇠약의 압박감에 놓인다". 이곳에서도 호의를 보이며 니체를 도와주는 사람들이 있었다. 익명을 원하는 한 기부자는 2000마르크를 니체에게 전달해주었고, 니체는 자신의 저서들을 출판하기 위한 비용으로 이 돈을 받았다. 사람들이 "나의 친구, 베네치아의 마에스트로(페터 가스트)의 곡 하나"를 여섯 번이나 연달아 연주해주었다. 7월 중순 '소책자'로 《바그너의 경우. 음악가라는 문제에 대하여》를 완성한다(출판은 9월 중순에 이루어진다). 9월 초에는 《우상의 황혼. 혹은 망치로 철학하는 법》을 임시로 완성해놓는다. 이 책의 "내용은 가장 불편한 것들과 가장 과격한 것들로 이루어져 있다. 비록 여러 섬세함과 완곡함으로 가려져 있긴 하지만 이것은 나의 철학에 대한 완벽하고 총괄적인 소개다". 쾨젤리츠에게서 나온 이 제목은 "바그너에 대한 또 하나의 악의적 조롱"이다(이 책은 10월 초까지 보충 작업을 거쳐 11월 말에 출간되고, 1889년 1월 말부터 판매되기 시작했다). 《바그너의 경우》와 《우상의 황혼》의 인쇄 원고를 니체가 직접 작성하고, 쾨젤리츠가 교정을 보면서 수정 사항들을 제안했다. 9월 말에 토리노로 돌아간다. 보통 때와는 달리 예외적으로 고통 없는 날들이 이어지고, 엄청난 창작 욕구에 휩싸

인다. "모든 것이 단번에 해결된 듯하다. 말할 수 없이 아름다운 청명함, 가을의 색채들, 모든 사물에 대한 정제된 쾌감", 며칠 후 《안티크리스트. 기독교에 대한 저주》를 임시로 일단 완성한다(출판은 1895년에 가서야 이루어진다). 이 글은 니체가 이미 실스마리아에서 준비했고, 한동안 '모든 가치의 가치 전환' 1부로 생각했던 것이다. "지금 나는 이 세상에서 가장 큰 감사를 느끼는 사람이다.— 가을, 이 단어의 모든 좋은 의미에서 가을과 같은 기분이다. 나의 가장 풍성한 수확기다. 나에게서 모든 것이 가벼워진다. 나에게서 모든 것이 잘 되어간다. 비록 그 누군가가 그토록 대단한 일들을 이미 했을 리는 거의 없겠지만 말이다." 마흔네 번째 생일에 《이 사람을 보라. 우리는 어떻게 자기 자신이 되는가》를 집필하기 시작했고, 11월 4일에 임시로 끝낸다(니체는 이 책의 인쇄를 미루고 우선은 중요한 다른 외국어들로 자신의 책들이 번역되기를 원했다. 그리고 자기 삶의 "비극적 파국이 너무 심하게 가속화되기를" 원하지 않았다. 《이 사람을 보라》는 1908년에야 출판된다). "9월 3일과 11월 4일 사이 내가 어떤 짓을 모두 저질렀는지 생각해보면, 나는 가장 먼저 대지가 흔들리지 않았을까 염려된다." 스스로를 (아마도 반어적으로 비꼬아서?) "'세계의 구원자'가 될 준비가 되어 있다"라고 생각한다. 자신의 '저작 전체'를 프리치 출판사로부터 다시 사들여서 나우만 출판사에 맡기려고 하지만, 가격이 맞지 않아 이 일은 성사되지 않았다. "기독교를 무찌를 한 방의 공격"을 위해 유대인의 "대자본"을 투입하는 것을 생각해본다.

"우리가 승리한다면, 우리는 세계 평화를 포함해 지상의 지배를 수중에 넣는 것이다…. 우리는 민족과 국가와 계급이라는 부조리한 경계를 극복한 것이다. 인간과 인간의 위계만 있을 뿐이다. 그것도 엄청나게 긴 위계의 사다리가 있다. 그러면 당신은 최초의 세계사적 계약서를, 즉 진정한 의미에서의 '큰 정치'를 가지고 있는 것이다."(1888년 12월 초, 게오르그 브란데스에게 쓴 편지 초안)

니체는 스스로를 최정상의 유럽 사상가라고 생각했고, 유럽에 대한 정치적 책임의식도 있었다.《안티크리스트》를 발송하기 위해 빌헬름 2세와 비스마르크에게 쓴 편지 초안, 이탈리아의 제후와 왕비가 토리노를 방문하는 기회에 이들을 자신의 방으로 초대한다는 내용의 전보들이 남아 있다. 자신의 철학적 위상을 이해하지 못했던 친구들과 지인들과의 관계를 정리하는데, 여기서 오버벡은 제외한다. 브란데스를 통해 니체는 키르케고르에 관심을 가지게 되었지만, 결국 키르케고르를 읽지는 않았다. 아우구스트 스트린드베리가《바그너의 경우》를 읽고 열광적인 반응을 보였다. 니체는 스트린드베리에게《이 사람을 보라》의 프랑스어 번역을 맡기고자 했다. 니체는 자신의 반反독일적 태도가 프랑스에서 좀 더 잘 이해되기를 기대했고, "내가 프랑스인으로 다시 한 번 태어나야 할 최상의 시기"라고 생각했다.《바그너의 경우》에 대한 서평 중 니체에게 불충분하게 여겨지는 어떤 하나에 의거해, 지금까지 자신이 바그너를 비판적으로 진술한 것들을 정리해서《니체 대 바그너. 어떤 심리학자의 기록들》로 작성했다(니체는 100부를 신속히 인쇄하도록 했지만, 사람들에게 책을 발송하지는 않았다).《차라투스트라는 이렇게 말했다》에 들어 있는 시들을 비롯해 자신의 시들을 취합, 정리하고 수정하는 작업을 거쳐《디오니소스 찬가》를 완성한다(1891년 출간).

최종적으로《이 사람을 보라》의 '나는 왜 이리 현명한가' 3절의 일부분을 다음의 텍스트로 교체한다(이 사실은 1969년에야 [니체의 비판본 전집 편집자인 몬티나리에 의해] 발견되었다).

"어머니와 여동생으로부터 내가 어떤 경험을 겪는지를 생각하면 이루 말할 수 없는 공포감이 지금까지도 엄습한다. 이때는 완벽한 시한폭탄장치 하나가 나를 피투성이로 만들 수 있는 어떤 순간에 대해 틀림없는 확신을 가지고 작동한다.─나의 최고의 순간들에 말이다…. 왜냐하면 이때 내게는 독벌레에 저항할 그 어떤 힘도 없기 때문이다…"

"영웅적이고 아리스토파네스적인 과도한 자신감 속에서", "반독일 연맹을 목적으로 하는 유럽 왕가들에 대한 기록" 작업을 해보려고 한다. 곳곳에서 사람들이 자신에게 경의를 표하는 것을 확인한다. 심지어 시장에서 장사하는 여인네들이나 음식점 종업원까지도 니체를 알아본다. 혹사당하는 말 한 마리를 끌어안았다는 이야기는 확인된 바가 없어 꾸며진 이야기로 추정된다.

1889년

1월 5일까지 소위 '광인의 메모'를 여러 장 남겼는데, 그중 하나는 야콥 부르크하르트에게 보낸 편지이며, 이 메모를 읽은 부르크하르트는 오버벡에게 급히 소식을 전했다. 오버벡은 곧바로 토리노로 와서 (카를 알브레히트 베르누이의 기록에 따르면) 극도로 흥분된 광기 상태에 빠져 격렬하게 저항하는 니체를 바젤의 신경과 병원으로 옮겼다(오버벡: "나는 니체가 그 정도로 엉망인 끔찍한 모습을 본 적이 없다"). 니체는 "무한히 만족한 기분을 느끼며, 음악으로밖에 이것을 표현할 수 없다"라고 말한다(바젤에서의 병상 일지). (당시의) 진단은 '진행성 마비Paralysis progressiva'였다. 니체의 어머니가 니체를 예나의 정신병원으로 옮겼다가 이후 집으로 데려갔다. 오버벡과 쾨젤리츠가 우선 유고를 맡았고,《안티크리스트》와《이 사람을 보라》의 사본을 만들었다. 율리우스 랑벤Julius Lang-behn(1851~1907)은 니체가 쓴 〈교육자로서의 쇼펜하우어〉를 연상시키는 〈교육자로서의 렘브란트〉라는 글을 통해 1890년에 대중적으로 큰 성공을 거두면서 문화 염세적이고 민족주의적이며 반유대주의적인 이념을 퍼뜨린 사람인데, 이 랑벤이 필요한 교육도 받지 않은 상태에서(니체의 동의를 얻은 것으로 보인다) 니체와 함께 산책하고 대화하면서 치료하려고 했다. 동시에 니체의 후견인이 되려고 시도했지만, 결국 오버벡이 이것을 막았다. 니체는 금치산 선고를 받았고, 어머니가 후견인이 되었다. 니체의 어머니는 오버벡을 후견감독인으로 추천했지만, 결국 그녀의 남동생인 에드문트 욀러가 후견감독인이 되었고, 그가 죽은 후에는 그 아들인 아달베르트 욀러가 후견감독인을 이어받았다.

1890~1900년

니체가 남긴 책들에 대한 판권은 오랜 협상 끝에 나우만 출판사가 그대로 소유하게 되었다. 쾨젤리츠는 니체 전집을 펴내기 시작했고, 이 가운데《차라투스트라는 이렇게 말했다》역시 4부 모두가 포함되어 출판되었다. 최초로 많은 액수의 수입이 생기기 시작했다. 니체는 급속도로 유명해졌고, 그에 관한 책들이 쏟아져나오기 시작했다. 1894년에 루 살로메의 책《저작으로 본 프리드리히 니체Friedrich Nietzsche in seinen Werken》가, 1895년부터는 여동생에 의해 3권짜리 니체 전기가 출판되기 시작한다. 니체는 사람들이 보는 곳에서 산책하는 것이 불가능해졌다. 1893년부터 니체는 휠체어에 앉아 생활했으며, 더 이상 집 밖으로 나가지 않았다. 여동생이 파라과이에서 돌아와 처음에는 '새로운 게르마니아의 혁신'을 위한 선전 활동을 했으며, 그다음에는 니체의 유고를 관리하는 데 개입하기 시작했고, 나움부르크의 어머니 집에 '니체 문서보관소Nietzsche-Archiv'를 설립했으며, 어머니가 부재중일 때 니체의 초상화를 그리도록 해서, 그 그림들을 전시했다. 니체가 가만히 머물러 있지 않았기 때문에 문서보관소도 함께 좀 더 품위 있고 좋은 집으로 이사했다. 니체의 유고를 가능한 한 빨리 출판하기 위해 여러 명의 편집자를 혹사시켰다. 또 여동생은 쾨젤리츠가 진행하던 니체 전집 출간을 중단시켰으며, 오랫동안의 힘겨운 분쟁과 중상모략, 선동 끝에 어머니로부터 니체에 대한 모든 법적 권리를 강제로 받아냈다. 여동생은 1897년 니체의 어머니가 죽은 후에 니체를 자신의 집으로 데려가 니체에 대한 전횡적인 권한을 마음대로 행사했다. 그녀는 마비 증상과 뇌졸중 발작이 심해진 니체를 점점 더 오랜 시간 침대에만 누워 있게 했다. 스위스의 역사학자인 메타 폰 살리스는 니체 저작을 인쇄하는 데 드는 비용을 이미 많이 부담했는데, 바이마르의 저택 '질버블릭 빌라'를 구입하는 데도 자금을 제공했다. 그 도움으로 니체의 여동생은 니체 문서보관소를 나움부르크로부터 이 집으로 새로 이전하고, 여기서 니체와 함께 거주한다. 여동생은 때때로 방문자들에게 니체를 보여주기도 했다. 1900년 8월 25일 니체는 극심한 독감과 발작을 겪은 후 사망한다. 뢰켄의 교회 벽 앞에 아버지의 무덤과 나란히 묻힌다. 장례는 교회장이 아니었다. 교회 기록부에는 다음과 같이 적혀 있다.

"1844년 뢰켄에서 당시 목사 니체의 아들로 태어났으며, 그에 따른 종교는 개신교지만, 그가 쓴 철학서들로 보면 반기독교인이다."

2장 | 니체의 철학에서
삶의 경험이
지니는 의미

앞 장에서 서술한 삶의 경험들은 니체가 자신의 저서에서는 거의 이야기하지 않거나 주변적으로만 언급했던 것이다. 하지만 이때 니체는 한 개인으로서의 자신은 물론, 자신의 철학 방식에까지도 영향을 미쳤던 인간적 조건들을 매우 의식적으로 함께 고려했다. 그는 학문으로서의 철학에 요구되는 것으로 학문적 객관성과 보편타당성을 위해 모든 개인적인 요소는 뒤로 물러나야 한다는 그러한 원칙을 과감하게 파괴했다. 1886년에 자신의 책들을 재출간하면서, 니체는 새 서문을 붙이고 여기서 자신의 삶이 자신이 하고 있는 철학에 어떤 의미를 지니는지 상세히 기술했다. 그리고 '기독교에 대한 저주'인 《안티크리스트》를 마무리한 후, 그에 못지않게 도발적인 제목의 《이 사람을 보라》라는 특별한 책을 통해서 다시 한 번 자신에게 있어 삶과 철학함이 가지는 관계를 상기시켰다 ('이 사람을 보라', 즉 '에케 호모Ecce homo'는 나사렛의 예수를 이해하지 못했지만 그렇다고 그에게서 어떤 죄도 발견하지 못한 필라투스가 유대 민족 최고 평의회 재판에 예수를 넘겨주면서 했던 말이라고 한다). 《이 사람을 보라》에서 우리는 일반적인 의미의 자서전을 기대해서는 안 될 것이다. 그렇게 보기에 이 책은 많은 부분이 불충분하고, 또 그렇지 않은 부분은 지어낸 것일 것이다. 니체가 이 책에서 시도한 것은 단순한 자서전과는 완전히 다른 무엇이다. 니체는 자신의 삶을 철학적 방식으로 행해지는 '큰 해방'으로, 즉 깊이 체화된 인식의 속박에서 벗어나는 과정으로 해석했고, 이것이 가능했던 것이 그의 삶이었다. 스스로 가장 강력히 믿고 있었고 또 가장 확고하게 매달렸던 바로 그것을 포기할 능력이 자신에게 있었다는 사실, 이 것이 니체에게는 결정적인 것으로 보였다. 니체는 가장 먼저 문헌학을 포기하고 문헌학에서 벗어났으며, 그다음에는 쇼펜하우어 및 삶의 근저에 놓인 맹목적 의지를 말하는 그의 형이상학과 함께 바그너 및 음악을 통한 그의 문화 개혁의 이념에서 벗어났으며, 마지막으로는 너무나 믿고 의지했던 친구들마저도 포기했다. 니체는 철학의 과제란 바로 그러한 벗어남에 있는 것으로, 믿음이나 모든 종류의 정신적 구속으로부터의 해방에 있는 것으로 보는 법을 배웠으며, 끝없이 새로 몰려드는 믿음으로부터 끝없이 새로 벗어날 수 있는 '자유로운 정신'이 되는 법을 배웠다. 니체 자신이 생각했을 때, 여기에 가장 많이 기여한 것은 그의 병이었다. 물론 니체가 말하는 자기해방은 그의 건강 상태나 병과 관련된 전기상의 여러 계기를 훨씬 넘어가는 것이다. 바로 이런 이유에서 우리는 그의 삶 없이는 니체의 철학을 이해할 수 없지만, 또한 그의 삶으로부터 바로 이해할 수도 없다.

니체는 1886년에 재출간된 아포리즘 저서들 《인간적인 너무나 인간적인》, 《서광》, 《즐거운 학문》 각각에 붙인 새로운 서문을 통해 이 책들 자체의 내용보다는 자신의 '큰 해방'에 대해 훨씬 더 많이 다루고 있다. 이 해방은 "마치 대지의 갑작스러운 진동처럼" "아직 성숙하지 못한 젊은 영혼"이 지금까지 애정을 품어왔던 모든 것에 대해 느끼는 "갑작스러운 공포감과 의심"으로 나타나며 "방랑, 낯선 것, 소외감, 한기, 냉정해지고 얼어붙은 상태에 대해 반란처럼 제멋대로 일어나 화산처럼 덮치는 갈망, 즉 지금까지 경배해왔던 그러한 사랑에 대한 증오"로 나타난다. 이것은 또한 해방을 가져다주는 바로 이 증오에 대한 "수치심Scham"으로도, "그 안에서 어떤 승리감을 드러내는 가운데 도취적이고 내면적이며 환호하는 전율"로도 나타난다(《인간적인 너무나 인간적인 I》, 서문 3). 니체에 따르면 이런 종류의 해방은 "병적 고독의 상태"에서 보내야 했던 "수없이 많은 시도의 세월"을 전제로 한다. 이때 병이란 것은 처음에는 메타포로 작용하지만, 시간이 흘러가면서 점차 생리학적인 것으로도 나타난다. 고독이라는 병은 '큰 건강'을 위한 수단이 될 수 있는데, 이 건강이 '큰' 건강인 이유는 병으로부터 계속 또다시 공격받음으로써 점점 더 강해지기 때문이다. 또 고독이라는 병은 우리에게 '정신의 성숙한 자유'를 가져다줄 수 있는데, 이 자유와 함께라면 우리 자신이 하는 "시도를 믿고 따르며 살아도 되고 모험에 기꺼이 몸을 맡겨도" 되는 것이다. 그렇게 되면 우리는 모든 것을, 무엇보다도 내 가까이 있거나 내게 바로 붙어 있는 것들을 새롭게 볼 수 있으며, 건강과 병을, 이제 이 단계에서는 나의 몸과 관련된 생리학적인 의미에서의 건강과 병을 스스로 처방하는 법을 배운다. 그리고 '현명'해지기 시작한다. 이렇게 '점점 자유로워지는 정신'은 무엇을 위해 위대한 해방이 이루어져야 하는지도 이해하게 된다. 즉 자신의 관점들을 삶 위로 '펼치고 또 확정할' 수 있는 자유, 더 이상 지배적 도덕이 내세우는 '찬성과 반대'에 예속되지 않고 스스로의 '힘'으로 결정할 수 있는 자유를 위한 것이다.

그러나 이와 함께 지배적인 도덕의 입장에서 볼 때는 가장 심각하게 여겨지는 '위계의 문제'가 대두한다. 이것은 스스로 책임질 수 있고, 또 도덕적 기준 자체에 대해서도 스스로 선택하는 데 필요한 자유와 힘을 모든 사람이 동등하게 소유하고 있지 않기 때문에 생겨나는 문제다. 심지어 이 간단한 사실을 인정하는 것 자체도 이미 더 높은 도덕적 위계의 상태를 전제하고 있다(이 책 11장 '4. 위계' 참조). 철학에서는 가장 단순한 보편타당성이 바로 도덕의 문제에서는 불가능하거나 그저 겉으로 드러나는 현상에 지나지 않는 것이 된다(《인간적인 너무나 인간적인 I》, 서문 4~8).

《인간적인 너무나 인간적인 II》의 서문에서 니체는 자신의 이야기를 좀 더 개인적인 방식으로 솔직하게 하고, 자신이 어떤 책을 통해 무엇으로부터 벗어났는지 각각 요약하며 기술하고 있다. 먼저《반시대적 고찰》을 통해서는 '교양속물주의'로부터, '역사적 병'으로부터, 또 쇼펜하우어와 바그너가 자신에게 더없는 숭배의 대상이었음에도 바로 그래서 그들로부터 벗어났으며, 이를 통해 결국 니체 자신의 낭만주의에서 벗어났다고 한다(《즐거운 학문》 370번 참조).《인간적인 너무나 인간적인》과 함께 니체는 "가장 내면적인 고독과 결핍 상태로 보냈던 오랜 이행기"로 진입했고, 자신의 "건강학"의 한 부분으로서 "반낭만주의적 자기치료"를 시작했다고 말한다. 그러나 "쇠약해질 대로 쇠약해졌으며 절망에 빠진 낭만주의자" 바그너와의 결별은 처음에는 니체를 생리학적, 도덕적이라는 이중의 의미에서 건강하게 만들지 않고 '병적으로' 만들었다. 아니 그는 "병적인 것 그 이상으로, 말하자면 피로함을 느꼈으며, 이 피로감은 우리 근대적 인간에게 열광할 것으로 남아 있는 그 모든 것에 대한 끊임없는 실망으로부터 나온 것, 즉 도처에서 허비되고 있는 힘, 노동, 희망, 유년기, 사랑에 대한 끊임없는 실망으로부터 나온 것"이라고 니체는 말한다. 왜냐하면 이제 자신에게 남은 유일한 구원 수단이었던 그의 '과제'가 자신으로부터 멀어졌기 때문이다. 하지만 니체는 계속 저술 작업을 해나갔으며, 자신의 저술을 통해 "마음의 안정과 침착함, 심지어 삶에 대한 감사의 마음"까지 제대로 지킬 수 있었다고 한다. 그는 "의사인 동시에 환자로서" 한동안은 부득이하게 "낙관론"적 태도를 취해야 했으며, 어떤 한 "영혼의 기후"로부터 다른 영혼의 기후로 "오랫동안 배회함"으로써, 그리고 "좀 더 조야한 모든 탐욕에서 벗어남"으로써 "온갖 종류의 외적인 악조건 속에서도 자유"로워지고자 투쟁했다. 그렇게 니체는 마침내 자신의 과제와 자신의 건강을 모두 되찾았다. 니체에게 삶의 "체험"은 "병과 회복의 역사"였다. 그것은 어떤 한 개인의 체험이었지만, 니체가 이 체험을 다시 다른 개인들에게 이야기하고, 이들은 다시 자신의 방식으로 그 체험들을 이해하게 됨으로써 병을 앓거나 아니면 건강해지는 것이다. 일반적인 것, 그리고 그와 함께 평범한 것과 일치하고자 하는 매우 흔한 열망에서 벗어나는 동시에 이 일치감이 주는 위안으로부터도 벗어난 후, 이제 니체는 "큰 적대자에 대한 열망"을 가지게 되었다고 말한다(《인간적인 너무나 인간적인 II》, 서문 1~7).

이후 《서광》의 서문에서 서술하듯이, 니체는 유럽의 도덕 자체에서 이 적대자를 보았다. 이 도덕이야말로 바로 앞서 말한 그러한 일반성을 주장하는 가운데 가장 확고히 유지되는 것이었는데, 이 확고함은 유럽의 도덕이 칸트의 비판으로도 흔들리지 않고 남아 있었던 일종의 형이상학을 자신의 근거로 만들어냄으로써 가능했다. 니체는 이에 대해 자신이 마치 두더지처럼 혼자서 은밀히 이 도덕적 요새를 파괴했고, 이제 천천히 어떤 새로운 '서광' 쪽으로 뚫고 들어가기 시작했다고 말한다.

마침내 니체는 《즐거운 학문》의 새로운 서문에서 "체험"으로서의 자신의 책 자체에 대해, "어떤 회복기 환자의 감사의 마음"에 대해, "회복되고 있다는 것을 느낄 때의 흥분감"에 대해, "다시 찾아온 넘쳐나는 힘의 환호성"에 대해 이야기한다. 그리고 이런 것은 자신이 직접 "비슷한 것을 경험한" 사람만이 공유할 수 있는 것이라고 말한다. 동시에 다음과 같은 말로 자신에 대해 다시 거리를 취한다.

"니체 선생을 그냥 내버려두자. 니체 선생이 다시 건강해진 것이 우리와 무슨 상관인가?"

니체는 우리에게 없어서는 안 될 일반성을 이제 달리 생각해보고자 한다. 즉 어떤 것을 참된 것으로 확립하는 토대로서의 일반성이 아니라, 누군가가 이 일반성을 다른 사람들로 하여금 받아들이거나 혹은 각자의 방식에 따라 자신의 책임으로 받아들이지 않도록 하기 위해 어떤 것을 생각해보게 하는 것으로서의 그러한 일반성을 말하고자 하는 것이다. 이때 양자는 '욕구'뿐 아니라, 각자의 상황으로 인해 더 이상 다른 선택이 허용되지 않을 때는 (불가피한 상태로서의) '위기Not'를 따르는 것이기도 하다. 니체에 따르면 철학을 하게 만드는 것은 항상 '위기 상태Notstände'다. 특히 병상에 있는 철학자의 경우 더욱 그렇다. 니체는 아픈 상태라는 것을 메타포로 사용해 일반화하는 가운데, 모든 철학자는 비록 생리학적으로는 아니라 하더라도 도덕적으로는 이미 아픈 상태였고, 여전히 아픈 상태에 있다고 한다. 왜냐하면 철학자들은 병들어 있으며, 또 병이 들어 아프기 때문에 철학을 한다는 것이다. 니체는 더이상 철학자들에게 '존재'와 인접한 위치를 부여하지 않는다. 존재Sein에 가깝기 때문이 아니라 아픈 상태Kranksein에 가깝기 때문에 철학을 한다고 보는 것이다. 즉 아픈 상태가 철학자들로 하여금 "스스로에게 질문하고, 스스로를 시험"하지 않을 수 없게 만든다. 하지만 니체는 또다시 묻는다. "질병이라는 압박 아래 놓인 이러한 사유 자체로부터는 무엇이 생겨날 것인가?" "철학은 지금까지 그저 몸에 대한 한 가지 설명이자 몸에 대한 한 가지 오해에 지나지 않았던 것은 아니었을까?" 니체가 여기서 자신의 방식으로 일반화하는 경험에 따르면, 철학자는 '의사'다. 니체 스스로 시도해보았던 것처럼 가장 일차적으로는 자기 자신의 의사다. 만약 어떤 철학자가 힘겨운 노력으로 스스로를 극복하는 데 성공해 큰 건강의 상태에 이른다면, 그는 "수많은 건강"과 또 "그만큼 많은 철학"을 두루 거쳐 통과할 정도로 자유로워질 것이며, 또 이것들을 그 자체로 삶에 대한 관점들로서 자신이 통제할 힘을 가질 것이다. 이 철학자는 자신의 삶을 사유로 변화시킬 것이고 "변용"시킬 것이다. 이 과정에서 함께 작용했던 우연들은 남겨진다. 이때 병이나 고통은 가장 눈에 잘 띄고 가장 구체적인 우연들에 지나지 않지만, 삶을 가장 강렬하게 해서 "문제"로 만들고, 특히 철학자들에게는 "철학적 문제"로 만드는 그러한 우연들이기도 하다. 만약 철학자들이 결국이 우연을 편하게 대할 수 있다면, 물론 그럴 수 있는 철학자는 소수에 지나지 않겠지만 그들은 "새로운 행복"도 "X에 대한 즐거움"도 알게 될 것이다. 그렇게 되면 그들이 서로 나눌 수 있는 이야기는 보편적인 어떤 것이면서 동시에 매우 개인적인 어떤 것, 바로 "예술가들을 위한 예술"이 될 것이다(《즐거운 학문》, 서문 1~4).

니체가 자신의 아포리즘 저서들《인간적인 너무나 인간적인》, 《서광》,《즐거운 학문》에 새로 붙인 서문들이 그저 서문에 그치는 것이 아니었다고 한다면, 그는《이 사람을 보라》에서 다시 한 번 새로운 장르의 글쓰기를 고안해낸다. 니체는 이미《도덕의 계보》에서 결국에는 '학문적 양심'이라는 것까지도 만들어낸 유럽적 도덕이 과연 어떻게, 또 어떤 조건하에 가능했던 것인가라는 질문을 던지고, 바로 이러한 조건들에 대한 학문적 발견과 함께 유럽적 도덕의 '자기발견'이 다시 이루어짐으로써 사실 이 도덕은 '자기 극복'으로 이어져야 했음[그렇게 되지 않았다]을 보여주었다. 이제 그와 일관된 문제의식 속에서 니체가 이어서 던지는 물음은 어떠한 조건하에 유럽적 도덕의 이러한 자기발견이 바로 자기 자신 '니체

선생'에 의해 가능했는지 하는 것이다. 니체는 바로 유럽적 도덕의 '발견자'로서의 자신에 대한 계보학을 시도한 것이다. 이를 위해 소크라테스 이후 유럽의 철학이 겪었던 가장 철저한 가치 전환을 가능하게 했던 것은 도대체 어떤 상황과 사건들이었는지에 의거하여 자신의 삶에 관한 질문을 던진다. 사실 그는 유년 시절에 가끔 자서전을 쓰기도 했지만 이내 포기하곤 했다. 이제《이 사람을 보라》에서 니체는 "나는 누구인가"라는 자서전적 물음을 다음 네 가지, 계보학적 물음으로 다시 제기한다. "나는 왜 이렇게 현명한가", "나는 왜 이렇게 총명한가", "나는 왜 이렇게 좋은 책을 쓰는가", "나는 왜 하나의 운명인가"라는 물음이 그것이다. 통용되는 기준에 비추어보면 물론 니체는 의심의 여지 없이 지혜로웠고 총명했으며, 좋은 책들을 썼고, 철학에 있어 하나의 운명이, 어쩌면 또 한 인류의 운명이 되었다. 하지만 니체에게는 이제 그 신빙성 역시도 스스로 비판적으로 되물어야 할 문제였다.

니체는 이 질문들을 이제 "나에게 주어진 과제의 위대함"에 대해 말하면서 시작한다(《이 사람을 보라》, 서문 1). 이어서 자신을 "도덕-괴물"이 아니라 "철학자 디오니소스의 사도"로 소개하는데, 그는 이 디오니소스를 자신의 철학을 대표하는 신이라 이미 선포한 바 있다(《선악을 넘어서》 295 참조). 니체는 인간을 "개선"하고자 하는 것이 아니라 인간들의 "우상('이상Ideal'에 대한 나의 단어)을 무너뜨리고", 그러한 우상에 대해 인간들이 자칭 자신에게 있다고 주장하는 권리를 파괴하고자 한다고 말한다. 또 인간들 사이에서 자신과 자신의 사유는 한평생 고독에 처해 있었지만, 이 고독으로 인해 자유로워졌고 "현존재에서의 모든 낯선 것과 불확실한 것을, 지금까지 도덕에 의해 추방되어왔던 모든 것을 되찾아내게" 되었다고 한다. 니체는 "인간의 정신은 얼마나 많은 진리를 감당할 수 있으며, 또 얼마나 많은 진리를 감행할 수 있는가?"라는 물음을 인간의 위계를 정하는 기준으로 삼았다. 그리고 자신이 "인간에게 선사한 최대의 선물"이라고 칭한 작품인 《차라투스트라는 이렇게 말했다》 자체가 이 문제에 대해 스스로 말하도록 한다(《이 사람을 보라》, 서문 2~4). 니체의 삶은 그의 작품 속에 흡수되어 사라지고, 작품을 위한 조건들만 마련할 뿐이다.

'나는 왜 이렇게 현명한가'라는 제목의 장에서 읽을 수 있는 것, 즉 현명함이 의미하는 바는, 때로는 고통스럽기도 한 삶의 경험들로부터 이 삶을 안정되고 느긋하게 만드는 어떤 앎을 획득했다는 것이며, 그리하여 모든 사람과 모든 일에 공평하고 정직하게 이 앎을 행한다는 것이다. 니체는 자신이 현명해질 수 있었던 이유로, 이미 일찍부터 지니고 있던 '중립성'과 "삶의 전체 문제와 연관해서 그 어떤 편견으로부터도 자유로운 성격"을 언급했다. 그런데 자신의 이러한 성격은 어떤 '숙명'으로 인한 것이었으며, 이 숙명이란 "수수께끼같이 표현하자면, 나는 나의 아버지로서는 이미 죽었고, 나의 어머니로서는 아직 살고 있고 그렇게 늙어가고 있다"라는 것, 아버지로부터 물려받은 것은 병약함이며, 어머니로부터 받

은 것은 파괴될 수 없는 생명력이라고 말한다.[1]

그렇게 니체는 계속 환자로서 살았고, 죽음의 문턱까지 간 적도 몇 번 있었다. 하지만 그럼으로써 자신만의 '과제', 말 그대로 '삶의 과제' 역시 부여받았다. 즉 의학적으로 완치될 수 없으며, 육체적으로 정상적인 삶을 방해하고, 정신적으로 극도의 우울을 야기하는 고통을 그의 철학함에 의미 있고 유익하게 만드는 것, 그래서 이를 통해 삶을 살아낼 수 있도록 하는 것이었다. 니체는 병고의 경험으로부터 배우려 노력해야만 했고, 그럼으로써 결국 현명해졌다. 물론 니체 자신이 원한다고 해서 그렇게 될 수 있었던 것은 아니었지만 말이다. 그뿐 아니라 병약함과 생명력 사이의 극도로 팽팽한 긴장, 이 생리학적 데카당스의 징후로 니체는 자신의 시대가 겪고 있는 질병, 즉 문화적 데카당스도 선명히 들여다볼 수 있는 눈을 함께 얻게 되었다. 왜냐하면 '환자의 시선'은 모든 관찰기관뿐 아니라 관찰 자체도 극도로 섬세하게 만들기 때문이다. 그래서 환자의 시선은 "포착해서 파악하는 세공술 자체를, 뉘앙스를 놓치지 않는 감각을, '구석을 보는' 심리학"을 니체에게 가르쳐주었으며, 특히 구석을 관찰하는 이 심리학은 이후 니체의 고유한 습성이 되었다. 니체는 바로 이 환자의 시선을 통해 자신이

---

1   Hans Gerald Hödl, Der letzte Jünger des Philosophen Dionysos. Studien zur systematischen Bedeutung von Nietzsches Selbstthematisierungen im Kontext seiner Religionskritik〔Monographien und Texte zur Nietzsche-Forschung, Bd. 54〕, Berlin/New York 2009, 538.

"관점들을 전환하는 기술"의 대가가 될 수 있었으며, "이것이 어쩌면 나에게만 '가치들의 가치 전환' 자체가 가능해진 첫 번째 이유일 것"이라고 말하는 가운데 이 책의 새 서문에서 언급한 내용과 다시 연결시킨다(《이 사람을 보라》, '나는 왜 이렇게 현명한가' 1). 이 관점들의 전환이 니체의 해방을 가능하게 했기 때문에, 그에게 있어 "아픈 상태는 오히려 삶을 위한, 더 많은 삶을 위한 강력한 자극제"가 되었다(《이 사람을 보라》, '나는 왜 이렇게 현명한가' 2). 니체가 1882년 연말 오버벡에게 보낸 편지에서도 읽을 수 있듯이, 병고의 상태는 니체에게 "가장 강한 힘"과 "자기극복"을 요구했고(1882년 12월 31일 편지), 그럼으로써 그의 철학의 원동력이 되었다. 니체는 말한다. "나는 건강하고자 하는 의지로부터, 살고자 하는 의지로부터 나의 철학을 만들어냈다." 그는 위기 상황들로부터 그 이점들을 만들어낼 수 있었기 때문에 자신은 "잘 헤쳐나가는 인간", "신중하게 선택하는 원칙"이 되었으며(선택의 원칙은 곧 삶 자체의 진화 원칙이다), 그렇게 선과 악이라는 피상적 대립 역시 넘어섰고, "'불운'에 대해서도 '죄'에 대해서도" 믿지 않았다고 말한다(《이 사람을 보라》, '나는 왜 이렇게 현명한가' 2). 니체는 병고를 통해 자신이 《도덕의 계보》에서 "자율적이고 초윤리적인 개체"라고 칭했던(《도덕의 계보》 제2논문 2) 그러한 존재에 가까워진 것이다.

하지만 이를 위해서는 또 다른 조건들이 필요했다. 인쇄에는 들어가지 않았던 《이 사람을 보라》 초고에서 읽을 수 있듯이, "서로 분리된 것으로 생각했던 세계들로의 접근 가능성"은 병을 견녀내게 했을 뿐 아니라, 편협하고 제한적이었던 정치적 관점들 역시 극복하게 했다. 특히 독일성에 편향된 독일적 관점을 극복해 유럽적 관점을 취할 수 있게 되었다. "'좋은 유럽인'이라는 것"은 자신에게 그 어떤 피해를 끼치는 것이 전혀 아니었다. 좋은 유럽인이기 위해서 독일인은 단순한 독일인 그 이상이어야 했고, 사유에서뿐 아니라 이미 혈통 자체로도, 태생적으로도 독일인 이상이어야 했다. 니체는 이와 관련해 어렸을 때 들은 이야기를 되살려냈다. 그 내용은 자신의 "선조는 원래 폴란드 귀족"이었는데, 개신교였기 때문에 귀족의 지위를 포기하고 고향을 떠났다는 것이다(《비판본 전집 학생판》의 주해KSA 14 472쪽). 또 니체는 생김새로 인해 종종 폴란드인 같다는 인상을 주기도 했는데, 어렸을 때는 이에 매우 큰 자부심을 가졌다고 한다. 가령 소렌토에서는 니체를 보고 즉시 '폴란드어로il Polacco' 말을 거는 사람도 종종 있었다고 한다. 당시 독일에서는 민족주의적인 분위기가 팽배해서 많은 사람이 폴란드인을 적대적으로 생각했는데, 니체는 폴란드인이 "슬라브 민족 중에서 가장 재능이 풍부하고 신사적인 민족"이며, 또 "슬라브인은 재능 면에서 독일인보다 뛰어나다"라고 생각했다. 그러나 니체가 폴란드인에게서 특히 높이 평가한 것은 개인의 독자성에 대한 열망이었는데, 이 열망은 "자신이 행사하는 단독 거부권으로 어떤 회의에서의 결정 사항을 뒤흔들 수 있는 폴란드 귀족의 권리를 통해 나타난다"라고 보았다. 또 폴란드인 코페르니쿠스가(이 사람의 국적 역시 논란의 대상이다) "다른 모든 사람의 결정과 관찰에 반대해서" 태양이 지구를 도는 것이 아니라 지구가 태양을 도는 것이라고 주장할 권리를 지녔다는 점을 통해서도 나타난다고 보았다(1882년 유고, 21〔1〕). 이미 《선악을 넘어서》 264절에 표현되었듯이, 그런 강하고 독립적인 성향들은 일반적으로 강력하고 독립적인 유형이 오랫동안 계속 이어짐으로써만 점점 성장해서 지금까지 양성될 수 있었다. 그런 식으로 폴란드 조상에 관한 옛날이야기는 교회의 기록부보다 니체가 어렸을 때를 더욱 잘 묘사하고 있다. 니체에게 특히 독일적으로 여겨졌던 사람들은 어머니 프란치스카와 외가 쪽 욀러 집안이었다. 반대로 친가 쪽 증조모 에르트무테 크라우제Erdmuthe Krause는 (좋은 유럽인) 괴테와 1778년에 친분을 맺어 〔괴테의 일기에 등장하는〕 "무트겐Muthgen일 수 있다고 생각하는데, 여기서도 니체는 역사적으로 불명확했던 이야기를 확인해준다. 친가 쪽 할머니에 대해서 니체는 자신이 근대 유럽의 창시자로 생각했던 나폴레옹과 연결하려 했다. 할머니는 "1813년 나폴레옹이 참모들과 함께 아일렌부르크로 진군했던 바로 그날, 10월 10일에" 니체의 아버지를 출산했다. 니체는 할머니에 대해 다음과 같이 썼다.

"그녀는 작센 출신으로 나폴레옹의 열렬한 추종자였다. 어쩌면 나도 그럴지 모른다."

니체의 아버지가 니체가 태어나기 전 몇 년 동안 작센-알텐부르크가의 황녀들을 교육시켰고, 프로이센의 왕 프리드리히 빌헬름 4세의 생일에 태어난 첫째 아들 니체의 이름 프리드리히를 그에 따라 지었다는 정황을 통해 니체는 독일인 가운데서 적어도 신분상의 확실함을 스스로 보장해놓고자 했다는 것을 알 수 있다. 물론 니체가 아버지의 종교적 경건성은 결코 물려받지 않았고, 또 "호엔촐레른 왕가의 이름"(《비판본 전집 학생판》의 주해KSA 14 472쪽)을 가지고 있음에도,《이 사람을 보라》를 집필하는 동안 호엔촐레른 왕가와 1888년부터 통치하던 빌헬름 2세를 매우 혹독한 방식으로 공격했지만 말이다(1888~1889년 유고, 25〔13〕~〔16〕). 분명 니체에게는 문서상으로 검증된 자서전이 그리 중요하지 않았던 것이다.

니체는 초고의 이 모든 내용을 그대로 출판하지 않았다. 니체는 '나는 왜 이리 현명한가'의 제3절을 최종적으로 훨씬 더 강력한 인상을 주는 구절들로 바꾸었다. 여기서 그는 거리낌 없이 다음과 같이 말한다.

"나는 순수 혈통의 폴란드 귀족이다. 이 혈통은 나쁜 피라고는 한 방울도 섞여 있지 않으며, 특히 독일인의 피는 전혀 섞여 있지 않다."

니체는 자서전적 사실들을 언급하는 대신에 오히려 그 사실들에 대한 자신의 반감을 매우 솔직하게 드러낸다. 그중에서도 어머니와 여동생과 친족 관계라는 사실이 니체에게 더없이 끔찍하게 여겨진 듯하다. 니체는 1882년 타우텐부르크에서 자신의 말에 같은 수준의 응답을 하며 물음을 계속 이어갈 수 있었던 유일한 인간인 루 살로메와 철학적 대화를 나누며 함께 시간을 보냈던 당시, 도덕적으로 좋은 의도라는 핑계를 내세우며 어머니와 여동생이 보였던 파렴치한 행동에 깊은 상처를 받았다. 이때 이들이 보인 태도에 거의 전율을 느꼈던 니체는 그로 인해, 진지한 의도였든 반어적 의도가 들어갔든 《차라투스트라는 이렇게 말했다》에서 최대의 중압감이라고 표현했던 자신의 영원회귀 사유에 대해 회의한다.

> "고백하자면, 진정으로 심오한 나의 사상, '영원회귀'에 대한 가장 철저한 반증은 언제나 나의 어머니와 누이라는 것이다."
>
> 《이 사람을 보라》, '나는 왜 이렇게 현명한가' 3

니체는 자신의 경험이 사유와 모순될 때, 자신의 사유에 회의할 준비가 되어 있었으며, 그래서 사유가 경험과 일치할 때만 자신의 사유에 확신을 가졌다. 니체는 이미 차라투스트라에게도 영원회귀 사유에 대해 불편함과 역겨움을 느끼도록 했는데, 그것은 바로 영원회귀 사유가 '소인배들'의 회귀 또한 의미할 수밖에 없었기 때문이다. 소인배들이란 소심하고 불만에 찬 상태로 자신들을 정당화해주는 도덕에 매달려 있으며, 도덕을 통해 자신들을 뛰어넘어 있고, 그래서 자신들에게는 이해가 되지 않는 모든 것을 해치고자 하는 사람들이기 때문이었다(《차라투스트라는 이렇게 말했다》III, '회복하는 자' 2 참조). 니체의 어머니와 여동생 같은 소인배들의 "폭탄 장치"(《이 사람을 보라》, '나는 왜 이렇게 현명한가' 3)를 견뎌내는 데 필요한 것은 철저히 그들이 말하는 '인간적임'과 거리를 두는 것, 즉 그들이 의미하는 바의 "신성함"과 거리를 두는 것이다. 니체는 이 소인배들의 폭탄 장치에 대항해 코지마 바그너, 리하르트 바그너와 보냈던 "트립셴에서의 나날들"을 마치 하나의 방패처럼 꼭 붙들고 있었다. 이 시간은 니체가 그들과 절연한 후에도 결코 자신의 삶에서 쫓아내버리고 싶지는 않았던, "신뢰와 명랑함과 숭고한 우연들의 나날—심원한 순간의 나날"이었기 때문이다(《이 사람을 보라》, '나는 왜 이렇게 총명한가' 5). 니체가 닮고 싶어 했던 것은 그러한 사람들이었다. 이렇게 볼 때 여기서 '닮음'이라는 말이 의미하는 바가 무엇인지 매우 분명하다.

> "사람들은 부모를 가장 적게 닮는다. 부모를 닮는다는 것은 비천함을 가장 뚜렷이 드러내는 표시다. 좀 더 고귀한 인간 본성의 근원은 무한한 이전으로 거슬러 올라가며, 그로 인해 가장 오랫동안 수집되고 모이고 축적되어야 했던 것이다. 위대한 개인들은 가장 옛날의 개인들이다. 잘 이해할 수는 없지만, 율리우스 카이사르가 어쩌면 내 아버지일 수도 있다. 아니면 알렉산더대왕, 육화된 디오니소스인 이 사람이 내 아버지일 수도…."
>
> 《이 사람을 보라》, '나는 왜 이렇게 현명한가' 3

니체처럼 이런 식으로 말했으며, 심지어 과대망상으로 보일 정도의 지나친 사명의식을 통해 자신의 뜻을 관철시킨 것은 바그너도 마찬가지였다. 니체는 '닮음'을 계속 이어 써내려갈 뿐이었다. 사실 유럽의 철학은 아주 오래전부터 '신성함'을 요구해왔다. 파르메니데스의 경우 새로운 진리를 위해 새로운 여신을 도입했으며, 소크라테스는 진리 추구를 주장하면서 델피 신전의 신탁에 호소했다. 이후의 철학자들도 플라톤과 마찬가지로 모든 개체적 삶의 조건을 초월해 신과 같은 이론적 관점에서 세계를 관찰할 수 있다는 믿음을 가졌다.

니체가 강조한 것은 그와 반대로 신성함보다는 바로 인간적인 상황이었다. 다시 한 번 아버지를 상기하면서 자신의 인간적인 면, 결코 적을 만들지 않았던 자신의 사교성과 친절함, 예기치 않은 상황들도 언제나 잘 극복했던 자신의 의연함, 동정심을 느끼면서도 "차이를 의식했던 자신의 섬세함", "자기 사명의 크기"에 달하려는 자신의 의무감, 모든 종류의 "복수"와 "맞대응"과 "방어책"에 대한 자신의 저항, 차가운 침묵보다는 차라리 불쾌할 수도 있는 거친 표현으로 대답하고 그럼으로써 그 책임을 스스로 떠맡는 자신의 "진심 어린 고상함과 겸손함", 즉 자신의 고결함, 이런 모든 것에 대해 이야기한다(《이 사람을 보라》, '나는 왜 이렇게 현명한가' 4~5). 니체가 자신의 이와 같은 면들을 모두 아버지 덕분으로 보았다면, 반면 자신이 "르쌍티망Ressentiment으로부터 해방"될 수 있었던 것은 병에 시달렸기 때문이라고 보았다. 이 병으로 그는 너무나 예민해졌으며, 결국 더 이상 그 어떤 반응도 하지 않았기 때문이다. "반응 자체를 하는 것이 우리를 너무 빨리 소모시키기 때문에, 더 이상 그 어떤 반응도 하지 않는다. 이것이 그 논리다. 사실 르쌍티망의 충동보다 스스로를 더 빨리 불살라버리는 것도 없다." 가령 니체에 게 있어 어머니와 여동생이 삶의 방식으로 삼았던 그러한 르쌍티 망과 르쌍티망 도덕으로부터의 해방은 도덕적인 성취를 의미하는 것이 아니라 자신이 처한 극단적인 삶의 상황에서 요구되는 생존 조건으로서, 말하자면 "행위할 때 생겨나는 본능적 확실성"으로 여 겨졌는데, 이 점에서도 니체는 물론 일관적이다(《이 사람을 보라》, '나는 왜 이렇게 현명한가' 6). 이 내용이 단순한 해석에 지나지 않는 것이었다 해도, 이 해석 자체도 니체에게는 생존 조건이었으며, 그 가 차라투스트라의 입을 통해 "작은 이성"과 구별했던 몸의 "큰 이 성"의 전략이었다. 작은 이성은 유럽 철학이 철저히 도덕과 형이상 학의 근거로 상정해왔던 것이지만, 작은 이성 자체로는 이해되기 어려운 훨씬 더 복잡한 삶의 전략들에 비하면 "단순한 도구이자 놀잇감"에 지나지 않는다(《차라투스트라는 이렇게 말했다》 I, '몸을 경 멸하는 자들에 대하여'). 니체와 같이 지나치게 예민한 병자에게 큰 이성은 주어진 상황을 있는 그대로 불가피한 것으로 받아들이는 "숙명론"을 요구한다. 그 때문에 또한 "한 번 우연에 의해 주어진 후 거의 견딜 수 없을 지경이었던 상황과 장소와 거처와 사회들을 수년에 걸쳐 참을성 있게 버티는 것—이것이 견딜 수 없는 것들 을 변화시키고, 변화 가능한 것으로 느끼는 것보다 또 거기에 거역하는 것보다 차라리 더 나았다…"(《이 사람을 보라》, '나는 왜 이렇게 현명한가' 6). 니체가 덧붙이는 설명에 따르면, 이렇게 할 수 있다는 것, 이것이 바로 "아모르파티amor fati"이며, 이것이 자신이 말하고자 하는 바의 "인간에게서 볼 수 있는 위대함에 대한 단적인 표현"이다(《이 사람을 보라》, '나는 왜 이렇게 총명한가' 10).

자신이 그렇게 할 수 있었다는 바로 그 사실로부터 니체는 자신의 뛰어난 "전투 방식"을 분명히 확인했다. 그 첫 번째는 우선 자신과 "대등한 적수", "승리를 거두고 있는 것들"만 찾아내어, 그다음에 그들을 제압한다는 것이다. 두 번째, 자신은 "동맹군을 필요로 하지 않으"며, 스스로의 힘으로 전력투구하고, 그럼으로써 "혼자 위험에 뛰어든다"는 것이다. 세 번째 전투 방식은 개인을 공격 대상으로 삼는 경우는 오직 자신이 그들에게서 "일반적이지만 부지불식간에 퍼지는, 하지만 잘 포착할 수 있는 일반적 위기 상황을 분명히 드러낼 수 있는" 경우뿐이라는 점이다. 네 번째로는 "개인 간의 차이가 있을 수 없을 때, 즉 좋지 않은 경험들의 그 어떠한 배경이 따로 있는 경우가 아닐 때"만 개인을 공격 대상으로 삼는다고 한다. 니체에 따르면, 기독교에 대한 자신의 "전쟁" 역시, 아니 바로 전쟁이야말로 그 경우에 해당된다고 한다. "내가 기독교에 싸움을 건다면 나에게는 그럴 만한 정당한 권한이 있다. 나는 기독교로부터 그 어떤 불행을 당하거나 방해를 받은 경험이 없기 때문이다.―가장 진지한 기독교인은 나에게 항상 호의적이었다."(《이 사람을 보라》, '나는 왜 이렇게 현명한가' 7)

하지만 형이상학적이거나 선험철학적으로 주장된 것이 아니라 스스로 처한 삶의 조건으로부터 고통스럽게 얻어낸 그의 '중립성'은 이러한 삶의 조건들 아래 있음으로써 한계를 지닌다. 니체에 따르면, 이 한계들이란 자신이 지닌 매우 강한 감성력의 큰 이성이 "순수함의 본능에 따른 신경질적일 정도의 예민함"으로 바뀌는 곳에서, 즉 모든 종류의 불성실에 대한, 특히 철학함에 있어 나타나는 모든 종류의 기만과 자기기만에 대한 "역겨움"으로 바뀌는 곳에서 찾을 수 있다. "스스로에 대한 극도의 진정성이 나의 생존 조건이다. 불순한 조건들에 처하면 나는 죽고 만다." 더 이상 사유된 것이 아니라 체험을 통해 획득한 이러한 이성의 순수함은 표면적으로는 강요 없이 이루어지는 것 같은 다른 사람들과의 화합을 니체에게 허락하지 않았고 "계속된 자기 극복"으로 나아가도록 했다. 그리고 이를 위한 힘이 부족한 경우 고독 속으로, 즉 "회복으로, 자신으로 되돌아갈" 수밖에 없었다(《이 사람을 보라》, '나는 왜 이렇게 현명한가' 8).

이로부터 귀결되는 니체의 철학적 태도는 다음과 같은 것이다. 모든 인식, 모든 앎, 모든 지혜를 고독으로부터 생각해내는 것, 그리고 그 조건들을 모든 개체가 자신의 특수한 실존에 따라 "내던져져" 있는 피할 수 없는 고독 속에서 찾아내는 것이다(《바이로이트의 리하르트 바그너》3;《인간적인 너무나 인간적인 I》292). 물론 각 개체는 오직 '자기 극복'을 통해서만 이 고독을 넘어설 수 있고, 이를 위해 매우 한정된 힘만을 지닐 뿐이다. 니체는 도덕과 형이상학이라는 은신처 없이도 '현명하게' 철학함이 어떻게 가능한지, 모두와 모든 것에 공평한 '중립적인' 철학이 어떻게 가능한지 자신을 예로 들어 보여주기 위해, 스스로 당혹감에 빠질 준비가 되어 있다. 물론 니체가 독자들에게 이런 식의 철학 방식을 직접 가르치는 것은 아니다. 니체는 독자들이 스스로 관찰하고 체험하도록 한다. 그리고 만약 독자들이 니체의 철학 방식을 도덕적이고 형이상학적인 그 어떤 새로운 은신처로밖에 이해하지 못하면, 니체 자신에게서 독자들 스스로가 당혹감에 빠지도록 한다. 《이 사람을 보라》는 바로 이렇게 사람들이 직접 보고 겪고, 또 그에 대해 (복음서에서 필라투스가 나사렛의 예수에 대해 놀라워하며 '이 사람을 보라'라고 말했던 것처럼) 놀라워하는 어떤 대상에 대한 표현이다. 동시에 사람들이 보고 놀라워하는 이 대상 예수는 사람들이 그들 자신의 관념에 따라 예수에게 죄가 있는 것으로 여겨도 된다고 믿을 때, 그 앞에서 오히려 그들에게 당혹감을 느끼게 하는 그러한 인간이다. 타인이 소유하는 범접 불가능성에 대한 존중을 니체는 《안티크리스트》에서도, 그 전에도 "차이의 파토스"라고 표현했다(이 책 11장 '5. 차이의 파토스' 참조). 니체가 자신의 삶을 통해서는 의도치 않게 불러일으켰으며, 저술을 통해서는 마지막에 《이 사람을 보라》에서 의도적으로 불러일으키고자 했던 것이 바로 이 '차이의 파토스'다.

《이 사람을 보라》의 첫 번째 장이 니체가 현명해질 수 있었던 조건들을 다루고 그 내용으로 자신이 겪은 고통의 역사에 대해 말한다면, 두 번째 장 '나는 왜 이리 총명한가'는 그러한 조건들로부터 배웠던 것에 대해, 자신이 거쳐온 '도야의 역사Bildungsgeschichte'에 대해 이야기한다. 이 도야의 역사란 김나지움이나 대학 같은 학교 교육에 관한 것이 아니라, 세월이 흐르면서 감당할 수 있는 삶을 사는 법을 어떻게 배워나갔는지에 관한 것이다. 그는 여기서 자신에게 적합한 영양 섭취, 자신이 견뎌낼 수 있는 기후 풍토, 책이나 음악을 포함해 자신에게 적합한 휴양에 대해(이 책 3장 '3. 음악~9. 심리학, 신경학, 정신의학' 참조), 그리고 마지막으로 자기 보호를 위한 몇 가지 현명한 방법을 다루었다. 여기에 그가 포함시키는 것은 우선 자신 안에서 체화된 취향이다. 왜냐하면 이 취향을 통해 만약 이것이 없었다면 힘들게 노력해서 방어해야 했을 모든 것으로부터 거리를 취할 수 있었기 때문이다. 또 다른 방법은 니체가 자신 앞에 제시된 것으로 보는 가치 전환이라는 과제가 아직 충분히 진행되지 않은 한, 이 "과제의 운명"을(《이 사람을 보라》, '나는 왜 이렇게 총명한가' 9) 잠깐 숨겨놓는 것이다. 니체가 이렇게 자신의 과제로부터 거리를 두었던 이유는 스스로 여기에 겁을 먹고 강력하게 부인하지 않고, 오랫동안 이 과제를 감당해내도록 하기 위한 것이었다고 한다. 니체가 이 모든 것을 감행한 목적은 전래의 관념론으로부터 마침내 철학적 사유를 해방시켜 "가장 가까이 있는 것들"에 다가가기 위한 것이었다. 이번에도 니체를 "이성으로 향하게 하고, 현실 속의 이성에 대해 생각하도록 만든" 것은 역시 질병이었다. 자신과 같은 환자는 자신의 상황에 현명하게 대처하고 "실책"을 방지하는 법을 배우는 길을 알아야 하기 때문이고, 또 자신은 "생리학적인 것에 무지"하고 "삶의 근본적 비이성"으로서 "구제불능의 '관념론'"을 직접 체험했기 때문이라고 한다. 니체는 여기서 매우 구체적으로 여러 나라의 음식에 대한 경험을 상세히 설명한다(특히 독일 음식과 영국 음식에 관해서는 부정적으로 말하고, 이탈리아 피에몬테 지방의 음식만 괜찮다고 말한다). 또 술과 커피에 대해서도 말하는데, 술에 관한 한 어떤 것도 권하지 않는다고 하면서 "내게 정신이란 (술이 아니라) 물 위에서 떠다니고 있는 것이다"라고 말한다.* 커피에 대해서도 마찬가지로 권하지 않는다. "커피가 사람을 우울하게 만든다"라고 하며, 대신 기회가 있을 때마다 강하고 진한 차와 기름을 뺀 카카오를 마실 것을 권한다. 이런 내용을 이야기하는 가운데 이따금 슐포르타 김나지움과 라이프치히대학에서 보낸 시절에 대해 언급한다. 자신과 자신의 철학에 특히 많은 도움이 되었던 것은 산뜻하고 깨끗한 물, 그리고 몸을 많이 움직이는 것이었으며, "모든 선입견은 내장으로부터 나온다"라고 말한다. 이런 식으로 니체는 "신진대사에 미치는 기후와 풍토의 영향"에 대해서 관찰했다. 신진대사로 인해 "가장 정신적인 것으로 넘쳐 들어오는 자유"가 발산될 수도 있고 방해받을 수도 있다. "신진대사의 속도는 정확히 정신의 발이 활발히 움직이고 있느냐, 아

★ 니체는 이 문장 앞에서 "와인 속에 진리가 있다in vino veritas"라는 속담에 자신은 동의하지 않는다고 말한다.

니면 경직되어 있느냐에 달려 있다. '정신' 자체는 결국 이러한 신진대사의 일종에 지나지 않는다."(《이 사람을 보라》, '나는 왜 이렇게 총명한가' 1~2) 이 절 뒤쪽에 가서 니체는 이 모든 경험은 자신이 먼저 구하려고 노력한 것이라기보다는 그에게 주어진 것이라고 말하면서, 바젤대학의 교수직도 그러한 것이라고 덧붙인다. 니체는 이러한 인식을 힘에의 의지로부터 해석해내는 것이 아니라 오히려 그 반대로 다음과 같이 말한다.

"나는 어떤 무엇이 있는 그대로와 다르게 되기를 결코 원하지 않는다. 나 자신 역시 다르게 되고 싶지 않다. 나는 항상 그렇게 살았다."(《이 사람을 보라》, '나는 왜 이렇게 총명한가' 9)

힘에의 의지는 니체 자신의 삶으로부터 이끌어낸 이론이라고 말할 수는 없다.

니체는 《이 사람을 보라》의 '나는 왜 이렇게 좋은 책을 쓰는가'라는 장을 다음의 문장으로 시작한다.

"나와 내 책은 별개다."

니체는 마지막 단계에서 결국 자신의 저작을 자신으로부터 분리한다. 자신의 작품은 이제 그 자체로 존재해야 하며 작품 자체의 방식대로 이해되어야 한다는 생각을 내보인다. 사실 니체는 처음에는 자신의 저작들에 어떠한 이해도 기대하지 않았다. 이제 다시금 "이해받는 것과 이해받지 못한다는 것의 문제"를 제기한다(《선악을 넘어서》 27절; 《즐거운 학문》 371, 381번 등 여러 곳 참조). 물론 이러한 문제 역시 언급하기에는 "아직 때가 이르다"는 것을 알면서도 말이다. 그는 자신의 "진리들"이나 이를 위해 만들어낸 철학적 글쓰기의 형식들이 사람들에게 여전히 너무 낯선 것이어서, 이것을 들어주고 이에 대해 말할 "귀와 손"이 준비되어 있거나, 이를 위한 감각들이 충분히 발전되어 있을 수 없었다는 것을 잘 알고 있었던 것이다. 아마도 사람들이 언젠가는 "차라투스트라 해석을 위한 교수직"을 만들어낼지도 모르는 일이지만, 충분한 "체험"이나 "경험"이 아직까지는 그들에게 부족하다는 것이었다. 니체는 이성에 대해 그 보편성과 보편타당성을 문제로 삼았던 자신이 모두에게 공통된 하나의 이성을 근거로 독자에게 어떤 가르침을 전달할 수 없으므로, 독자들에게 자신의 책이 지닌 의미를 각자 자신의 책임하에 스스로 발견해내도록 격려했다. 니체는 다음과 같은 말로 독자를 복잡하고 모호한 '이중구속double bind 구조'에 빠뜨린다.

"나를 이해했다고 믿었던 사람은 나로부터 자신이 가진 상에 따른 무엇인가를, 대부분의 경우 나와 정반대되는 것을 생각해냈다. 가령 '이상주의자'가 그 한 예다. 또 나에게서 아무것도 이해하지 못했던 사람은 나를 전혀 고려할 만한 가치가 있는 대상이 아니라고 생각했다."〔《이 사람을 보라》, '나는 왜 이렇게 좋은 책을 쓰는가' 1〕

다시 말하자면 니체의 삶으로부터 그의 작품을 매우 단순하게 추론해낼 수는 없다. 그럼에도 어쨌든 이러한 독일에서의 상황과는 달리 유럽 전체와 뉴욕에서는 이미 "정선된 지성인들이", "심지어 진정한 천재들이" 자신을 발견해냈다고 니체는 말한다. 니체는 그들에게도 서면으로 자신의 개인적인 부분에 대해 대담하게 진술함으로써 호응해주었다. 하지만 그는 대부분의 경우 독자들과의 강력한 대립 구도를 기대했으며, 스스로를 "진정한 의미의 명칭이 반대자"로 내세웠다. 특히 자신이 쓴 책들을 올바로 평가할 수 없었던 독일인들을("오로지 독일적이기만 한 독일인들을") (독일어로) 경악케 했다. 심지어 "친구라 자처하는 사람들"까지도 자신을 제대로 이해하지 못한 것은 마찬가지였다. 자신의 "완벽한 독자"라면 저자인 자신과 마찬가지로 "용기와 호기심을 가진 괴물"이어야 할 것이며, "그 외에도 융통성이 있고 전략을 세울 줄 알고 신중함이 있어야 하며, 타고난 모험가이자 발명가여야 한다"라고, 즉 보편타당한 규범을 기대해서는 안 될 것이라고 말한다. 니체는 이 모든 것에서 시종일관 자신이 모범적인 설교자로 구상했던 차라투스트라로 되돌아온다. 결국 그는 자신의 "문체의 기술"과 자신의 심리학을 권유하고, 그 예시로 공교롭게도《선악을 넘어서》에 나오는 "기묘한 단락", 사랑과 '여자'라는 주제를 제시한다(《이 사람을 보라》, '나는 왜 이렇게 좋은 책을 쓰는가' 1~6). 니체는 여기서도 일관성 있게 스스로를 "의문부호"로 만든다(《즐거운 학문》382번;《이 사람을 보라》, '차라투스트라는 이렇게 말했다' 2).

3장

니체가
받은 영향

완전히 처음부터 새로 시작하는 철학은 없다. 모든 철학은 이전의 철학에 이어 계속된다. 그것은 철학자들 스스로가 원한 것일 수도 있고 원래 그렇게 일어나는 것일 수도 있으며, 철학자들이 인지하는 가운데 일어날 수도 있고, 전혀 의식하지 못하는 가운데 일어날 수도 있다. 일반적으로 우리는 철학자들이 어떤 문제를 통해 철학을 혁신하고자 하는지 그들 자신이 알고 있을 거라 기대한다. 이 때문에 철학자들은 자기 이전 철학자들의 저서를 연구할 수밖에 없다. 하지만 그다음에 중요한 것은 이 철학사적 연구를 어느 단계까지 수행할 것인지 그 적절한 정도를 아는 것인데, 이전의 철학에 점점 더 철저하게 정통하게 되어, 이 철학을 점점 더 정당화할수록 철학자들은 자신에게서 나올 수 있었던 새로운 사유를 시야에서 잃어버리기 쉽기 때문이다. 결국에는 자신 안의 이 새로운 사유를 더 이상 새로운 것이 아니라고 간주하고 완전히 포기할 수도 있다. 니체에 따르면, 이 경우 그들은 철학자가 아니라 '학자'가 된 것이다. 니체는《이 사람을 보라》에서 자신은 책을 별로 읽지 않았으며, 심지어 책을 거부한 적도 있다고 쓴 곳이 있는데(《이 사람을 보라》, '나는 왜 이렇게 총명한가' 3, 8 ;《인간적인 너무나 인간적인》4), 그 첫 번째 이유로 특히 나빠진 시력을 들었다. 하지만 동시에 니체는 이 상황을 다행으로 생각했다. 책들은 그에게 '안식'이 되는 것이어야 했다. 니체의 이러한 태도는 책에 대한 경멸이 아니라 오히려 경외감을 입증하는 것이다. 정신적 자극을 주는 책들이 오히려 스스로 생각하기를 방해하는 경우도 있기 때문이다. 니체는 다음과 같이 말한다.

"원래 책들만 '뒤적거리며 조사'만 하는 학자는, 가령 하루 독서량이 약 200권이면 적당하다고 하는 문헌학자는 결국 자기 자신으로부터 스스로 생각해내는 능력을 완전히 상실한다."(《이 사람을 보라》, '나는 왜 이렇게 총명한가' 8).

니체는 학자와 "철학적 노동자"를 "명령하는 자이자 입법자"로서의 "진정한 철학자"와 구별한다. 학자는 철학의 영역에서도 역사적 지식을 지식 그 자체를 위해 습득한다. 철학적 노동자는 체계를 구축하며, 철학적 지식을 정리하고 분류하기 위한 범주와 방법과 도식을 완성해내고, 이것을 일목요연하게 숙고 가능하고 이해할 수 있으며 다루기 쉽게 만든다. 그럼으로써 "오래 걸리는 모든 것을, 더 나아가 시간 자체도 단축하고 과거 전체를 장악"하고, 이를 토대로 새로 시작하기 위한 조건들을 만들어낸다. 니체가 이에 대한 구체적인 예로 생각했던 것은 "칸트와 헤겔이라는 고상한 모범"들이다. 반면 니체가 시인하다시피, 어쩌면 지금까지 한 번도 존재한 적이 없다고 할 만한 진정한 철학자는 학자나 철학적 노동자와는 달리, "창조적인 손으로 미래를 붙들고자" 하며, 자신들이 장차 믿고 의지할, 그리하여 미래를 형성하는 수단으로 삼을 수 있는 개념들과 가치를 현재에 제공하는 가운데 미래를 함께 형성한다(《선악을 넘어서》 211). 만약 이 개념과 가치들이 설득력이 있다면, 그것들은 당연히 우리가 행동의 기준으로 삼을 수 있을 만큼의 영향력을 가질 것이며 "지배적인 생각"이 된다(《차라투스트라는 이렇게 말했다》I, '창조하는 자의 길에 대하여'). 바로 이러한 의미에서 철학자는 "명령하는 자이자 입법자"인 것이다. 그토록 오랫동안 영원한 것으로 간주되었던 철학적 개념과 가치들도 시간이 가면 수명을 다한다는 것을 발견한 시대는 '명령하는 자이자 입법자'인 진정한 철학자들을 필요로 한다. 이들이야말로 새로운 시대를 위한 새로운 방향 설정을 이루어낼 수 있기 때문이다. 새로운 방향 설정, 이것이 니체가 자신에게 주어진 것으로 보았던 철학자의 '과제'였다.

하지만 그사이 이루어진 니체 연구에 따르면, 니체 또한 자신의 말과는 달리 물론 많은 책을 읽었고, 수천 권의 책을 보유하고 있었으며, 또 죽을 때까지 여러 도서관에서 대출만 한 것이 아니라 그리 좋아하지는 않았지만("열람실에서는 편하지 않다", 《이 사람을 보라》, '나는 왜 이렇게 총명한가' 3) 열람실 역시 이용했다고 한다. 극심한 눈질환으로 책을 볼 수 없었을 때는 다른 사람에게 읽어달라고 부탁했다. 그런데도 니체는 철학적 지식을 학자의 방식으로는 습득하지 않았으며, 해박할 정도로 광범위하고도 철저히 읽는 경우는 드물었고, 완전히 파헤칠 정도로 읽는 경우는 결코 없었다. 그는 항상 독학자였다. 이 독학자 니체는 어느 날 갑자기 자신과 마찬가지로 '강단철학'과 절연했던 쇼펜하우어에게 사로잡혔고, 이후 수년 동안 쇼펜하우어의 사상에 지배당했는데, 그 영향이 너무나 강력해서 당시 니체는 자신의 이러한 열광을 공유했던 친구들하고만 왕래하고자 했다. 물론 니체는 그렇지 못했던 다른 친구들과는 달리 다시 쇼펜하우어와 결별할 정도로 통찰력도 있었고, 또 충분히 강했다. 독학자로서 니체는 다른 철학자들에 대해 매우 불손하고 도를 넘을 정도의 비판도 여러 번 서슴없이 가했다. 그런데 지금까지의 니체 연구가 보여주었듯이, 이때 니체가 부당하게 공격한 경우는 놀라울 정도로 드물었다. 그의 가장 논쟁적인 판단들 역시 여전히 '적중한 것으로 입증되고 있으며' 또 숙고할 만한 가치가 있다. 독학자로서의 니체는 쇼펜하우어에게서 벗어난 후 결국 이전보다 훨씬 더 자유롭고 새롭게 철학에 접근할 수 있었다. 이제 니체는 가능한 한 다양한 학문과의 연관 속에서, 가령 한편으로는 천문학, 물리학, 생물학, 화학, 의학을, 다른 한편으로는 역사학, 미술사, 신화학, 종교학, 신학 등을 아울러 고려하여 자신의 철학을 했다. 특히 그 당시 새로운 학문이었던 사회학, 심리학, 인류학, 풍속학, 신경의학, 정신의학의 영향을 강하게 받았다. 물론 니체는 그럴 의도가 없지 않았음에도, 그중 어떤 학문에 대해서도 방법적이고 철저하게 계속 깊이 들어갈 수 없었다. 니체는 당시 가장 새로운 연구 상황으로부터 자신이 필요한 것을 신속히 자신의 것으로 습득했으며, 이때 많은 다른 독학자들과 마찬가지로 이류나 삼류 학술서라도 결코 기피하지 않았다. 왜냐하면 앞에 언급한 모든 학문 '자체'로부터 니체가 얻고자 한 것은 없었으며, 그에게 중요한 것은 순수히 학문적인 것이라기보다는 자신의 새로운 철학적 사유에 필요한 기반이었는데, 당시 가장 우선으로는 헤겔주의에, 그다음으로는 칸트주의에 사로잡혀 있었으며, 점점 더 많이 실증주의에 빠져들어 가는 전문 철학 영역으로부터는 이러한 기반을 제공받을 수 없었기 때문이다. 이런 상황에서 랑게의《유물론과 그 현재적 의미에 대한 비판의 역사》라는 책은 니체에게 그만큼 더 많은 영향을 끼쳤다. 니체는 이 책을 반복해서 탐구했고, 이 책으로부터 자신이 찾고 있었던 바로 그것을, 즉 모든 형이상학을 포기하는 새로운 철학을 최근의 경험적 학문과 연결할 수 있는 주제들을 제공받았다.

마치노 몬타나리Mazzino Montinari는《비판본 니체 전집》(KGW) 출간 기획 외에도 니체 텍스트의 정확한 독법을 위한 연구 작업을 평생의 과제로 삼았다(이 작업을 완결하지 못했다). 그는 이《비판본 전집 학생판》의 주해(KSA 14)에서, 그리고《비판본 니체 전집》에 대해 계속 출간되는 연구 후기에서, 니체 독법과 관련한 풍부한 내용을 소개했다. 1986년 몬타나리의 때 이른 죽음 이후, 이탈리아의 여러 연구 집단뿐 아니라 스웨덴, 벨기에, 네덜란드, 스페인, 독일어권 및 그 외 여러 나라의 많은 연구자가 이른바 전거 연구를 계속 진행해왔으며, 그 결과물은《니체 연구Nietzsche-Studien》에 정기적으로 실리고 있다. 이 전거 연구의 목적은 니체의 사유를 19세기 당시의 지성사적 콘텍스트 속에 배치하는 것이다. 물론 니체가 그 속에서 뚜렷이 구별됨에도, 혹은 바로 그렇기 때문에 이러한 작업에는 의미가 있다. 니체가 소유했던 책들은 방대한 분량의《니체의 개인 서가Nietzsches persönliche Bibliothek》에 정리, 기록되어 있다. 그 외에 니체가 소장하지는 않았지만 직접 읽었던 모든 책이나 여타 출판물들, 즉 몬티나리가 칭했던 것처럼 소위 "니체의 정신적 도서관과 책들" 역시 고려해야 하는데, 이에 대해서는 많은 부분 알려졌지만 아직 체계적으로 기록되어 있지는 않다.

우리는 니체가 남긴 밑줄 표시나 책 여백의 메모, 발췌 기록 등을 통해 그가 독서한 흔적을 부분적으로 읽을 수 있다. 그러나 니체는 이렇게 독서의 성과로 얻어낸 것을 출판된 책에서는 거의 인용으로 표시하지 않았고, 또 출처를 정확하게 표기하는 경우도 드물었다. 이런 사실은 계획적으로 표절했다는 비난의 근거가 되었다. 특히 니체가 절대적인 '신실함Redlichkeit'을 자신의 철학이 지닌 고유한 미덕으로 강조했기 때문에 더욱 그랬다. 이 또한 독자 각자가 판단해야 할 문제다. 여기서 우리가 참작해야 할 점이 있다. 첫째, 니체 당대의 철학에서는 오늘날보다 훨씬 부정확하게 인용했으며, 전거를 명시하는 경우도 훨씬 적었다. 왜냐하면 당시 전반적인 독자 수준에 따라 전거에 대한 독자의 인지는 일반적으로 전제된 것이었기 때문이다. 두 번째, 니체는 학자를 주된 대상으로 글을 쓰지 않았다. "단지 박학다식의 만족감을 느끼고자 하는 사람들에게는 나의 글이 편하지 않을 것이다. 나는 그들을 전혀 염두에 두지 않았기 때문이다. 인용 출처는 없다."(1872~1873년 유고, 19〔55〕) 세 번째, 그와 동시에 니체는 견고한 학문적 분석에는 부족한 정도의 제한된 독서량에 자신감이 없었을 수도 있다. 네 번째, 니체는 자신이 독서한 내용을 매우 자유롭게 사용했다. 그는 저자 대부분이 스스로는 결코 생각하지 못한 방식으로, 그래서 니체가 그들을 전거로 삼을 수도 없었을 그러한 방식으로 자신이 읽은 것을 자신의 것으로 소화했다. 또한 니체는 자신이 읽은 내용에서야 비로소 진정으로 흥미로운 것이 처음 생겨나도록 그렇게 첨예화해 자신이 한 독서의 결실을 해석했다. 니체의 전기 작가 쿠르트 파울 얀츠Curt Paul Janz는 니체가 "적용 능력이 매우 비범"했다고 다음과 같이 지적했다.

"니체가 다른 여러 개념, 사유들, 원리적인 것을 차용할 때도 이것은 결코 표절이라 할 수 없었는데, 왜냐하면 니체가 차용한 것이 '원전'에서는 기껏해야 구상 정도로만 나타나 있는 상태였다면, 니체는 이것을 일관성 있게 계속 생각해서 생산적인 내용으로 만들었기 때문이다. 이 모든 '차용된 것'은 니체를 통해, 니체의 해석을 통해 비로소 그 중요성과 형체와 의미를 획득했으며, 그럼으로써 살아남았고, 또 철학의 구성요소들이 될 수 있었다."(얀츠, I 432쪽)*

니체가 읽었던 책 중에서 대부분은 니체가 읽었기 때문에 여전히 기억된다고 할 수 있는 책들이다. 니체 자신도 사실 아직 문헌학 학생이었을 때 디오게네스 라에르티오스에 대해, 그리고 그가 "차용한, 아니 훔친 것이라고도 할 수 있는 인용들"에 대해서 다음과 같은 내용의 메모를 남겼다. 즉 디오게네스 라에르티오스

★　이 책 324쪽의 CPJ: Curt Paul Janz 항목 참조.

와 같은 "저술가"들은 때때로 "정직하지 않거나 혹은 검사당하는 것을 싫어하기 때문에 의도적으로 전거의 활용을 바람에 흔들거리는 베일 속으로 숨겨버린다". 하지만 "우리가 어떤 한 저자에게 그 전거들을 물을 때는 이름과 이름을 교환하는 것이 아니라 인식과 인식을 교환하려는 의도가 있을 때뿐이다. 한 권의 책은 그 형식을 통해, 또 사유 내용을 통해 우리가 더욱 잘 이해할 수 있는 것이 되어야 할 것이다…. 우리가 보고 싶어 하는 것은 완성된 책 그 이상이다. 즉 우리는 한 권의 책의 발생 과정, 책이 배태되고 탄생하는 역사를 눈앞에서 보고 싶은 것이다". 오늘날의 니체 전거 연구 역시 이러한 것을 작업의 목적으로 삼고 있다. 다시 니체 자신을 빌려 말하자면, 물론 "책의 발생사에 대한 정확한 대답을 얻을 전망이 별로 없을 수도 있다. 만약 이 저자가 자신이 인용한 책의 저자들보다 더욱 뛰어난 정신의 소유자라면, 즉 전적으로 자유롭게 이들을 마음대로 다루고 처리하며, 그들로부터 가져온 모든 자료를 새로운 형식으로 주조해 자신의 개성으로 분명히 도장을 찍어놓는 사람이라면 그럴 것이다"(1868년 유고, 69〔3〕, 〔4〕). 디오게네스 라에르티오스는 그런 경우가 아니었지만, 니체는 바로 그런 경우였다. 니체는 '뛰어난 정신의 소유자'였다. 이런 사람들에게는 독서라는 것 자체가 곧바로 직접적인 영향으로 이어지지 않는다. 니체가 읽은 전거를 연구하는 학자들은 쉽게 그렇게 가정할지 모르겠지만 말이다. '영향Einfluß(유입)'이라는 메타포가 니체의 경우에는 어떤 의미를 갖는지는 따로 논의되어야 할 문제다. 만약 어떤 '전거'를 통해 얻은 성과가 니체같이 '뛰어난 정신의 소유자들'의 저작 속으로, 그럼으로써 그들 사유의 흐름 속으로 '유입'되었을 때, 이 성과들은 그 안에서 합류해 함께 흘러가다가 곧 물가에 부딪혀 밀려가는 것인가, 아니면 원래의 흐름에 방향을 잡아주는 것인가? 만약 함께 흘러가는 것이라면, 이 영향은 이때 그 흐름을 강화해 훨씬 더 거대하고 강력하게 급속도로 흘러갈 수 있도록 무게감을 부여하는가, 아니면 그 안에 흡수되어 더 이상 알아볼 수 없게 되는가? 만약 이 영향이 얼마 가지 않아 물가에 부딪혀 씻겨버린다고 한다면, 이때 이 영향은 그냥 버려지는가, 아니면 새로이 자기 고유의 소용돌이를 만들고, 새로운 힘을 얻고, 또 다른 흐름의 성과들과 혼합되어 다시 당당하게 원래의 흐름으로 되돌아오는가? 만약 이 영향이 원래의 흐름에 방향을 정해준다면, 이것은 표면에서 일어나는 것인가, 아니면 바닥 깊숙한 곳에서 일어나는 것인가? 깊은 곳에서 일어난다고 한다면, 우리는 그곳이 어딘지 어떻게 확인할 수 있으며, 그 위력을 어떻게 측정할 수 있는가? 그리고 만약 니체와 같은 저자가 그러한 위력을 스스로 인정하거나 혹은 인정하지 않을 때, 이것은 그 전거의 영향에 어떻게 작용하는가? 저자가 자신이 말한 것을 반대하거나 혹은 환영하는가에 따라서 그 전거의 영향은 또 어떻게 작용하는가? 전거 연구에서 이러한 질문에 분명히 설명하고 대답해줄 해석학이란 아직 없다. 그러나 적어도 니체의 사유를 니체가 인용한 전거의 저자들로 환원할 수 없다는 사실만은 분명하다. 그리고 니체 자신이 이 '영향'의 문제를 다음과 같은 비유로 표현하고 있다.

"위대함이란 방향을 정해주는 것이다.—그 어떤 흐름도 자신만으로는 위대하거나 풍부하지 않다. 수많은 지류를 받아들이며 계속 흘러가는 것, 그것이 흐름을 거대하게 만든다. 모든 정신적 위대함에서도 마찬가지다. 수많은 지류가 그리로 흘러들 수밖에 없는 어떤 방향을 누군가 한 사람이 제시한다는 것, 이것이 중요하다. 그 사람이 처음부터 보잘 것없었는지 아니면 풍부한 재능을 소유했는지는 중요하지 않다."

《인간적인 너무나 인간적인 I》521

1. 기독교

니체가 받은 여러 분명한 영향들 가운데 중요한 문제 몇 가지를 선별해보면, 그 첫 번째 자리에 오는 것은 의심의 여지 없이 기독교다(니체가 읽은 "책, 전거, 영향"에 대해 영역과 시기별로 구분하고, 또 입증된 전문가들이 작성한 최초의 개관적 성격을 띤 글은 《니체 편람》(NHB), 364~426쪽에서 읽을 수 있다). 기독교는 니체의 어린 시절과 청소년기를 형성하는 데 매우 강하게 작용했다. 니체는 루터 성경을 통해 읽고 쓰는 법을 배웠고, 목사라는 직업을 가질 것으로 어느 정도 정해두었으며, 한동안은 위대한 기독교 신학자들, 바울, 아우구스티누스, 루터에 심취해 있었다. 그중에서도 니체가 가장 몰두한 인물은 예수였고, 결국에는 예수의 유형을 가령《안티크리스트》에서처럼 자신과 혼동할 정도로 자신과 가깝게 만들었다(이 책 11장 '9. "오직 상징들과 파악 불가능한 것 속에 떠다니는 존재"' 참조). 물론 이미 김나지움과 대학 시절부터 독단적 기독교에 거리를 취하기 시작했고, 독단주의에 대한 비판적인 태도는 쇼펜하우어, 다비드 슈트라우스의《예수의 삶》, 루트비히 포이어바흐Ludwig Feuerbach의《기독교의 본질》, 프란츠 오버벡의《오늘날 신학의 기독교적 정신에 대하여》 등에 의해 더욱 확고해졌다. 이후 기독교의 역사와 예수라는 인물에 대해서는 특히 동양학자이자 종교학자이며 당시 대중적인 인기를 누리던 저술가 에르네스트 르낭Ernest Renan의 저서들을, 그리고 유대교의 역사에 대해서는 구약성서 학자이자 동양학인 율리우스 벨하우젠Julius Wellhausen의 텍스트를 참고하고 인용했는데, 이 두 사람 역시 기독교적 독단주의에 거리를 취했던 학자들이다.

2. 그리스 정신

기독교 못지않게 니체에게 뚜렷하고 확실한 자극으로 작용해 그의 사유를 특징지은 것은 김나지움과 대학 시절을 통해 전반적인 관심을 불러일으켰던 그리스 정신이다. 스승인 프리드리히 리츨 교수로부터 전수받은 문헌학은 니체가 철학하는 데도 계속 영향을 끼쳤다. 니체에게 문헌학이란 무엇보다 "어떤 하나의 해석을 그사이에 섞어넣지 않고 한 텍스트를 텍스트로서 읽어낼 수 있는 것"을 의미했다(1888년 유고, 15〔90〕). 즉 각자의 그럴듯한 해석들을 그 텍스트 자체와 구별해내어 통찰하는 법을 배우는 것이다. 이 경우 역시 니체는 자신이 받았던 영향들에 다시 영향을 끼쳤다. 니체는 젊은 고전문헌학 교수로서《비극의 탄생》에서 빙켈만이 고대 그리스 위에 펼쳐놓았던 '고귀한 단순성'과 '고요한 위대함'의 아름다운 가상을 대담하게 깨뜨리고, 그 안에 놓여 있는 엄청난 전율, 가혹한 투쟁, 잔인함의 쾌감, 디오니소스적 도취를 폭로하고 부각시켰다. 니체의 이러한 작업에 자극을 준 것은 가장 먼저 야콥 베르네이Jacop Bernays의《비극의 효과에 대한 아리스토텔레스의 상실된 논문의 개요》(1857)였는데, 베르네이는 리츨 교수의 오랜 수제자였지만 유대교를 신봉했기 때문에 당시 독일 분위기에서 정교수가 될 수 없었던 사람이다. 그다음으로 또 한 명, 대지주이자 재야 학자였던 파울 요르크 폰 바르텐부르크Paul Yorck von Wartenburg를 들 수 있는데, 폰 바르텐부르크는 베르네이의 분석을 사변적이고 역사신학적인 지평 안으로 끌어들여 설명했다. 이 두 사람 모두 니체와 마찬가지로 헤라클레이토스에게서 강한 영향을 받았다. 나아가 서사 시인 호메로스와 헤시오도스, 비극 시인 아이스킬로스, 역사 서술가 투키디데스의 작품들 역시 니체의 사상에 중요한 토대를 제공했다. 니체에 따르면, 투키디데스는 "고대 그리스인들의 본능에 자리 잡고 있었던 저 강력하고 엄격하고, 가혹한 사실성에 대한 최후의 계시"였다(《우상의 황혼》, '내가 옛사람의 덕을 보고 있는 것' 2).

3. 음악

세 번째 중요한 영향으로 들 수 있는 것은 어려서부터 니체와 이어져 있던 음악이다. 음악은 가장 강력하게 니체의 마음을 움직였으며, 극심한 고독과 절망의 시간에도 그를 계속 살 수 있도록 도와주었다. 니체는 음악을 몸으로 체험했고("하지만 나의 위도 또한 항의하고 있지 않은가? 나의 심장은? 나의 혈관은? 나의 내장은? 그러는 가운데 나도 모르게 목이 쉬어버리지 않는가?"*《즐거운 학문》 368번), 음악은 병으로 인한 고통으로부터 잠시 그를 해방시켜 철학적인 생각을 떠올릴 수 있도록 했다. 1888년 초, 니체는 쾨젤리츠에게 보낸 편지에 다음과 같이 쓴다.

"〔음악이〕 나를 나에게서 벗어나게 한다. 음악은 나를 나에게서 깨어나게 한다. 마치 아주 멀리서 내가 나를 내려다보고 감싸 안으며 느끼도록 하는 것 같다. 음악은 그렇게 나를 강하게 만든다. 음악의 저녁이 지나가면(나는 〈카르멘〉을 네 번 들었다) 그다음

★   이 인용은 "음악이 나를 자극하면 … 내 발이 음악에서 가장 원하는 것은 잘 걷고 활보하고 뛰어오르고 춤추는 데서 느끼는 환희다"라는 문장에 이어진다.

에는 매번 결연한 통찰과 착상들로 가득 찬 아침이 온다. 이것은 매우 신기한 느낌이다. 마치 좀 더 자연스러운 어떤 요소 속에서 헤엄친 것 같은 기분이다. 음악 없는 삶은 진정 오류이며, 고역이며, 유배지다."(1888년 1월 15일, 쾨젤리츠에게 보낸 편지;《우상의 황혼》, '잠언과 화살' 33 참조)

니체는 나중에는 그만두지만 초기에는 작곡 활동에도 몰두했는데, 이때 모범으로 삼았던 작곡가는 슈만이었다. 니체가 슈만을 항상 우호적으로 평가하지 않은 것은 사실이지만 말이다. 그런데 니체에게 인물로서뿐 아니라 음악적으로도 의심의 여지 없이 가장 강한 영향을 끼친 사람은 바그너였다. 그리고 니체가 바그너와 결별하는 데 있어, 당시 가장 권위 있는 음악비평가이자 음악학자이며, 후에 바그너의 적대자가 되는 에두아르트 한슬릭Eduard Hanslick의 저작들이 크게 기여했다. 여기서 한슬릭은 분명한 구조의 〔음들의〕 형식들로 이루어진 음악, 언어로부터 해방된 '절대음악'을 주장했다. 물론 니체에게 "원기를 되찾게" 해주는 음악은 결국 비제의 〈카르멘〉이었지만 말이다(《바그너의 경우》1 참조).

4. 철학

니체가 철학 분야에서 위대한 고전 사상가들을 전문적으로 연구했다는 것을 입증해주는 자료는 별로 없다.[2] 단지 추측할 수 있는 것은 이미 김나지움 학생으로서 앞에서 언급되었던 포이어바흐, 마키아벨리의《군주론》, 루소의《에밀》, 프리드리히 폰 실러의《미적 교육》, 에머슨의《삶의 연주》, 플라톤의 다양한 대화편, 키케로, 아우구스트 빌헬름 슐레겔의 비평 저작들을 읽었다는 점, 대학생으로서는 쇼펜하우어, 그리고 그의 지평에서 본 칸트의《판단력 비판》, 세네카의《도덕 서간》, 데모크리토스와 루크레티우스, 아리스토텔레스의 몇몇 저작, 그중《수사학》,《시학》,《정치학》을 읽었다는 것이다. 젊은 교수 시절의 니체는 몽테뉴를 읽었고, 특히 소크라테스 이전 철학자들에 열광했으며, 게오르크 리히텐베르크, 게오르크 빌헬름 프리드리히 헤겔의《역사철학 강의》, 데이비드 흄의《자연종교에 관한 대화》, 요한 게오르크 하만의《저작과 서간문》, 허버트 스펜서의《사회학 연구 입문》, 라로슈푸코La Rochefoucauld의《성찰과 경구, 일화》, 블레즈 파스칼의《팡세》, 존로크의《교육에 대한 사유》등을 읽었다. 바젤대학을 퇴직한 후에는 존 스튜어트 밀과 볼테르의 몇몇 저작, 스펜서의《윤리학의 원리》, 샤를 루이 몽테스키외의《페르시아의 서간문》, 오귀스트 콩트에 관한 밀의 책 등을 읽었는데, 이 중 반복해서 여러 번 읽은 책도 상당수다. 근대의 위대한 철학자들, 르네 데카르트, 베네딕투스

---

2 이를 광범위하게 조사한 다음의 연구서 참조. Thomas H. Brobjer, *Nietzsche's Philosophical Context. An Intellectual Biography*, Urbana/Chicago 2008.

데 스피노자, 고트프리트 빌헬름 라이프니츠는 다른 저작들을 통해 알게 되었다. 특히 프리드리히 위버벡의 《탈레스에서 현재까지의 철학사 개관》을 통해서는 전반적인 개요를, 여러 권으로 된 쿠노 피셔의 《근대철학사》에서는 상세하게 서술된 내용을 읽을 수 있었다. 그 외에도 오늘날 별로 알려지지 않은 수많은 책이 니체가 읽은 독서 목록에 속해 있다. 이것들은 전체적으로 철학 전공을 위한 필독서 정도로 생각할 수 있고, 잘 준비된 연구 계획에 따른 독서로는 보이지 않는다.

니체의 실제적인 철학적 견문을 문헌과 기록으로 입증 가능한 것으로만 제한해서는 모두 완전히 드러낼 수 없음은 분명하다. 그중 결정적인 영향을 미쳤다고 말할 수 있는 것은 고대 그리스 철학자들, 엠페도클레스와 데모크리토스, 특히 헤라클레이토스다 ("세계는 영원히 진리를 필요로 한다. 그러니 세계는 영원히 헤라클레이토스를 필요로 한다. 물론 헤라클레이토스가 세계를 필요로 하지는 않더라도"《그리스 비극 시대의 철학》8). 또 플라톤의 소크라테스는 니체가 한평생 몰두했던 문제다("고백하자면, 소크라테스는 나와 너무 비슷해서 거의 항상 그와 싸워야 할 정도다"1875년 유고, 6〔3〕). 헬레니즘 철학자 중에는 에피쿠로스가 니체와 가장 가깝고, 중세 철학자들은 아우구스티누스를 제외하고 모두 니체의 관심 밖이었다. 이에 따라 근대철학으로의 변혁을 불러일으킨 철학자들은 니체에게 그만큼 더 중요한 역할을 했는데, 가령 도덕에서는 몽테뉴, 방법론에서는 프랜시스 베이컨, 스스로를 이끄는 순수 사유라는 문제에서는 르네 데카르트가 여기에 속한다. 몽테뉴는 니체에게 자유사상가의 모범이 되었고, 파스칼에게서 니체가 본 것은 "가장 계몽적인 기독교의 희생자로서, 그는 천천히, 즉 처음에는 육체적으로, 그다음에는 심리적으로 죽임을 당한 희생자"였으며, 그에 대해 니체는 "사랑한다"고 썼다(《이 사람을 보라》, '나는 왜 이렇게 총명한가' 3). 니체가 스피노자에게서 발견한 것은 자신의 "전임자, 그것도 매우 대단한 전임자!"였다. 이른바 프랑스 모럴리스트들, 그중 특히 라로슈푸코와 계몽주의자 볼테르와 디드로는 니체가 펼친 도덕 비판의 무진장한 원천이었다. 반면 인간이 본성적으로 선하다는 루소의 믿음에 대해서는 인간들 사이의 모든 차이를 없애버리는 유럽의 도덕 광신주의를 새롭게 첨예화시키는 것으로 평가했다. 니체는 나중에 "독일 정신의 근간이 되는 모든 철학적 사유의 본질적 성과"를 라이프니츠에게서("의식된다는 것은 표상의 우연성일 뿐이다"), 칸트에게서("'인과성'이라는 개념에 칸트가 그려넣었던 커다란 의문부호"), 헤겔에게서("헤겔 없이는 다윈도 없다"), 그리고 (물론 의지형이상학 때문이 아니라) "절대적으로 진정한 무신론"의 측면을 쇼펜하우어에게서 발견하게 된다(《즐거운 학문》 357번). 그 외에도 리히텐베르크와 장 파울을 높이 평가했다. 한 가지 언급하자면, 니체는 이때 그저 독일인이었을 뿐 아니라 신념에 가득 찬 독일인이고자 했던 모든 사람과 거리를 두었다. "영국인들"과 공허하고 진부한 그들의 공리주의에 대해서는 즐겨 문제를 삼았는데, 이때 영국인들이란 특히 제러미 벤담과 존 스튜어트 밀, 그리고 허버트 스펜서를 겨냥한 것이다. 니체는 이들의 공리주의적 실용주의를 피상적이라고 여겼다(《선악을 넘어서》 252 참조). 학문적 실증주의를 통해 신학과 형이상학을 극복한 오귀스트 콩트에 대해서도, 비록 이 극복을 여전히 피상적인 차원에 머문 것으로 보았음에도 역시 관심을 가졌으며, 막스 슈티르너Max Stirner와 피에르 요젭 프루동Pierre Joseph Proudhon의 말에도 귀를 기울였다. 동시대 인물 중에서 니체가 자신과 비슷하다고 여긴 몇몇 사람만 거명해보면, 에머슨과 장마리 귀요Jean-Marie Guyau를 들 수 있다. 파울 레와는 소렌토에서 긴밀하게 작업을 함께했으며, 그 외 칸트 철학을 계속 새로운 전제조건하에 사유하고자 했던 오토 립만Otto Liebmann, 아프리칸 스피르Afrikan Spir, 구스타프 타이히밀러Gustav Teichmülle 같은 철학자들로부터 많은 것을 수용했다. 니체 자신의 생각과 '혼동될' 수 있었던 동시대인들에 대해서는 논쟁적으로 반응했다("나는 혼동되기를 원하지 않는다.— 나 스스로도 나를 혼동하지 않는 것 역시 거기에 속한다"《이 사람을 보라》, '나는 왜 이렇게 좋은 책을 쓰는가' 1). 특히 다비드 슈트라우스, 오이겐 뒤링Eugen Dührings, 에두아르트 폰 하르트만, 필립 마인랜더Philipp Mainländer 같은 쇼펜하우어 계승자들이 이 경우에 속했다.

5. 역사

역사의 영역에서 니체에게 중요한 척도가 되었던 사람들은 그의 표현에 따르면 "매력적이고 불가해한 인물들, 상상을 뛰어넘는 인물들, 승리하도록 그리고 사람들을 매혹하도록 예정된 수수께끼 같은 인물들이었으며, 이러한 인물들의 가장 훌륭한 본보기가 될 수 있는 것은 알키비아데스와 카이사르다. (나의 안목에 따라 말해보자면, 최초의 유럽인이라 할 수 있는 호엔슈타우펜가의 프리드리히 2세를 덧붙이고 싶다.) 예술가 중에서는 레오나르도 다 빈치를 들 수 있을 것이다."《선악을 넘어서》 200) 니체와 동시대를 산 19세기의 인물 중에서는 나폴레옹, 괴테, 그리고 (처음 얼마 동안) 바그너가 꼽힌다. 괴테는 니체에게 특히 뛰어난 '인물' 그 자체로 남았다. 니체는 괴테에 대해 다음과 같이 말했다.

"괴테는 스피노자처럼 역사, 자연과학, 고대를 수용했을 뿐 아니라, 특히 실천적 활동을 적극적인 방법으로 삼았다. 그는 모든 종류의 완결된 지평에 대해 새로운 태도를 취했다. 그는 삶으로부터 벗어나지 않았으며, 그 안으로 들어갔다. 그는 두려움이 없었고, 가능한 한 많은 것을 감수하고 떠맡았으며, 자신 안으로 받아들였다. 그가 원했던 것은 바로 삶의 총체성이었다. 그는 이성과 감성과 감정과 의지가 서로 분리되는 것에 반대했다. … 그는 전체성을 향해 끊임없이 스스로를 도야하고자 했으며, 스스로를 창조했다…."《우상의 황혼》, '어느 반시대적 인간의 편력' 49)

역사학에서는 야콥 부르크하르트가 니체에게 최고 권위자였다. 이폴리트 텐, 그리고 그다음으로 토마스 칼라일 역시 니체에게 높은 평가를 받았다. 이들은 모두 역사를 만드는 위대한 개인을 강조했던 사람들이었다.

6. 문학

문학의 영역에서 니체가 깊은 감명을 받은 사람은 괴테 외에 "불운하고" "훌륭한" 횔덜린(《반시대적 고찰 I: 다비드 슈트라우스, 고백자와 저술가》 2), "자기 스스로에 대해 견디지 못하고 침울해하며" "지적 투쟁을" 계속하는 인간"(《서광》 549), 바이런 경, 니체에게 "서정 시인의 최고 개념"을 선사했던(《이 사람을 보라》, '나는 왜 이렇게 총명한가' 4) 하인리히 하이네, 그리고 셰익스피어였는데, 셰익스피어에 대해서 니체는 다음과 같이 말했다.

"그 정도까지 어릿광대여야 했던 한 인간은 얼마나 많은 고통을 겪어야 했을까!"(《이 사람을 보라》, '나는 왜 이렇게 총명한가' 4)

니체가 프랑스어 원서로 읽었고, 또 자신이 가장 편안하게 느꼈던 동시대 프랑스 작가 중에서 그는 스탕달, 콩쿠르 형제, 보들레르, 폴 부르제를 특히 좋아했다. 이탈리아 시인 중에는 레오파르디, 러시아 문학에서는 도스토옙스키와 톨스토이, 영국 문학에서는 로렌스 스턴을 존경했다. 그리고 페르시아의 시인 하피스와 로마 시인 호라티우스의 형식적 완성도에 대해서는 경탄을 금치 못했다. 니체는 호라티우스의 "장엄한 경쾌함"(《인간적인 너무나 인간적인 I》, 109)을 자신의 예술적 척도로 삼았다. "그 영역과 횟수에서 기호의 최소화, 그렇게 이르게 된 기호의 에너지 극대화 상태—이 모든 것이 로마적이며, 내 말을 믿어준다면 고귀함의 전형이라고 나는 말하겠다."《우상의 황혼》, '내가 옛사람의 덕을 보고 있는 것' 1)

7. 회화와 조형예술

눈에 문제가 많았고, 그와 관련해 통증이 잦았던 니체에게 있어 회화와 조형예술에 대한 이해는 제한적일 수밖에 없었다. 그럼에도 니체는 회화와 조형예술로부터 깊은 감명을 받았는데, 그 감명이란 예술적 구성의 측면보다는 모티브나 주제로부터 오는 것이었다. 이 영역에서 니체의 예술 이해는 의외로 항상 전통적인 것이었다. 그리스 조형예술, 특히 피디아스의 조각은 니체에게도 고전주의적 전형을 대표하는 것이었고, 이 전형은 르네상스 시대 레오나르도 다빈치와 미켈란젤로와 라파엘로에게서 새롭고 놀라울 만한 절정에 도달했던 것이다. 물론 니체는 이 가운데서 자기 고유의 등급을 매겼다. 1885년의 메모에 따르면, "어떤 완성되지 않은 체계 속에서는 독단적인 어떤 세계 속에서와는 완전히 상이한 위력과 완전히 상이한 활동성이 자유롭고 완결되지 않은 전망을 통해 자신을 유지한다. 그 수준 면에서 볼 때, 레오나르도 다빈치는 미켈란젤로보다 좀 더 높고, 미켈란젤로는 라파엘로보다 좀 더 높다"(1885년 유고, 34〔25〕). 니체는 이 세 예술가 속에서 자신의 철학에 상응하는 단계들을 발견했다. 라파엘로에 대해서 〈시스

티나의 성모〉를 비롯한 여러 작품에 설명을 남길 정도로 몰두하기도 했는데, 전적으로 명백한 기독교 정신에서 무엇보다도 "신앙심 깊은 자신의 관찰자들을 품위 있는 방식으로 속아 넘겼다"라고 이 화가를 평가한다(《인간적인 너무나 인간적인 II》, '방랑자와 그의 그림자' 73). 반면 니체에 따르면, 미켈란젤로는 "새로운 가치의 입법자라는 문제를 인식하고 느꼈으며, 또 성공적으로 완성된 인간의 문제 역시 인식하고 느꼈다. 이 '성공적으로 완성된 인간'이란 자신의 연민까지도 극복하고, 자신에게 속하지 않는 것을 가차 없이 부수고 파괴함으로써 빛나는 모습으로, 순수한 신성을 가진 최고로 고양된 인간, 즉 '자신 안의 영웅'조차 먼저 극복해야 했던 인간을 말한다". 하지만 니체는 미켈란젤로가 극적 과장이 지나치게 심한 바로크 안으로 이미 너무 깊이 들어가버렸다고 지적한다. 반면 "좋고 나쁜 것들로 가득 찬 너무나 거대한 주변을 보았던" 레오나르도 다빈치는 "진정으로 초기 기독교적인 시선"을 통해 그 탁월함을 드러냈다고 말한다(1885년 유고, 34〔149〕). 뒤러의 작품 가운데 특히 니체가 관심을 보였던 것은 널리 알려진 두 점의 동판화 〈멜랑콜리아〉와 〈기사, 죽음, 악마〉다. 니체는 "강건한 청동의 시선으로 잔인한 동반자들(죽음, 악마)에게도 흔들리지 않고, 홀로이 말과 개와 함께 자신에게 주어진 고통의 행로를 갈 줄 아는 무장한 기사"(《비극의 탄생》 20장)에게서 처음에는 쇼펜하우어의 모습을 보았고, 그다음에는 자신을 보았다. 무엇보다도 그를 가장 강하게 사로잡은 것은 "클로드 로랭의 황홀한 매력들", 즉 고대의 목가적인 장면 너머로 무한한 색조의 뉘앙스로 이루어진 서광과 석양, 그리고 그 속에 비치는 바다를 향한 시선을 통해 도취되면서도 고요해지는 광경이었다. "지금 나의 영혼이 발견한 것은 영웅적이고 목가적인 것이다."(1879년 유고, 43(3)) 또 그 시대를 가장 격렬하게 뒤흔들었던 들라크루아 역시 니체에게 경탄의 대상이었는데, 니체는 들라크루아에 대해 "유혹하고 꾀어내고 강요하고 넘어뜨리는 모든 것에 매우 강렬하게 접근하며… 낯선 것, 이국적인 것, 섬뜩한 것, 비틀린 것, 자기모순적인 것을 간절히 갈망한다"라고 썼다"(《선악을 넘어서》256). 건축에서도 야콥 부르크하르트의 견해에 매우 적극적으로 동조했으며, 르네상스에 대한 그의 애정 역시 그대로 받아들였다. 니체는 이때도 전적으로 자신의 사유 방식에 상응하는 "인식하는 자의 건축"을 소망하는데, 그가 생각하는 것은 "조용하고 넓으며, 멀리 뻗어 있어서 깊은 생각에 적합한 곳, 날씨가 고약하거나 햇빛이 너무 강할 때도 거닐 수 있게 천장이 높고 넓은 회랑이 길게 이어지는 곳, 그래서 마차 지나가는 소리나 사람들이 밖에서 외치는 소리도 들려오지 않으며, 좀 더 섬세한 어떤 예법에 따라 심지어 사제의 성서 낭독조차 금지될 것 같은 곳, 즉 전체적으로 사색과 물러남의 숭고함을 표현하는 건축물과 시설물이다. … 우리는 이 회랑과 정원을 거닐 때면, 우리가 돌과 식물들로 변형되어 있길 원하고, 그래서 우리 자신 안에서 산책하기를 원한다"(《즐거운 학문》280번). 다른 곳에서 니체는 베네치아의 산마르코광장을 자신의 "가장 아름다운 서재"(《도덕의 계보》 제3논문 8)

라고 불렀고, 이미 부르크하르트도 세속적인 건축예술의 최고봉으로 평가했던 피렌체 소재의 브루넬레스키가 지은 피티궁전에 대해서는 "위대한 양식", "형식으로 이루어진 힘의 웅변술"의 본보기로 보았다(《우상의 황혼》, '어느 반시대적 인간의 편력' 11).

8. 자연과학과 의학

이미 언급했듯이 니체는 자연과학과 의학을 본격적으로 공부하고자 마음먹었지만, 번번이 특별한 성과 없이 시도에만 그쳤다. 니체는 한편으로는 자연과학의 엄격한 방법적 연구를 높이 평가했고("물리학이여 영원하라!"《즐거운 학문》 335번), 다른 한편으로는 이러한 자연과학 연구들 역시 설명되지 않은 형이상학적 전제들에 갇혀 빠져나오지 못하고 있다고 보았다("경계하자!"《즐거운 학문》 109, 344, 373번 참조). 니체는 자연과학과 의학에서도 자신의 철학을 뒷받침해주는 근거를 찾았다. 그중 라틴어와 프랑스어로 책을 집필하고, 여러 전문 영역의 학자일 뿐 아니라 외교관이자 시인이기도 한 로저 요제프 보스코비치Roger Joseph Boscovich에게서 니체는 최종적으로 존재하는 원자들과 법칙들에 대한 자신의 회의를, 그리고 (니체가 '힘에의 의지'라고 불렀던) 끊임없는 충동 속에 항상 새로 조직되는 힘 중심들의 구성 속에서 생겨난 힘의 방출이라는 자신의 개념을 확인했다(니체는 폴란드인으로 알고 있었지만, 보스코비치는 원래 크로아티아인이다). 또 다른 한편, 의사로 활동하는 가운데 학문적으로도 인정받고자 노력했던 로버트 마이어 Robert Mayer에게서는 영원회귀 개념에 대한 이른바 자연과학적 증명의 토대로 삼았던 새로운 자기 유지 법칙, 〔즉 목적론으로는 거부되지만 힘에의 의지의 일정한 상태를 유지해주는 자기 유지 법칙의 내용을,〕 그리고 힘의 방출이라는 사유의 내용을 확인했다. 요한 구스타프 포크트Johann Gustav Vogt의 《힘, 실재 일원론적 세계관》을 통해서는 힘들의 절대적 균형 상태에 대한 거부와 함께, 순환 과정 혹은 신에 대한 믿음 중 양자택일이 필요하다는 자신의 가정을 확인했다. 해부학자이자 '발생 역학'의 창시자인 빌헬름 루 Wilhelm Roux는 변화 가능한 힘 관계들이라는 문제뿐 아니라 극도로 작은 유기체들, 즉 너무나 작아서 하나의 힘이 나머지 다른 힘들을 지배하는 동안 만큼만 존속하는 세포들의 문제를 통해서도 니체에게 영향을 주었다. 그러나 니체의 철학에 가장 깊은 영향을 끼친 자연과학은 찰스 다윈의 진화론인데, 여기에 랑게 또한 크게 기여했다. 비록 니체가 다윈 진화론의 모든 내용을 세부적으로 완전히 이해하지는 못했지만, 그에 대한 축소 해석에는 반대했으며, 그러한 좁은 해석에 찬동하는 도덕적·사회적 다윈주의는 특히 강하게 비판했다("반다윈Anti-Darwin" 《우상의 황혼》, '어느 반시대적 인간의 편력' 14). 니체는 다윈의 진화론으로부터 결정적으로 중요한 철학적 결론을 도출해냈다. 더 이상 그 자체로 영원히 존속하는 하나의 보편성에서 출발하는 것이 아니라 항상 다른 개체들로부터만 출발할 수 있는데, 이 개체들은 다시 다른 개체들과 함께 또 다른 개체들을 생산해내는 것이다. 한마디로 요약하면, 모든 삶과 모든 삶의 의미는 '유동적'이라는 것이다(《도덕의 계보》 제2논문 12).

9. 심리학, 신경의학, 정신의학

니체는 당시 활발히 연구되던 현대 심리학, 신경의학, 정신의학에 점점 더 깊이 매료되었다. 그는 최신 연구서인 헨리 모즐리Henry Maudsley의 《정신병자의 책임 능력》, 아우구스트 크라우스August Krauss의 《범죄의 심리학. 경험심리학을 위한 논문》뿐 아니라 스탕달, 르낭, 텐, 보들레르, 플로베르 등의 성격인상학을 분석하고, 뛰어난 심리학 소설을 썼던 폴 부르제의 《현대심리학 시론》과 프랜시스 골턴Francis Galton의 《인간 능력과 그 발전에 관한 연구》, 샤를 페레Charles Féré의 《퇴화와 범죄행위》 같은 책들 역시 깊이 연구했다. 이 학자들 모두, 니체가 병리학적 사례에서 가장 분명히 나타나는 생리학과 자신의 심리학을 밀접히 연관시키는 데 확신을 더해주는 근거가 되었다. 가령 제임스 브레이드James Braid의 《신경최면학》을 토대로 프랑스에서 특히 많이 논의되었던 최면 실험 역시 니체의 저작에 강한 흔적을 남겼다(《즐거운 학문》 361번 참조).

4장

니체의 철학적
글쓰기 형식

니체는 자신의 고유한 철학 방식 자체를 전달하기 위해 기존의 철학적 글쓰기 장르 개념에는 더 이상 들어맞지 않는 형식을 끊임없이 새로 만들어냈고, 그 형식에 끊임없이 새로운 성격을 부여했다. 위대한 철학자 중에 자신의 철학적 글쓰기를 위해 그토록 다양한 형식을 필요로 했고, 그 형식들에 새로운 특징을 부여하거나 새로운 형식 자체를 만들어냈던 사람은 니체 외에 누구도 없었다. 물론 니체는 처음에는 여전히 당시의 전통적 학술 논문, 그의 경우 스승인 문헌학자 프리드리히 리츨 교수의 문하에서 특히 건조한 문헌학 논문을 썼는데, 그 후 니체가 자신의 책을 통해 다양하게 시도한 새로운 철학적 글쓰기를 연대기순으로 정리해보면 다음과 같다.

- 바그너의 거주지였던 트립셴의 목가적 분위기를 배경으로 도취적 열광으로 고조되는 학술서—《비극의 탄생》
- 문화의 고양을 호소하며, 당시의 문화적 양식과 학문과 교육을 예리하게 비판하고 새로운 '위대한' 척도를 정립하는 철학 에세이—《반시대적 고찰》
- 유럽의 학문과 철학과 문화 전반에 대해 역사적이고 체계적으로 비판하며, 삶에 밀착되어 있으면서도 미래를 향한 전망으로 열려 있고 문화적·철학적·학문적 방향 설정에 대한 새로운 시각을 열어주는 아포리즘 저서—《인간적인 너무나 인간적인》, 《서광》, 《즐거운 학문》, 후기의 《선악을 넘어서》

- 아포리즘 저서에 덧붙여 수록된 시들과 시선詩選 —《인간적인 너무나 인간적인 I》 뒤에 붙인 〈후주곡. 친구들 속에서〉, 《즐거운 학문》에 전주곡으로 붙인 〈농담, 간계, 그리고 복수〉와 부록으로 붙인 〈포겔프라이 왕자의 노래〉, 《선악을 넘어서》 뒤에 붙인 〈후주곡. 높은 산에서〉

- 서사적·드라마적·서정적 교훈 시 —《차라투스트라는 이렇게 말했다》

- 예상 밖의 놀라운 통찰들을 단 한 문장으로 압축한 경구 —《인간적인 너무나 인간적인》의 여러 곳에 삽입되어 있고, 《선악을 넘어서》에서는 〈잠언과 간주곡〉이라는 제목 아래, 《우상의 황혼》에서는 〈잠언과 화살〉이라는 제목 아래 모여 있다.

- 아직 쓰지 않은 책이나 이미 출판된 책들, 혹은 새로 쓴 책에 대한 서문들 —《쓰이지 않은 다섯 권에 대한 다섯 개의 서문》, 《차라투스트라는 이렇게 말했다》; 《비극의 탄생》, 《인간적인 너무나 인간적인》, 《서광》, 《즐거운 학문》에 붙인 새 서문; 《선악을 넘어서》, 《도덕의 계보》, 《바그너의 경우》, 《우상의 황혼》, 《안티크리스트》, 《이 사람을 보라》에 붙인 서문

- 자유롭게 만드는 명랑성을 큰 진지함 속에서 발산하는 아포리즘 저서 —《즐거운 학문》 5부

- '세계사적' 논쟁에 초점을 맞추고, 유럽의 도덕을 그 비도덕적인 뿌리들 가까이 접근시켜 보여주는 논문 모음집 —《도덕의 계보》

- 저자 자신의 마음을 홀가분하게 만들면서 어떤 한 사람의 '세계사적' 인물에 대해 제기하는 고소장 ―《바그너의 경우》
- 경구들로 시작해서 유럽 철학의 근본 문제들을 첨예화하고 그 애매함을 하나의 우화로 응축시킨 아포리즘 저서 ―《우상의 황혼》
- 어떤 '저주'를, 즉 유럽에 각인된 종교적 특징에 대한 종교적 비난을 목표로 하는 논쟁서 ―《안티크리스트》
- 자신의 사유의 계보학 ―《이 사람을 보라》
- 디오니소스 신을 칭송하는 디튀람보스 노래 모음집 ―〈디오니소스 송가〉

앞에 열거한 글쓰기 형식들은 책시장이라는 익명의 대중을 염두에 두고 출판된 책들에 해당하는 것이지만, 니체는 이 외에도 자신만을 위해 메모로 남긴 글(유고로 남겨져 있는 단상들)이나 여러 지인에게 보내는 편지도 많이 썼다. 그 가운데는 출판될 저서에 포함되어 실리는 부분도 상당했는데, 그 양은 나중으로 갈수록 점점 많아졌다. 니체에게 글쓰기 형식들은 그의 철학과 그저 외면적인 관계만을 이루는 것은 물론 아니다. 니체는 철학함에 있어 항상 이 형식들을 함께 고려했다. 서로 다른 다양한 것은 다양한 형식 안에서 그 자체로 표현될 수 있기 때문이다. 니체는 처음부터 모두가 자신을 이해할 수 없으며, 또 이해하려 하지도 않을 것이라는 사실만을 전제하거나 고려했던 것은 아니었다. 니체 자신 쪽에서도 역시 독자를 "고르고" 선별하기 위해(《즐거운 학문》 381번) "좀 더 섬세한 자신만의 문체 법칙들"을 마련해놓았다. 만약 이해받는 것 자체를 원했다면 니체는 가치 전환과 관점 변화라는 자신의 사유를 아마도 전통적인 언어로, 여전히 낡은 가치들에 의해 낡은 관점들 속에서 지배하고 있는 그러한 언어를 통해 제시해야 했을 것이다. 하지만 니체는 전통적인 언어에서 벗어나 달리 이해될 수도 있을 새로운 언어를 차츰차츰 단계적으로 발전시켰다. 이 언어로 말을 하게 되면 자신의 말을 '듣게 되는' 사람이 점점 줄어들 수 있다는 위험 부담을 의식하면서도 말이다. 니체는 철학적 사유의 개체성을 염두에 두었기 때문에, 그 형식들 역시 철학적 소통에서의 개체 상호성을 위한 형식들로 만들어냈다. 즉 니체는 그 자체로 완결된 사유 과정을 체계화한 것으로서의 철학적 사유를 구성하는 대신에 1. 한편으로는 사유를 텍스트상으로 독립시키고, 2. 다른 한편으로는 동시에 그 맥락을 서로 연결하는 방식을 토대로 전개했다. 그 한 예로 니체는 아포리즘을 특히 많이 썼다. 3. 사유를 극화(연출)하고, 4. 사유를 인격화했다. 그는 사유에서 일어나는 자신의 개인적인 결정 과정들을 마치 무대 위에서인 것처럼 연출해냈다. 5. 개념을 통해 전문 용어로 고정되어 있던 철학에서 벗어나 메타포로 이루어진 유동하는 사유로 이행했으며, 6. 그와 함께 음악적 악구들로 이루어진 사유로 이행했다. 7. 니체는 다른 사람에게 보여주기 위한 것이 아니라 오로지 자신만을 위한 메모들과 함께 엄청난 고독 속에서 사유했으며, 8. 이 고독은 때때로 몇몇 친구와 사적으로 교환한 편지들을 통해 자신의 사유에 대한 개인적인 심정을 토로하는 형식으로 표출되기도 했다. 우리가 여기서 니체의 철학적 글쓰기의 특징적인 세 형식을 말할 수 있다면, 그것은 아포리즘 저서, 철학시, 시가(노래)다.

1. 독립 텍스트들

니체는 쇼펜하우어의 형이상학에서 벗어나 자신의 독자적인 사유로 돌아온 후에 쓴 저서 《인간적인 너무나 인간적인》에서 아포리즘을 선택했다. 이 책을 쓰기 전 그는 원래 《반시대적 고찰》을 몇 편 더 계획했으며, 여기에 "아포리즘 형식의", "부록들"을 덧붙일 생각을 하고 있었다(1876년 유고, 16(12)). 그다음엔 아포리즘 형식의 독자적인 책을 구상했으며(1878년 유고, 30(2)), 개념적 글쓰기에는 어떤 가치도 두지 않았다.

"이것들은 아포리즘이다! 이것들이 아포리즘인가?—몇몇 사람은 이 형식 때문에 나를 비난할지도 모르고, 조금 생각해본 후에는 그런 스스로에게 사과할지도 모른다. 내가 나 자신에게 할 말은 없다."(1880년 유고, 7(192))

니체는 간결한 언어 형식을 주로 사용했는데, 그 이유는 "지끈거리는 뇌"에서 "몇 분 또는 십몇 분"만을 "뽑아낼 수"밖에 없었으며, 또 오랫동안 산책을 하면서 적어둔 메모들을 일목요연하게 서로 연결시키는 데 노력을 기울였기 때문이다. 그에 따르면 "머리와 눈의 통증으로" 어쩔 수 없이 "빌어먹을 전보 문체"를 쓰지 않을 수 없었다고 한다(1879년 10월 5일, 쾨젤리츠에게 보낸 편지). 하지만 니체는 이러한 악조건을 전화위복으로 삼아 여기서 장점을 찾아냈다. 아포리즘에 대한 개인적인 필요성에서 아포리즘의 문학적 의미를 얻었고, 또 이로부터 아포리즘의 철학적 의미를 얻은 것이다. 니체 이전에 아포리즘은 아직 확립되지 않은 장르였다. 사실 아포리즘이었던 것은 아포리즘으로 불리지 않은 경우가 많았고, 아포리즘이라 불렸던 것은 종종 아포리즘이 아니었으며, 그 영역은 경구부터 (가령 쇼펜하우어의 '삶의 지혜를 위한 아포리즘들' 같은) 에세이나 소논문에 이르기까지 광범위했다. 아포리즘은 원래 단어의 의미상 '경계 설정, 제한 혹은 남겨놓는 것, 비워두는 것'이다. 아포리즘의 특징을 이루는 것으로 세 가지를 들면, 첫째는 짧고 함축적이며 약간의 단어로 많은 것을 표현하는 힘이 있다는 것이다. 이 때문에 아포리즘은 해석의 여지를 남겨놓는데, 이것은 개체 상호적인 사유를 의도할 때 첫 번째 조건이 된다. 아포리즘의 두 번째 특징은 핵심을 찌르는 가운데 자신이 말하고 있는 것을 극단화해 예기치 않은 사유의 효과를 일으키고, 개념들을 익숙해 있던 그 원래의 맥락으로부터 풀어내어 다른 맥락에 투입하는 것이다. 아포리즘은 이런 방식으로 형이상학이 뿌리내리고 있던 체계의 형식을 의도적으로 겨냥해 와해시키고, 그럼으로써 자연스럽게 새로운 방향 설정을 위한 토대가 드러나게 한다. 이렇게 아포리즘은 가치 전환을 위해 마련된 형식이 된다. 즉 개체 상호적인 철학 방식에서 가장 중요한 효과를 내는 것이다. 아포리즘은 그 자체에 내재해 있는 뛰어난 언어 기교와 감각으로 '미로' 속으로 들어가, 주어진 어떤 원칙도 없이, 미리 준비된 방법도 없이, 그래서 보편타당한 결과에 대한 기대 또한 없이 홀로 자신만의 길을, 그 위에서 길을 잃고 헤맬지도 모를 그러한 길을 찾아야 한다. 이 아포리즘은 자신에게서 일어나는 사유의 특별한 모험들, 그 어디서도 안전하지 않고 항상 불확실함으로 끝이 나는 모험들로 우리를 초대한다. "나의 책들과 같은 종류의 아포리즘 저서들에서는 짧은 아포리즘들 사이사이에, 그리고 그 아포리즘들 배후에, 원래 이러한 형식에는 금지된 아주 긴 그 어떤 것들과 아주 긴 사유의 고리들이 놓여 있다. 그중 많은 것은 오이디푸스와 스핑크스에게조차 상당히 애매할 수 있는 것이다."(1885년 유고, 37(5)) 요약하자면, 아포리즘은 가르침을 전달하는 학설을 피한다. 오히려 그와 반대로 자신이 이야기하는 것을 함축적인 방식으로 불확실하고 애매하게 만든다. 그래서 함축적 애매성의 형식이 된다. 하지만 그럼으로써 아포리즘은 "세계"에, 우리가 처해 있는 그대로의 세계에 상응한다. "무한한 해석"을 촉구하는 것으로서 말이다. 이런 점에서 아포리즘은 아마도 유일하게 실제적이고 신실한 철학적 글쓰기 형식일 것이다. 그래서 아포리즘이 개체 상호적으로 철학함에 있어 가장 중요한 해답인 것이다. 만약 이때 "미지의 세계가 지닌 이런 식의 엄청남을 이전의 오래된 방식에 따라 다시 신격화하려는 충동"을 가지려 한다면, 아포리즘 형식은 이 또한 방해할 것이다. 이 경우 아포리즘이 취하는 방법이 아포리즘의 세 번째 특징이라 할 수 있는데, 그것은 아포리즘은 혼자 존재하고, 자신이 말하는 것 이상의 훨씬 더 많은 것을 열린 채로 놓아둔다는 점이다. 아포리즘은 즉각적인 명확함을 지니고 그 자체로 존재하고 있는 사유들을 독립적으로 분리한다. 니체에게 있어 이에 대한 전형적인 모범은 파스칼의 《광세》였다(1885년 유고, 35[31] 참조). 물론 파스칼은 신에게로 향하고자 했지만, 그렇다고 형이상학적인 체계로의 길을 가지는 않았다. 니체의 독자적인 정의에 따르면, 아포리즘과 경구(한 문장으로 된 아포리즘)는 그럼에도 "'영원'의 형식"이다. 왜냐하면 아포리즘은 그대로 남아 있고,·아포리즘이 불러일으키는 해석은 계속 변화한다. 아포리즘의 [고립된] 함축성은 시간에 대한 생각으로부터 벗어나게 하지만, 이때 사유를 다시 그 어떤 종류의 형이상학으로 몰고가지 않는다. 니체는 자신이 아포리즘에 있어 누구와도 견줄 수 없이 독보적으로 우뚝 서 있다는 것을, 또 그 점에서 "대가"라는 것을 의식하고 있었다. "나의 야심은 다른 사람 모두가 한 권의 책에서 말하는 것을, 혹은 다른 사람 모두가 한 권의 책에서 말하지 않는 것을 단 열 문장으로 말하는 것이다…."(《우상의 황혼》, '어느 반시대적 인간의 편력' 51) 오늘날 아포리즘이라는 개념은 니체의 아포리즘을 거쳐 형성된 것이다. 니체 외에 그의 아포리즘에 경탄하고 감사하며 인용하는 철학자는 그 누구도 없다.

2. 맥락화

니체는 그 자체로 존재하는 아포리즘들을 다시금 세심하게 구성하여 아포리즘 저서들로 펴냈으며, 자신이 아포리즘들 사이의 맥락 관계를 형성했다. 시간이 흐르면서 니체는 비교적 긴 아포리즘들을 점점 더 많이 쓰게 되었는데(나중에는 아포리즘 하나가 몇 페이지를 차지할 정도다), 이 아포리즘들은 너무나 다양한 관점을 포함하고 있어서 인접해 있거나 멀리 떨어져 있는 다른 아포리즘들에 대한 통찰까지 모든 측면에서 열어 보이며, 그들과 연결시켜 생각할 것을 요구한다. 비교적 긴 아포리즘들은 대부분 자체의 내적 맥락 안에 이미 여러 주제를 서로 결합해서 포함하고 있다. 그리고 다른 아포리즘들과의 연결을 통해(아포리즘들 사이에) 여러 주제의 고리들이 동시에 생겨나는데, 이 역시 니체가 이미 정교하게 엮어 놓은 것이다. 이런 방식으로 결국 촘촘히 얽힌 주제들의 그물망이 생겨나고, 아포리즘들은 그 안에서 서로 지시하고 상호 연관된 해석을 서로에게 제공한다. 일련의 주제들의 그물망은 주제들 간의 상호 의존성을 우리에게 생생하게 보여주며, 동시에 아포리즘 저서들에는 고유의 구조를 만들어준다. 물론 이 주제들은 아포리즘 저서들 각각을 벗어나, 책들 사이에서도 서로 연결되며, 그리하여 이 책들 각각이 서로 다른 책들을 이해하는 데 도움이 되는 역할을 한다.

오늘날의 독자들에게는 또 다른 무리의 콘텍스트를 형성하는 것들이 있는데, 그것은 기록으로 남아 있는 아포리즘의 전 단계,

즉 유고의 메모들과 편지들, 그 외 니체가 읽었거나 참조한 무수한 책이라 할 수 있다. 텍스트를 이해하는 데 연관된 모든 콘텍스트는 텍스트에 대한 새로운 시각을 열어줄 수 있다. 이 점에서는 모든 종류의 방향 설정에서도 마찬가지다. 지리적으로 특수한 장소부터 언어기호를 넘어 자연법칙에 이르기까지 모든 대상에서 방향 설정이 일어나는데, 그 지침이 되는 모든 토대는 상황에 대한 해석과 판단의 여지를 남겨놓으며, 특히 변화하는 상황들 속에서 '무언가'를 새로 '시작'할 수 있어야 하는 경우는 그러한 해석과 판단의 여지를 남겨놓아야 한다. 이 상황들이 방향 설정에 충분할 정도로 명확해지는 것은 그 상황에 대한 해석의 여지를 막아버리고 상황 자체를 도외시함으로써가 아니라, 즉 상황을 맥락으로부터 해체함으로써가 아니라 해석과 판단의 여지를 그때그때의 상황에서 필요한 만큼 상호적으로 한정함으로써, 즉 맥락화함으로써 가능하다.

니체가 아포리즘 저서들에서 이런 식으로 시도하는 아포리즘들의 독립화와 맥락화는 일상적인 방향 설정에서 입증된 방법을 수용해 연장하는 것이다. 우리는 무언가를 발판으로 삼듯이 그렇게 아포리즘들을 토대로 [해석] 방향을 모색한다. 아포리즘들은 단독으로 존재하고 있지만 우리는 오직 거기에만 의지하지는 않는다. 아포리즘은 그 자체로는 결코 온전히 이해될 수 있는 것이 아니다. 그러나 아포리즘들은 서로를 지시하는 가운데 충분히 이해 가능한 것이 된다. 아포리즘은 보편타당한 그 무엇을 설교하는 것이 아니라, 각자 자신만의 방식으로, 즉 각자 자신의 시각에서 만들어내는 연관성에 따라서 방향을 정하도록 한다. 아포리즘들은 각자가 자신을 이해하도록 결정하지만, 이때 각자는 아포리즘을 결코 완전히 확정하지 않는다. 어떤 새로운 상황, 또 다른 시각에서는 아포리즘을 또 다르게 이해할 수 있다. 그래서 아포리즘들은 미래를 향해 열려 있다. 니체는 자신이 쓴 아포리즘 저서들의 구성을 결코 그 자체로 명확한 것으로 만들지 않는다(그에 대한 근거를 대지 않음도 물론이다). 그리고 니체는 이런 식으로 독자들이 자유롭게 자신만의 맥락을 생산해낼 여지를 제공한다. 니체는 독자들 자신이 방향 설정을 하도록 하기 위한 방향 설정을 해주는 것이다. 니체는 이를 통해 저술가로서 자신의 '과제'를 충실히 수행한다.

니체의 작업은 이러한 방향 모색의 활동 자체가 계속 진행되도록 유지하는 것이다. 그는 일련의 아포리즘 저서들에서 자신의 사유를 끊임없이 다시 새로이 수용하고, 다른 맥락 속에 옮겨놓고 이를 통해 계속 발전시킨다. 니체의 책에서 완결된 것이라고는 없으며, 그 어떤 것도 결정적이지 않다. 그는 수년에 걸쳐 "완결적이고 최종적인" "주저主著"의 저술을 계획하긴 했지만, 결국 그것을 포기한다(《바그너의 경우》 7). 니체에게 이른바 완결성과 궁극성이란 어떤 무시간적 체계의 특징일 것이며, 따라서 "정직함의 결여"일 것이다(《우상의 황혼》, '잠언과 화살' 26). 아포리즘 하나하나가 '영원'의 글쓰기 형식이라면, 이 아포리즘들을 서로 엮어 짜놓은 아포리즘 저서는 시간성의 글쓰기 형식이다. 아포리즘 저서에서는 해석의 과정이, 즉 방향의 모색이 계속 진행 중이다.

그런가 하면 니체의 맥락화 방식 자체도 매우 다양하다. 주제적인 맥락화 방식에 예술적 방식이, 즉 시적 방식, 음악적 방식, 조형적 방식이 동반되어 맥락화가 이루어진다. 먼저 니체는 주제들과 그 의미의 확정을 시적으로 변주하고 교환한다(주요 문제는 부수적인 것이 되고, 거꾸로 사소한 것이 주요 문제가 된다). 그는 "논리적으로" 공감할 수 있는 전개를 길게 진행한 후, 갑자기 연결고리를 건너뛰고 생략한다. 주제들을 친절한 설명 없이 결합한 후, 서로 무관하게 보이는 상태 그대로 내버려둔다. 또 갑자기 독자에게 말을 걸거나 대화와 독백을 연출해내는가 하면, 매우 확고한 어조로 말을 했다가 금방 매우 애매하게 말하며, 어떤 곳에서는 분명하게, 다른 곳에서는 수수께끼같이 말한다. 이런 식의 예들은 무수히 많다. 두 번째로 니체는 속도를 음악적인 방식으로 바꾸고(가령 "프레스토", "렌토", "스타카토": 1885/1886년 유고, 3〔18〕), 음색을 변화시킨다(객관적으로, 진지하게, 열정적으로 말하거나, 그와 반대로 아이러니를 섞어, 유쾌하게, 냉정하게 말하기도 한다). 또 주제들에서는 단성적·화성적 구성과 다성적·대위법적 구성 사이를 오고가며 변주가 일어난다. 물론 니체의 글쓰기 형식에서 이 모든 음악적 특징에 대해서는 아직도 거의 연구된 바가 없다. 세 번째로 조형적인 방식에서 니체는 곧 개선 행진을 하며 유럽 회화에 등장하게 될 입체파 화가들과 유사한 태도를 취한다. 입체파 화가들처럼 니체는 일점

원근법 같은 환영주의를 포기하고, 전치되고 비틀리고 예기치 않게 새롭게 구성된 관점주의로 각각의 대상을 나타낸다. 이렇게 되면 때마다 어떤 하나의 대상이 나타나지만, 그것은 물론 하나의 참된 대상으로서가 아니라 그에 대한 가능한 관점들의 다양함으로써 나타나는 결과를 낳는다. 다관점 시선이란 좀 더 복합적인 시선이다. 다관점 시선은 하나의 시야에 제한된 체계적인 포착보다 훨씬 더 세분화되고 표현력이 더욱 강한 어떤 상을 현실에 대한 상으로서 제공한다. 특히 하나의 관점에 의지하는 시선이 유일하게 참된 시선으로 자처할 때 그렇다. 물론 우리는 니체의 이러한 철학적 태도로부터 다시 하나의 체계를 만들어냄으로써 다양한 관점을 단순화할 수 있을 것이다. 그러나 그렇게 되면 그것은 독자 개개인의 체계가 되는 것이지, 결코 니체의 체계는 아니다.

3. 극화

니체는 《차라투스트라는 이렇게 말했다》에서 자신의 사유를 전달하는 과정 자체를 극화한다. 이 책은 하나의 플롯을 연출하는데, 여기서 다른 어떤 사람보다 특출한 근동의 신비적이고 역사적인 종교의 창시자 차라투스트라가 등장해서 때로는 대화로, 때로는 독백으로 '가르침'을 설파하지만, 이것은 결국 실패로 끝난다는 것이 분명히 드러난다. 니체는 차라투스트라가 스스로 의식하는 가운데 '몰락'의 길을 가도록 하지만, 차라투스트라가 개인적인 위기에서 벗어나게 하기도 한다. 차라투스트라는 가르침을 펼 수밖에 없었는데, 왜냐하면 그는 10년간 산속 깊은 곳의 고독 속에서 자신 안에 쌓인 지혜의 '과잉'을 더 이상 지니고 있을 수 없었기 때문이다(《차라투스트라는 이렇게 말했다》, '서설' 4). 차라투스트라는 태양처럼 자신의 지혜를 선사하고자 하며, 그럼으로써 새로운 삶을 살고자 한다. 그렇다고 차라투스트라가 오늘날의 의미에서 좋은 선생인 것은 아니다. 그가 무한한 권위를 가지고 가르치는 것은 사실이다. 사실 권위를 가진 사람이라는 것은 그 어떤 정당화를 필요로 하지 않는 사람이라는 것이다. 차라투스트라 역시 그 어떤 정당화도 요구받지 않는다("'왜'라고? 차라투스트라는 말했다. 너는 왜라고 묻는가? 나는 누군가로부터 왜 당신이어야 하느냐는 질문을 받아도 되는 그러한 사람에 속하지 않는다"《차라투스트라는 이렇게 말했다》 II, '시인에 대하여'). 하지만 그렇기 때문에 차라투스트라는 추론에 의한 모든 논증과 체계적인 연관 관계를 포기하고, 대신 종교적인 색채의 언어와 고도의 파토스를 통한 가르침을 설파한다. 이 때문에 차라투스트라의 가르침은 가르침이라기보다는 계시에 가깝다. 차라투스트라가 "자기 고유의 문체 법칙"에 따라 자신의 "청자들"을 "선별"해냄은 분명하고, 이때 "가르치는 자"로서는 "몰락"하지만 "인식하는 자"로서는 승리를 거둔다(《차라투스트라는 이렇게 말했다》 III, '방랑자'). 차라투스트라는 인간은 모두 평등하므로, 그들에게 설명하기만 하면 모든 사람이 모든 것을 배울 수 있다는 것을 더이상 당연한 전제로 삼지 않는다. 그보다는 사람들이 어떤 가르침을 수용하거나 그렇지 않도록 만드는 다양하고 상이한 위기와 필요의 상태들을 겨냥한다. 차라투스트라는 고양되어 있지만 더 이상 피안의 (선험적이거나 초월적인) 관점이 아닌 어떤 관점에서 그 일을 수행한다. 그의 청중들은 그가 처한 인식의 위기라는 높이까지 이르는 '계단들'이지만, 그 높이에는 결국 그들 없이 도달하는 것이다. 가령 차라투스트라는 시장의 군중을 존중해 그들에게 위버멘쉬에 대해 기꺼이 가르침을 전달하지만, 그들은 이 말을 웃어넘길 뿐이다(《차라투스트라는 이렇게 말했다》, '서설'). 또 차라투스트라는 자신의 뒤를 따르는 신봉자들에게 힘에의 의지라는 삶의 가르침을 전달하지만, 그들은 이 가르침을 잘못 이해한다(《차라투스트라는 이렇게 말했다》Ⅰ, Ⅱ 참조). 그런가 하면 차라투스트라가 그 후 동반하는 동물들은 영원회귀라는 "가장 심오한 사유"로부터(《이 사람을 보라》, '차라투스트라는 이렇게 말했다' 6) "후렴구"Leier-Lied(리라에 맞춰 부르는 노래)를 만들어버렸다(《차라투스트라는 이렇게 말했다》Ⅲ, '회복하고 있는 자' 2). 심지어 스스로 이미 높은 권위를 획득한 "보다 높은 사람들"도 여전히 최상의 권위에 의존하며, 결국에는 그 최상의 권위로 당나귀를 숭배하게 된다(《차라투스트라는 이렇게 말했다》Ⅳ). 이렇게 차라투스트라는 그 어떤 집단에서도 자신의 인식을 공유하지 못한 채 홀로 남겨진다. 니체는 차라투스트라라는 인물을 통해 소위 보편타당한 가르침들은 실패로 끝나게 된다는 것과 철학 방식에서의 (상호) 개체성을 극화된 형식으로 보여준다.

4. 인격화

니체는 아포리즘 저서에서도 자신의 사유를 인격적으로 형상화한다. 그는 자신의 "글쓰기 스타일"에서 "말하는 스타일"을 살려내고자 한다. 즉 문어체에서도 구어체 화법을 되살리고자 하면서, 이 화법을 "몸짓, 억양, 목소리, 시선같이 연설가들만이 소유하는 표현 방식들"을 통해 더욱 풍부하게 만들고자 한다(《인간적인 너무나 인간적인 II》, '방랑자와 그의 그림자' 110). 니체는 가능한 한 학술 용어들을 포기한다("철학적 전문 용어를 대체할 단어들. 가능한 한 독일어로, 간결하고 핵심적인 문구의 성격을 지니는 표현으로"1887년 유고, 9〔115〕). 그 대신 일상적인 말들에 새로운 무게를 부여하며(가령 "창조하다", "베풀다", "힘에의 의지", "위버멘쉬"), 당시에는 아직 낯설게 보였던 복수형을 사용하고("바람직함들", "미래들", "도덕들", "문화들"), 반어적이고 냉소적인 느낌으로 어형을 변화시키며(가령 "비천화Vergemeinerung", "애국주의 나부랭이Vaterländerei", "쇼펜하우어 짓거리Schopenhauerei"), 가치 전환적인 합성 단어(가령 〔양심의 가책이 아니라〕 "이성의 가책", "필요〔에 따른〕 진리") 등을 만들어냈다. 물론 이와 관련된 연구 역시 여전히 시작 단계에 머물러 있다.[3] 그 외에 의도적으로 문법에 맞지 않게 표현하거나 우연적인 것으로 보이는 착상들이 등장하고, 지나가다 끼어들어 말을 던지고, 혹평과 악의

---

3 Richard M. Meyer, *Nietzsches Wortbildungen*, in: Zeitschrift für deutsche Wortforschung 15 (1914), 98-146, und Peter Pütz, Friedrich Nietzsche, 1975, 41-46.

적 비난을 하고, 또 말을 이어가다 스스로 중단하는 등 일상적인 화법의 특징을 이루는 모든 것이 등장한다. 니체는 아포리즘 저서에서 구어체의 "자연스러운 불완전함"을 "완전한 시적 음악성"으로 바꾸는 작업을 했는데, 이를 통해 그야말로 "전혀 책을 쓰는 것이 아닌 것처럼 책을 쓰고자" 했던 것이다.[4] 니체는 수수께끼와 비유를 통해 독자들에게 그들 자신이 함께 생각하고 함께 해석하고 함께 추측해야 한다는 것을 계속 환기시킨다. 니체는 철학함에 있어 개인적인 결단 과정들을 연출해서 보여주는데, 그 방식은 여러 일반화를 개인의 다양한 경험과 결부시키고, 자신의 생각들을 고유명사를 통해 단축함으로써 이루어지기도 한다. 무엇보다 그 방식은 자신을 개입시키는 가운데 스스로를 비판 대상으로 삼는 것인데, 그 목적은 니체의 텍스트를 어쩔 수 없이 불충분하게 이해하는 데 그칠 수밖에 없는 독자들이 니체와 비교하며 스스로를 비판 대상으로 삼도록 하기 위한 것이다. 무궁무진하고 헤아릴 수 없는 니체의 텍스트들을 마주하는 니체의 학문적 해석가들에게 대부분 중요한 것은 스스로가 니체의 철학에서 무엇이든 시작할 수 있기 위해 도움이 될 하나의 체계적 해석을 찾아내는 것이다. 지금까지 모두가 그렇게 함으로써 스스로를 비판 대상으로 삼았다. 그러는 가운데 모두가 자신이 니체를 어떻게 해석하는가를 알게 된다. 대상과의 비교를 통한 자기비판, 이것은 사유의 개체 상호성을 가장

---

4   Heinz Schlaffer, *Das entfesselte Wort. Nietzsches Stil und die Folgen*, München 2007, 83.

철저하게 이끌어나간다.

5. 유동적으로 사유하기

맥락화와 극화와 인격화를 통해 니체의 철학함은 끊임없는 운동성을 유지한다. 이러한 사유의 활동성은 개념의 사용에까지 이어진다. 니체는 자신이 사용하는 개념 대부분을 정의하지 않는다("어떤 과정 전체를 기호학적으로 요약하는 개념들은 모두 정의할 수 없는 것이다. 정의할 수 있는 것은 역사를 갖지 않는 것뿐이다"《도덕의 계보》제3논문 13). 하지만 니체가 만약 무언가를 정의한다면, 이때 그는 그 개념을 새로운 콘텍스트에서 새롭게 다시 정의한다. 니체는 확고히 보이는 개념들을 개념이 아니라 그 의미를 그치지 않고 밀어 옮겨놓을 수 있는 유동적인 메타포로서 다룬다. 당시 출판되지 않았던 초기 저술 (《비도덕적 의미에서의 진리와 거짓》)에서 니체는 이것을 분명히 보여주는데, 이 글은 많은 측면에서 니체 사유의 본질적 핵심 역할을 하게 되었다. 그는 "메타포를 형성하고자 하는 충동"을 "인간의 근본 충동"으로 보았으며(《비도덕적 의미에서의 진리와 거짓》2), "뼈로 만들어졌고 주사위처럼 여덟 개의 모서리로 되어 있고, 옮길 수 있는 개념"이란 것 역시 "메타포의 잔여물"에 지나지 않는 것으로 보았다(《비도덕적 의미에서의 진리와 거짓》1). 철학과 학문이 강한 자부심으로 삼는 개념 형성이란 "직관적 메타포를 하나의 도식으로 증발시키는 기술, 즉 어떤 상을 하나의 개념으로 해체하는 기술이다. 개념적 도식의 영역에서는 직관적인 최초의 인상들에서는 결코 일어날 수 없을 어떤 것이 가능해지는데, 그것은 등급과 단계에 따라 피라미드 모양의 질서가 구축되고 법칙, 특권, 하부, 경계 설정으로 이루어진 어떤 세계가 생겨난다는 것이다. 이제 이 세계가 최초의 인상들로 이루어진 다른 직관적 세계와 대립하는 가운데 더욱 확고한 것, 더욱 보편적인 것, 더욱 잘 알려진 것, 더욱 인간적인 것으로서 등장하며, 따라서 더욱 규정적이며 강제적인 것으로 등장한다는 것이다"(《비도덕적 의미에서의 진리와 거짓》1). 니체는 "무한히 복잡한 개념의 탑을 구축"하는 데 있어 "움직이는 토대들"의 중요성을 다시 회복시켰고, 이런 식의 개념 구축이 어떻게 마치 "흐르는 물 위에서처럼" 이루어지는지를 잘 보여주었다. "그러한 토대들 위에서 발판을 마련하기 위해서는 … 그 구조는 마치 거미줄로 이루어진 것 같아야 하는데, 물결을 타고 함께 움직일 수 있을 정도로 유연해야 하며, 바람에 의해 흩날려 사라지지 않을 정도로 견고해야 한다."(《비도덕적 의미에서의 진리와 거짓》1) 개념들의 운동을 위한 여유 공간이 있어야 하는 것이다. 니체가 나중에 말하듯이, "형식"은 항상 "유동적"이어야 하며 "의미"는 더욱더 그래야 한다(《도덕의 계보》 제2논문 12). 니체는 이와 관련해 흐르는 강의 모티브 외에 춤의 메타포도 사용한다. 그가 의미하는 바의 춤이란 "삶이라는 음악"(《즐거운 학문》 372번)에 따른 움직임이다. 니체는 차라투스트라로 하여금 말하게 한다. "춤추는 별을 낳기 위하여 자신 안에 카오스를 지니지 않으면 안 된다. 나는 너희들에게 말한다. 너희들은 아직 너희 안에 카오스를 지니고 있다."《차라투스트라는 이렇게 말했다》, '서설' 5) 춤추는 별도 하나의 질서를 따른다. 그러나 그의 움직임은 자기 고유의 약동에 의한 것이며, 그 안에서 자신의 토대를 마련한다. 물론 이움직임은 박자를 벗어날 수도 있으며, 지치거나 힘을 잃고 멈출 수도 있다.

6. 음악적 악구로 사유하기

니체는 자신의 텍스트를 이해하는 "제3의 귀"를, 이 텍스트들의 음악성을, 즉 "모든 좋은 문장 안에 들어 있는 기술"을 이해하는 제3의 귀를 소망했다. 니체는 말한다.

> 바로 이 "기술, 문장이 이해되고자 원할 때 함께 발견되기를 원하는 기술! 가령 문장의 속도를 잘못 이해했다는 것, 그것은 문장 자체를 이해하지 못했다는 것이다. 리듬에 따라 결정되는 음절들을 의심해서는 안 된다는 것, 너무나 엄격한 대칭이 깨지는 것을 볼 때 이것을 의도적인 것으로 느끼고 또 매혹적인 것으로 느끼는 것, 모든 스타카토 또는 루바토를 들을 때 섬세하고 느긋한 귀로 가까이 기울여 듣는 것, 모음과 복모음의 연속을 통해 의미를 알아맞히는 것, 그리고 이 모음들이 차례차례로 이어지는 가운데 얼마나 부드

럽고 얼마나 풍부한 색채로 물이 들고 또 새로운 색채들로
변화하는지 알아맞히는 것", 이것이 그런 기술이다.

《선악을 넘어서》246

니체에 따르면 "모든 문체에서 그 의미"는 어떤 상태를, 더 정
확히 말해 어떤 파토스의 상태를 기호를 통해, 또 이 기호들이 가
진 속도를 통해 전달하는 것이다. 즉 단어 자체로는 전달할 수 없
는 어떤 "내적인 상태"를 전달하는 것이다(《이 사람을 보라》, '나는
왜 이리 좋은 책을 쓰는가' 4). 니체는 자신의 텍스트에서 경직된 개
념들을 통해서가 아니라 그 안쪽에서, 보통의 경우라면 오직 개인
적인 대면에서만 가능한 방식으로, 다시 말해 표정과 몸짓과 태도
와 목소리가 마치 전조(조옮김)를 하듯 계속 바뀌는 가운데 그렇게
'내적 상태'를 드러내는 방식으로 자신을 이해시키고자 했다. 니체
는 이 모든 것을 음악의 메타포로 통합한다. 니체는 바그너에 관
해 쓰기를, "그에 대해서는 어떤 명칭을 덧붙여야 할지 정하기 힘
들다. 시인으로 혹은 조형예술가로, 혹은 음악가로 불러야 할지
(물론 이때 이 단어들을 엄청나게 확장된 의미의 개념으로 받아들여서),
아니면 그를 위한 어떤 새로운 단어를 따로 만들어내야 할지 갈
팡질팡"한다고 했다(《반시대적 고찰 IV: 바이로이트의 리하르트 바그
너》9). 니체는 그럼으로써 자기 자신의 "기호학"을 인식하게 되었
다(《이 사람을 보라》, '반시대적 고찰' 3).

니체는 다음과 같은 몇 가지 특징을 통해 "차라투스트라 전체

를 음악에 포함"될 수 있도록 했다(《이 사람을 보라》, '차라투스트라는 이렇게 말했다' 1). 첫째, 이 책의 언어적 필치에서("열정으로 진동하는 문장들, 음악이 된 웅변들, 지금까지 예측할 수 없었던 미래를 향해 미리 번쩍이며 던져지는 번개들"《이 사람을 보라》, '차라투스트라는 이렇게 말했다' 6), 두 번째, 교향곡의 네 악장으로서의 4부 구성(1884년 2월 6일, 오버벡에게 보낸 편지)에서, 세 번째, 특히 이 책에 등장하는 노래들에서 그렇다. 니체는 차라투스트라의 말을 들어주고 이해하는 사람이 점점 줄어들게 하는 반면, 차라투스트라 자신이 점점 더 많이 '노래하게' 한다. "그러나 네가 울지 않으려 한다면, 너의 자줏빛 우울을 다 울어낼 생각이 없다면, 너는 노래를 불러야 하리라, 오 나의 영혼이여!"《차라투스트라는 이렇게 말했다》 III, '큰 동경에 대하여') 노래는 차라투스트라를 가르침에서 벗어나게 한다. 노래에서 언어는 스스로를 충족시키고, 이 노래를 자기완결적인 어떤 형태로 만든다. 노래는 스스로를 위해 부를 수 있는 것이며, 만약 다른 사람들이 이 노래를 들으면, 그들은 함께 부르거나 그렇지 않을 수 있으며, 또 노래를 통해 무언가에 설득되거나 무언가에 대한 가르침을 받지 않고도 반복해서 노래를 부를 수 있다. 노래는 자유롭게 한다. 알려진 대로 칸트는 이렇게 생각하지 않았다. 칸트는 음악을 예술 중에서 강제적 성격이 가장 강한 것으로 보았다(《판단력 비판》, B 221 이하). 그러나 음악은 자신의 삶의 울림과 리듬을 통해 그 어떤 반향을 얻지 못할 때만 강제적으로 들린다. 음악은 나눌 뿐 아니라 또한 연결한다. 차라투스트라는 혼자서 부르고, 또한 다른 사람들과 함께 부른다. 〈나귀의 축제〉에서 밤의 노래를 차라투스트라는 처음에는 먼저 혼자 부르고("오 인간이여, 주의하라!"), 그다음엔 '보다 높은 인간들'과 함께 부른다(《차라투스트라는 이렇게 말했다》IV, '몽중보행자의 노래'). 이미 언급한 대로 니체는 자신의 마지막 작품으로서《차라투스트라는 이렇게 말했다》의 서사적이고 드라마적인 플롯에서 차라투스트라의 노래들만 따로 분리해 수정 작업을 거친 후《디오니소스 송가》로 출간한다.

7. 개인적 고립 속에서 철학하기

1887년 가을, 니체는 많은 분량의 원고에서 교정 작업을 하는 가운데 분명 새로운 것으로 보이는 서문 하나를 작성한다. 이 서문은 다음과 같이 시작한다.

"사유하기 위한 책, 단지 그것일 뿐. 이 책은 사유하는 것이 즐거움인 사람들에게 속하는 것, 단지 그것일 뿐…."

그다음 니체는 "체계에의 의지"에 반대하고, 또 자신이 가진 체계에의 의지까지도 반대한다.

"나는 모든 체계와 체계 철학가들을 믿지 않는다. 그리고 그들을 꺼린다. 사람들은 어쩌면 이(!) 책 뒤에서도 내가 벗어나고자 했던 그 체계를 발견할지도 모르겠다…."

그리고 다음과 같이 끝을 맺는다.

"나는 더 이상 독자에게 신경을 쓰지 않는다. 그런 내게 독자를 위해 쓴다는 것이 어떻게 가능하겠는가? … 나는 나를 기록한다, 나를 위해서."(1887년 유고, 9〔188〕)

니체는 다른 사람들을 위한 글쓰기를 매우 제한적으로만 받아들이고 견뎌내면서, 종종 자신의 노트들 속으로 은둔해버리기도 한다. '메모들'의 많은 부분을 자신의 저작에 사용하지만, 원래 썼던 그대로 출판한 것은 거의 없다. 텍스트 대부분을 집중적으로 수정하면서 해체하고 새로 결합한다. 몇몇 텍스트는 원래 메모의 상태 그대로 남겨두었다. 임시로 그렇게 한 경우도, 원칙적으로 그렇게 한 경우도 있었다. 그 텍스트들이 출판하기에 충분히 준비가 안 된 것으로 보였을 수도 있고, 또 니체에게는 독자들이 이 책을 읽을 수준이 충분하지 않아 보였을 수도 있다. 여기에 속하는 것이 저 유명한 영원회귀에 대한 '자연과학적' 증명들, 힘에의 의지 및 니힐리즘과 영원회귀 사유의 연결, 니힐리즘의 세분화, 종과 훈육에 대한 설명, 그 외 비교적 덜 주목받는 아펙투스(감정), 사유의 현상학, 기호와 해석의 철학에 관한 탐구 등이다. 니체는 이때 많은 부분 자신의 철학 방식을 어떻게 전달할 것인가에 대한 고려는 하지 않은 채 서술했고, 그래서 형이상학 체계에서 일반적으로 익숙한 표현들이 그대로 사용되었다. 그래서 니체에게서도 형이상학을, 특히 힘에의 의지 형이상학을 말할 수 있는 것처럼 보였던 것이다. 게다가 니체의 누이에게 위임받은 하인리히 쾨젤리츠가 '힘에의 의지'라는 제목 아래 편집한 유고 간행본은 그러한 인상에 체계적인 형태까지 부여했다. 이 책은 심지어 평소에는 세심하고 신중하게 읽는 데 정통했던 하이데거에게까지 신뢰감을 주었다(이 책 5장 참조). 하지만 이 외관상의 형이상학을 외관상 완결하는 것처럼 보이는 《힘에의 의지》 편집 간행본 1067번(1885년 유고 38[12]에 해당)을 니체 자신에 의해 출판된 《선악을 넘어서》의 '36 아포리즘'과 비교해보면, 독단적이고 형이상학적인 것으로 보이는 모든 것을 니체가 비판적이고 가설적인 것으로 매우 강하게 거부하고 있음이 분명히 드러난다.* 니체가 자신을 위해 기록한 메모들을 그의 저작과 나란히 놓거나 혹은 저작에 앞선 것으로 위치시켜서는 안 될 것이다. 《비판본 니체 전집》(KGW)에 새로 수록된 1885년 이후 유고의 새 판본은 이 글들이 텍스트라고 할 수 없고, 단상도 아니며, 진행 중인 미완성 작품이라는 것을 보여준다. 니체의 메모들은 최종적인 것이 아니며, 그 때문에 니체의 결정적인 의견으로 받아들여서도 안 될 것이다. 이 메모들은 그 자체로 보면 "예외적인 경우에만 이미 하나의 문학적 형식을 드러낼" 뿐이며, 따라서 출판된 저작보다 "통찰의 수준"에 있어 한 단계 낮게 나타난다고 보는 사람도 있다.[5] 유고와 저작의 관계에 대한 전체적인 해명은 아직 이루어지지 않았다.

★   이 책 10장 '4. 힘에의 의지' 부분 참조.

5   Claus Zittel, Art. Nachlaß 1880–1885, in: NHB, 138f.

8. 개인적인 의사소통을 통해 철학하기

철학적 글쓰기의 마지막 형식을 보여주는 것은 니체의 편지글이다. 니체가 편지를 보낸 대상은 특정 개인이며, 대부분은 친구나 친지들 혹은 출판사 편집인들이다. 나중에 가서는 니체가 자신의 철학 방식이 자신 만큼의 수준대로 확산될 것을 기대했던 '교감자들'에게도 점점 더 많은 편지를 썼다. 이때 니체는 자신의 철학 방식을 자신의 삶과 가장 강하게 연결시켰다는 것을 짐작할 수 있다. 하지만 동시에 자신의 사유에 대해서는 그리 많은 말을 하지 않았는데, 그 이유는 자신이 친구들로부터도 거의 이해받지 못했음을 즉시 알아챘기 때문이다. 그래서 니체는 적어도 자신의 책을 출판하는 사람들에게만큼은 자신의 저작들을 광고하는 데 필요한 어떤 '개념'을 자신 쪽에서 제공하려고 했다. 이것이 오랫동안 지속되어온 니체에 대한 선입견을 만들어낸 것인데, 물론 이 역시 그가 예견해야 했던 것이다. 그리하여 차라투스트라와 마찬가지로 니체 역시 자신의 개인적인 의사소통에서 실패한다.

5장

니체가 '양성의'
독자에게
기대하는 것들

1. 문헌학적 놀라움에 대해 인내심을 가질 것

니체는 문제적 성격을 지닌 두 개의 아포리즘에서 자신의 글을 어떻게 읽어야 하는지 분명히 밝히고 있다. 이 두 아포리즘은 모두 1886~1887년에 쓰인 것이다.《서광》에 붙인 새로운 서문 중 마지막 아포리즘에서 니체는 자신을 느긋하게 읽는 법을 배우라고 요구한다. 자신은 해야 할 말을 "천천히" 하며, 그래서 또한 "천천히" 읽히는 것을 기대한다고 한다. 자신의 책은 서둘러 읽는 사람을 절망에 빠뜨릴 거라고 말한다. "시간에 쫓기지 않는" 독자들, 홀로 어디엔가 틀어박혀 느긋하게 자신의 글을 몰두해 읽으며, 그 "섬세하고 신중한 작업"과 마주할 수 있는 독자들만이 자신의 책들을 견뎌낼 거라고 한다. 이때 "섬세하다"라는 것은 니체가 말하는 의미에서는 섬세한 차이들이 섬세하다는 것이다. 즉 더 이상 개념화할 수 없기 때문에 "감각적 취향"의 문제로 남아 있는 가장 섬세한 "뉘앙스"에 이를 정도로 구별들을 다시 구별하는 것을 말한다. 또 이때 "신중하다"라는 것은 예기치 않게 놀랄 일들을 이미 염두에 두고 있다는 말이다. 니체는 이 신중함을 "성급하게" 추진되어 "무슨 일이든지 즉시 '끝내고자 하며'", 그래서 예기치 않은 놀라움에 대한 감각을 결여하는 그러한 "노동"과 팽팽한 긴장 관계를 이루도록 만들었다. 하지만 일찍이 자신이 종사했던 문헌학은 끈기를 요구하기 때문에 "그렇게 쉽게 무언가를 끝내지 않으며", 완성된 것, 최종적인 것, 종결적인 것을 목적으로 삼지 않으며, "보이지 않는 숨은 의도"를 추적하는 가운데 "문들"을 열어 그 뒤에서 또 다른 것들, 예측하지 못했던 것이 드러날 수 있도록 한다고 한다. 이 끈기 있는 문헌학은 "눈"으로 읽을 뿐 아니라 "예민한 손가락"으로도 읽으며, 글들이 그 몸체와 함께 감각적으로 발산하는 영향력을 통해서도 텍스트를 감지한다. 이 영향력은 또다시 예기치 못했던 새로운 것을 가리켜 보인다. 니체는 그런 종류의 "완벽한 독자이자 문헌학자"를 원했으며, 그런 방식으로 자신을 읽는 법을 "배워야" 한다고 말한다.

2. 철학적 놀라움에 대해 용기를 가질 것

앞에서 인용한 《서광》 서문의 아포리즘보다 얼마 후에 쓰인 아포리즘, 《즐거운 학문》 5부 381번 '이해의 문제에 대하여'는 앞의 내용과 좋은 대구를 이룬다. 이 아포리즘은 니체 텍스트에서 "짧음"에 관해 다룬다. 이 짧음은 어쩔 수 없는 어떤 "상황"으로 생겨난 것인데, 그 상황이란 사람들이 마치 갑자기 찬물을 맞아 깜짝 놀랐을 때처럼 잠깐 마음을 건드리고 가는 그런 사유들의 "겁 많음과 예민함"을 말한다. 그러한 사유들은 갑자기 기습을 해야 하거나 아니면 그대로 내버려두어야 하는 "진리들"이다. 니체의 저서를 읽는 독자에게는 문헌학적 놀라움에 대한 인내심뿐 아니라 철학적 놀라움에 뛰어들 용기도 필요하다. "그 누구에게든지" 자신의 생각에 스스로 의문을 제기하는 용기를 기대하기란 그에게 인내심을 기대하기보다 훨씬 더 어려울 것이다. 니체가 그의 독자들에게 제공하는 것과 같은 철학적 놀라움은 우리에게 익숙한 사유 습관들을 위태롭게 만드는데, 이 습관들은 사실 어떤 위기Not나 곤궁의 상태, 즉 "필요"에서 기인한 것이며, "사유상으로 필연적denknotwendig"이라기보다는 "삶을 위해 필요한lebensnotwendig" 것들이다(《즐거운 학문》 345번). 다시 말해 우리가 익숙해진 사유들은 자기 유지와 관계 있는 것이다. 그래서 삶을 위한 필연성들은 참/거짓의 문제로 접근할 수 없다. 이 삶의 필연성들은 사유가 학문적, 논리적 필연성에 관여하기 전에 이미 사유의 경계를 한정하고, 사유 필연성들이 활동할 여지를 규정한다. 사유 필연성의 활동 영역이 좁을수록 그만큼 우리는 니체에게 접근하기가 어렵다. 또한 니체는 "무구함Unschuld"을 망치는 사람은 그 누구도 원하지 않으며, 오직 철학적인 '무구함' 속에서 살 수 있는 사람, 또 그 속에서 "열광"도 할 수 있는 사람이라면 누구든지 좋다고 말한다. "멍청이"와 "양성 모두에서 늙은 노처녀 노총각"으로부터는 이해받고 싶지 않다고 말한다(《즐거운 학문》 381번). 그들이 니체를 이해하지 못하며 또 이해할 필요도 없다는 사실이 니체의 글쓰기 스타일, "문체"에 영향을 주었을지도 모른다(이책 4장 참조). 치명적이면서도 아주 짧게 섬광을 번뜩이는 니체의 진리들을 견딜 능력이 없는 사람은 주저할 필요 없이 니체의 진리들을 못 들은 척하면 될 것이다. 이 때문에 니체는 진리들을 말하면서 기존의 학문적 습관을 따르는 요건을 통해 안전장치를 마련하지 않았고, 학문적 부속 사항들, 가령 미리 준비된 가설적 논제들과 종결적 결론, 그리고 일관되게 위계적으로 정렬된 논증들, 전거의 표기(이 책 3장 참조)와 연구 영역에서의 분류들, 다른 입장을 가진 학적 의견들과의 지적 토론을 포기했다(그 대신 니체는 대부분 공격적 논쟁 방식을 선택했다). 또 각주를 통한 설명뿐 아니라 더 나아가 확립된 용어들도 포기했다(이 책 4장 '4. 인격화' 참조). 학자들 역시, 혹은 오히려 학자들이야말로 "멍청이"일 수 있으며, 그들의 사유 습관에 그대로 들어맞지 않는 것은 애초부터 "모험"이라고 거부할 것이다. 니체의 위험한 진리들은 여전히 대부분의 사람들에 의해, 심지어 니체 전문가들에 의해서도 모험적인 것으로 생각되며, 그래서 거부되기도 한다. 니체의 철학적 놀라움에 뛰어들 용기는 여전히 발견하기 드문 것인데, 그렇게 보면 이 용기 역시 놀랄 만한 것이다.

3. 확실한 토대의 포기

앞의 두 아포리즘을 함께 요약하면, 니체는 독서에서의 느림을 사유에서의 속도 및 "엄청난 유연성"과 결합할 것을 요구한다(《즐거운 학문》 381번). 말하자면 사유할 때 민첩하게 포착하기 위해 책을 읽을 때는 느긋하게 잠복하고 있어야 한다는 것이다. 놀라움에 대해, 모험에 대해, 예측하지 못했던 새로운 위험에 대해 용기를 갖추면 모든 확실한 토대를, 무시간적인 모든 것을 포기하게 되는데, 이는 자기 자신의 이해와 인식에서도 마찬가지다. 심지어 동일시할 수 있는 인식 주체 같은 그 무엇 역시 포기하게 된다. "우리 인식하는 자들은 우리에게 낯설다, 스스로에게 낯설다."(《도덕의 계보》, 서문 1) 니체에 따르면, 그 이유는 인간의 인식 자체에 있다. 인식하는 자들은 인식에 대한 추구 때문에 어쩔 수 없이 자신을 잊어버리고, 자신을 시야에서 놓치며, 자신을 보지 못하기 때문이다. 그들은 인식을 "집으로 끌어모으기" 위해 각자에 맞게 생겨나는 "체험들"은 소거해야 하며, 따라서 자기 고유의 체험을 위해서는 "진지함"도 "시간"도 없다. 그들은 스스로에게 "어쩔 수 없이 낯설게 남아 있게 된다"(《도덕의 계보》, 서문 1). 하지만 그들이 니체와 마찬가지로 이러한 사실을 통찰하면, 그들 역시 스스로에게 깜짝 놀라게 되고, 자기 자신을 다르게 발견할 것이다. 니체는 자신의 사유에 대해 항상 그 배후를 다시금 캐묻는데, 그는 그러한 통찰을 자신의 고유한 사유에 대해서도 그 어떤 유보 조건 없이 진지하게 받아들였다. 니체는 시간적 거리를 획득하는 것은 모두 자신과의 거리를 획득하는 것으로 이해했고, 또 자신에 대한 거리의 획득을 자기비판 혹은 자기극복의 획득으로 이해했으며, 따라서 철학함의 확장 여지를 획득하는 것으로 이해했다(《선악을 넘어서》 257 참조). 모두가 '멍청이'라면, 니체까지도 포함해서 이들 모두에게는 적어도 임시로나마 자기 확정이란 삶에 꼭 필요한 것이며, 그런 점에서 자기비판은 "극복"인 것이다.

4. 방법적 선험성의 포기

이 부분은 특히 학자인 독자에게 해당한다. 니체의 철학함을 정당하게 평가하고자 하는 해석은 사실과 관련된 선험적 관념뿐 아니라 방법적 선험 관념 역시 포기할 것을 요구한다. 니체의 철학에서 해석이란 놀랄 만한 발견에 놀랄 만한 방법으로 대답하는 것이다. 이 해석이 많은 것을 단순 분명하게 예측해낼 수밖에 없을 때까지 말이다. 니체는 예측에 따라 알아맞히도록 배치하는 것을 특히 좋아했다(이 책 9장 '필요의 발견술' 참조). 이때 해석은 텍스트 앞에서 항상 실패할 수 있으며, 심지어 '감을 전혀 잡지 못해' 실패했다는 사실을 깨닫지 못하는 경우도 있다. 그래서 니체는 "해석에서 몇 가지라도 정교하고 섬세하게 보려는 좋은 의도만으로도 진정으로 고맙게" 여겨야 한다고 생각한다. 니체는 "항상 너무나 편할 뿐 아니라 바로 친구이기 때문에 편안하게 느낄 권리가 있다고 믿는" 좋은 친구들에게는 "처음부터 오해할 여지 공간이나 놀이터"를 허용하는 것이 좋다고 말한다. 하지만 이렇게 말한 직후 다음과 같은 모욕적인 말로 다시 우리를 경악하게 만든다. "그렇게 되면 웃을 일이 있다.—아니면 이 좋은 친구들을 완전히 물리쳐버릴 수도 있는데, 이 역시 웃을 일이다."《선악은 넘어서》27) 왜냐하면 바로 이 "좋은 친구들"(니체는 이때 이 단어를 인용부호 속에 넣는다), 이들은 더 이상 놀라움을 예상하지 않으며, '편안히' 오랜 친분을 굳게 믿으며, 또 독자로서는 니체의 저작에 대해 '잘' 안다고 믿기 때문이다. 바로 이 '잘 알고 있음'이 오히려 니체의 저작을 이해하는 데 해를 끼친다. 즉 니체 저작을 해석할 때 이 잘 알고 있음으로 인해 확증된 방법론과 습관적 능숙함에 기대는 경우와 같은 바로 그런 일이 일어나는 것이다. 아마 우리는 '좋은 친구'로서의 호의와 신뢰가 있어야 니체를 '잘' 읽을 수 있겠지만, 동시에 니체가 끊임없이 청해오는 듯한 우정을 전적으로 신뢰해서도 안 될 것이다. 스스로 니체를 이해한다고 확신하는 사람은 대부분 그를 오해하는 위험에 빠진다. 그는 더 이상 니체가 제공할 놀라움을 기대하지 않기 때문이다. 니체는 차라투스트라를 통해 말한다. "친구를 최상의 적수로 삼아야 할 것이다. 네가 그와 대적할 때, 너는 그에게 진정으로 가장 가까이 있는 자가 될 것이다."(《차라투스트라는 이렇게 말했다》I, '친구에 대하여')

5. 체계의 포기

분명 니체는 해석가들을 매우 힘들게 하는 것처럼 보인다. 왜냐하면 해석이란 해석가들이 어느 정도 확신에 이르렀을 때만 그들로부터 도출할 수 있는 것이기 때문이다(지금 나의 이 해석 역시 그렇다). 더구나 니체 독자들이 해석가로서 학기 말 리포트, 박사논문, 학술논문, 책 등을 쓰기 위해 이러한 해석을 해야 할 때는 제한된 시간 안에 이 작업을 매듭지어 '끝내야' 한다. 자신이 처한 다급한 상황에서의 '필요' 때문에, 그들은 적어도 임시로나마 니체에 대한 해석을 확정 지을 수밖에 없는 것이다. 그런 점에서 이런 해석가들은 독자와 관련해 앞에서 언급한 것과 같은 니체의 의도에 어긋난다. 이 점은 니체의 철학을 '학설'로 고정하고, 그다음에 거기에 따르거나 반대하는 입장을 취하는 해석가들의 경우 더욱더 분명하게 나타난다. 니체 해석가 중 세계적으로 가장 강한 영향을 끼쳤던 하이데거가 그 대표적인 예다. 하이데거는 특히 니체의 철학을 몇 개의 기본 학설로, 가령 신의 죽음 및 니힐리즘, 위버멘쉬, 힘에의 의지, 영원회귀의 학설로 환원하고, 이 학설들을 텍스트의 맥락에서 분리해 '하나의' 학설 안의 연관 내용으로 주장했다. 하이데거는 니체의 철학에서 전통적인 방법론에 따라 분석할 수 있는 하나의 전통적인 체계를 찾아내고자 했고, 그에 따라 니체의 철학적 글쓰기에서 특징적인 유의미한 형식들을 전적으로 무시했으며, 그다음 결국 이 체계를 "자기 안에서 눈이 먼" 형이상학으로 해석했던 것이다.[6] 그러나 니체는 차라투스트라에게까지도 앞에 언급된 학설들을 체계적으로 결합시키지 못하도록 했다(물론 차라투스트라로 하여금 자신의 학설들에서 실패하도록 한 것은 그렇다 치고). 니체가 위버멘쉬와 영원회귀를 자기 고유의 사유로 비로소 확신하게 된 것 역시 아주 나중에 가서야, 비록 이해할 수는 없다고 하더라도 적어도 경청은 할 수 있도록 모든 수단을 사용해서 시도하고 난 후였다. 니체의 '힘에의 의지' 구상이 그 어떤 형이상학적 원리가 아니라는 것은 볼프강 뮐러 라우터가 니체 텍스트들을 통해 분

---

6   Martin Heidegger, *Nietzsche*, 2 Bde. Pfullingen 1961, Bd. 2, 12.

명히 보여주었다.[7]

6. 양가성 비판에 대한 포기

니체의 철학 방식 자체가 니체를 불가피하게 확정지어 해석하려는 시도들과는 잘 들어맞지 않는데, 때문에 사람들은 니체를 모순적이라 비판하는 경우가 많다. 니체에 대한 이러한 모순성 비판은 니체 연구에서 하나의 절대적으로 타당한 정설처럼 되었다. 그러나 니체는 다른 사람들에게서나 자신에게서나 그 어떤 "애매모호함"을 견디지 못했다. 니체는 삶에서나 글에서나 명백하고 단호히 '애매하지 않고자' 했다. 니체는 기독교와 바그너의 유혹적 애매함을 비판했으며(《즐거운 학문》 346번; 《도덕의 계보》 제3논문 4), 오직 "디오니소스, 저 위대한 이중성이자 유혹자 신"만이 예외였다(《선악을 넘어서》 295; 이 책 11장 '10. 디오니소스 대 십자가에 못 박힌 자' 참조). 니체의 글이 모순적이거나 애매하게 읽힌다면 그것은 그의 개념들을 그때그때의 콘텍스트에서 떼어내어 그와 완전히 다른 차원에서 일반화하기 때문이다. 사람들은 그런 식으로 니체를 모순적이라 비판하는 가운데, 니체 스스로 주장하거나 제공하지 않았음에도 니체의 철학을 자신의 방식대로 확정해서 해석하

---

7   Wolfgang Müller-Lauter, *Nietzsche. Seine Philosophie der Gegensätze und die Gegensätze seiner Philosophie*, Berlin/New York 1971.

기 위한 여지를 마련해낸다. 이는 니체가 말한 "가장 나쁜 독자"처럼 행동하는 것이다. "가장 나쁜 독자는 약탈을 일삼는 군인들처럼 행동하는 독자들이다. 그들은 자신들이 필요한 몇 가지를 떼어내고 나서, 나머지 것을 더럽히고 망쳐놓는다. 그리고 전체를 비방한다."(《인간적인 너무나 인간적인 II》, 〈혼합된 의견과 잠언들〉 137)

6장

니체의 철학적 과제와 그 토대가 되는 중요한 구별들

니체는 이미 초기 저작에서부터 자신의 철학적 '과제'가 무엇인지, 즉 자신의 철학에서 가장 중대한 주제는 무엇이며 중요하게 이루어져야 할 구별은 어떤 것이어야 할지 분명히 알고 있었고, 또 드러내고 있었다. 이후 그에게 주어진 약 19년 동안 니체는 이 과제를 여러 측면에서 정교히 만들었고, 계속 수정 보충했으며, 새로운 각도에서 조명해 중요도에 따라 새로 배치했다. 그러나 근본적으로는 마지막까지 원래의 과제와 주제를 벗어나지 않았다. 이런 점에서 니체의 철학은 연속성을 지니며, 단지 표면적으로만 몇 개의 단계로 구분할 수 있다. 가령 그 가장 뚜렷한 분기점은 니체 자신이 강조하듯이 쇼펜하우어와 바그너로부터의 결별이다. 철학자로서의 니체에게 중요한 것은 유럽의 역사에서 가장 심각한 방향 상실, 즉 종교가 더 이상 믿을 수 없는 것이 되어버렸으며, 형이상학의 체계가 와해되고 진화론적 사유가 관철되면서 일어나는 근본적인 방향 상실 이후, 한마디로 니힐리즘의 상황에서 매우 단호하고 결정적인 어떤 새로운 방향 설정에 관한 문제였다.

1. 과제

니체에 따르면 19세기를 엄습했던 방향 상실을 극복하는 길은 오직 문화의 고양을 통해서만 가능한 것이었다. 니체의 유명한 정의에 따르면, "문화는 무엇보다 한 민족의 모든 삶의 표현에서 나타나는 예술적 양식의 통일성이다"(《반시대적 고찰 I: 다비드 슈트라우스, 고백자와 저술가》, 1). 이때 니체가 생각하는 바의 '양식'이란 자신을 전달하는 방식, 즉 다른 사람들과 스스로에게 자신을 알리는 특징적인 방식이다(《이 사람을 보라》, '나는 왜 이렇게 좋은 책을 쓰는가' 4 참조). 하나의 양식이란 가령 먹고 마시는 습관, 타인을 대하는 격식, 도덕적 자세와 판단들, 종교적 실천, 예술적 취향 등과 같은 반복적 일상이 함께 작용해서 서로를 입증해주고 장려하며, 그리하여 하나의 공동의 '얼굴'을 갖게 되어 하나의 '통일체'로 나타나면서 함께 발전하는 것이다. 이 통일체는 외부로부터 계시되거나 꾸며낸 법칙 혹은 원칙들을 따르는 것이 아니라, 아주 오랫동안 서서히 전혀 눈에 띄지 않게 '삶' 자체로부터 성장해 나오는 것이다. 이 안에서 모든 양식은 '예술적이고' 심미적이며, 이런 의미에서의 양식은 각 개인이나 집단뿐 아니라 민족 전체에서 나타날 수 있다. 이런 방식으로 오랫동안 훈련이나 경험을 거치는 가운데 당연한 생활양식으로 정착되어 여기에 어긋나는 경우만이 눈에 띄게 만드는 것, 그러한 생활양식이 바로 문화다. 니체가 특히 '문화'와 '생활양식'이라는 문제에서 출발했던 이유는 지금까지 일상생활에서나 철학에서나 방향 설정을 위한 자명한 근거로 보여왔던 종교, 형이상학, 도덕이 이제는 와해되었음이 명백했기 때문이다. 따라서 문화를 고양한다는 것은 먼저 그 표면적 화려함을 분명히 드러내고, 문화를 의식적으로 새로 달성해내는 것이며, 또 문화 성장의 토대가 되는 삶에 그 어떤 또 다른 새로운 환영들 없이

도 어떤 '목적', 어떤 '의미'를 부여하는 것이다. 니체에게 방향 상
실의 상태를 극복할 수 있는 새로운 방향 설정이란 결코 철학적으
로 고안되고 정치적으로 유도된 당시의 여러 주요 관념, 가령 민족
주의, 자유주의, 사회주의, 공산주의 혹은 무정부주의 등에서 기대
할 수 있는 것이 아니었다. 또 당시의 독일에서 새롭고 위대한 문
화에 대한 희망을 곧바로 불러일으키게 했던 제국 건설이라는 정
치적 사건에서 기대할 수 있는 것도 아니었다. 니체는 역사적으로
훌륭하고 찬란한 것으로 인정받아온 어떤 문화의 실례에서 새로
운 방향 설정의 가능성을 보았는데, 이 문화는 이후 유럽에서 최
고의 숭배 대상으로 격찬받아온 고대 그리스 문화였다. 물론 문헌
학자로서 출발한 그의 상황도 여기에 한몫했을 것이다. 그러나 이
때도 그리스 문화를 이루고 있는 본질적인 것이 무엇인지를 밝혀
내는 것이 무엇보다 우선적인 문제였다. 고대 그리스 정신의 본질
은 빙켈만적인 고귀한 단순성과 고요한 위대함이 아니라(이 책 3장
'2. 그리스 정신' 참조), 후대의 우리에게는 매우 낯설게 되어버린 어
떤 것, 투쟁과 비극의 문화라는 것이 니체가 밝혀내고 강조하고자
한 것이었다.

경쟁

경쟁(시합agon: 운동 경기, 음악 등의 기예 경연)이라는 문화 활동
에서 니체가 발견해낸 것은 혹독함Grausamkeit(잔혹함)에 대한 노
골적인 욕망이 승리를 통해 표출된다는 점이다. 혹독한 경쟁은 민

족들의 관계뿐 아니라 고대 그리스 도시국가들 전체의 공존의 성격 역시 규정했다. 경쟁은 당연한 것으로 받아들여졌을 뿐 아니라 열렬한 환호를 받았다. 경쟁을 통해 그리스인들은 신체적으로 특히 강인한 자들을 선발했을 뿐 아니라, 무엇보다 경쟁은 전쟁이 일어났을 경우 가장 총명하고 사려 깊은 자로 손꼽히는 사람들을 선발하는 관문이었다. 호메로스의 서사시는 한편으로 아킬레우스를 통해, 다른 한편으로는 오디세우스를 통해 이 점을 너무나 분명히 강조한다. 호메로스의 서사시에서는 모든 것을 경쟁에 걸고 있고, 모든 것은 경쟁을 통해 획득된다. 경쟁을 위해 모든 것을, 심지어 자신의 생명까지도 희생한다. 니체가 어떤 경우에도 포기하지 않고 계속 견지했던 사유로서 고대 그리스인들의 경쟁적 시합은 다른 사람들보다 뛰어나고자 하는 개체의 투쟁, 즉 고귀한 개체의 투쟁이다. 뛰어남을 추구하는 경쟁, 이것이 그리스인들을 그들의 그 어떤 적수보다 우세하게 만들고, 그들의 문화를 '위대함'의 경지로 고양했던 것이다. 그러나 이러한 시합 정신이 내적으로 적절히 조절되고 통제되지 못했을 경우에는 오히려 그들 그리스인들을 위태롭게 만들기도 했다. 물론 아테네인들은 이 시합을 논쟁이라는 다른 형식으로 바꾸는 데 성공했다. 이를 통해 그리스인들은 그들의 귀족적 민주주의뿐 아니라, 예술과 학문과 철학 역시 오늘날까지도 찬란한 빛을 발하도록 만들었다. 그와 함께 결국 그리스인들은 '경쟁(agon)의 사유'를 모든 낯선 것에까지, 물론 그들이 낯선 것을 자신들의 것으로 유리하게 만들 수 있는 한에서 개방했다. 탁월함을 상대방에게 인정받기 위한 다수들의 투쟁, 그리고 낯선 것을 수용할 준비가 된 상태, 이 두 가지 모두 니체가 '좋은 유럽인'의 상을 형성하는 근본적인 특징으로 부각되었다.

근원적인 통찰

니체는 혹독함에 대한 그리스인들의 감각을 다른 한편으로 예술에 대한 감각과 결합시켰는데, 니체의 근원적인 통찰은 바로 여기에 있었다. 즉 그리스인들은 인간 현존재의 가장 끔찍한 심연을 들여다보는 능력을 가지고 있었으며, 이러한 시선에 예술적 형식, 즉 비극이라는 형식을 부여할 수 있었다. 니체는 현존재의 헤아릴 수 없는 심연이 신화적인 존재 실레노스를 통해 가장 뚜렷이 표현된다고 보았는데, 실레노스는 도취적 파괴와 재탄생의 신인 디오니소스의 시종으로서 감각적 쾌락을 즐기는 분방한 성격의 반인반수 사티로스다. 실레노스는 다음과 같이 말했다고 한다.

"〔인간인〕 너에게 가장 좋은 것은 네가 결코 할 수 없는 것, 즉 태어나지 않는 것, 존재하지 않는 것, 무로 존재하는 것이다. 그러나 너에게는 두 번째로 좋은 것이 있다. 그것은 … 일찍 죽는 것이다."《비극의 탄생》3)

이 말은 소포클레스의《콜로노스의 오이디푸스》(1225~1229행)에 등장하며, 또 횔덜린도《휘페리온》2부의 모토로 사용했던 구절이다. 아테네 시민들은 디오니소스를 기리기 위해 매년 열리는 축제(대大디오니시아 제전)에서 비극 경연 대회를 개최했고, 이 비극 작품들에서는 잘못을 저지른 인간에게 신들이 내릴 수 있는 가장 끔찍한 운명이 관객의 눈앞에서 펼쳐졌다. 세 명의 비극 시인은 각각 하루에 비극 삼부작을 상연했고, 그다음 웃음을 유발해 우리를 다시 자유롭게 만드는 사티로스 극으로 마무리함으로써 비극의 진지함이 마지막에는 명랑함으로 바뀌도록 했다. 아테네인들은 비극 예술을 통해 수수께끼와도 같은 현실의 거대한 불가해함을 견뎌낼 수 있었고, 그들은 이 끔찍한 현실 앞에서도 그 어떠한 예외나 제한 없이 무조건적으로 삶을 그대로 마주할 수 있었다. 이러한 아테네인들의 상은 니체에게 이상적 전형으로 남았다.

그러나 그리스인들은 〔비극〕 예술을 뮤즈로부터 부여받은 재능으로 이해했고, 〔음악과 시와 춤을 포함한〕 가장 넓은 의미의 음악musikē으로 이해했다. 젊은 청년들의 교육에서 음악은 체력 훈련 기술인 체조와 함께 근본적인 부분을 차지했다. 매우 역동적인 리듬의 디튀람보스〔합창 서정시〕의 언어로서 비극 언어는 음악으로부터, 물론 기보된 악보로 남아 있지 않기 때문에 오늘날의 우리에게는 그 어떤 소리도 들리지 않는 것이나 마찬가지인 그러한 음악으로부터 살아났고, 또 니체가 말하듯 이 음악으로부터 '태어났다'. 그리스 비극을 정점으로 이끌었던 아이스킬로스와 소포클레스는 비극에 맞추어 음악도 만들어냈다. 젊은 시절의 니체는 바로 이것을 쇼펜하우어의 형이상학 및 바그너가 자신의 음악을 통해 시도했던 기획들과 연결했다. 쇼펜하우어에 따라, 현존재에게서 모든 삶의 가치를 박탈하는 현존재의 심연, 즉 삶에 대한 맹목적이고 무의미한 의지는 무한히 선명한 음악을 최고도로 향유하는 가운데 일시적으로 잊힌다. 음악은 의지의 충동적인 열망을 잠재우며, 그럼으로써 의지로부터 벗어나게 하는데, 이때 다른 예술과는 달리 이데아를 통한 대상에 대한 [관조적] 인식마저도 필요하지 않다. 또한 바그너에 따라, 인간의 실존은 바그너 음악을 통해 단지 정당화되는 것만이 아니라 이를 넘어 향유할 수 있는 최고도의, 새로운 문화로 고양되었다고 한다. 그렇게 쇼펜하우어와 바그너를 통해 그리스 비극은 독일이라는 토양에서 새로이 소생할 수 있었고, 그럼으로써 새로운 문화가 음악으로부터 탄생할 수 있었다는 것이 니체의 결론이다. 물론 니체는 나중에 쓴《비극의 탄생》 서문 '자기비판의 시도'에서 한결 차분해진 어조로 그것은 "예술가-형이상학"이었고, "자의적이고 과도한 것이었으며, 공상이 들어간 것"이라고 평가했다(《비극의 탄생》, '자기비판의 시도' 2, 5). 그러나 니체는 현존재가 예술을 통해서 비록 형이상학적으로는 정당화되지 않지만 "견딜 수 있는 것"이 될 수 있다는 생각은 여전히 바꾸지 않았다. 니체는《비극의 탄생》의 유명한 구절, "오직 심미적 현상으로서만 현존재와 세계는 영원히 정당화된다"(《비극의 탄생》 5)라는 문장을《즐거운 학문》 107번에서 "심미적 현상으로서 현존재는 우리에게 여전히 견딜 만한 것"이라고 고쳐 표현함으로써 한발 물러선다. 현존재와 세계가 '심미적 현상'인 것은 그대로지만, 현존재와 세계에 대한 형이상학적 정당화는 니체에게 더 이상 남아 있지 않다.

철학

철학 역시 아테네에서 어떤 결정적인 의미를 지닌 문화적 현상이 되었다. 아낙시만드로스, 헤라클레이토스, 엠페도클레스에게서 철학은 여전히 비극적인 것에로의 경향이 강한 성격을 지니고 있었다. 하지만 철학의 창시자이며 가장 중요한 철학자인 소크라테스와 함께 비극성의 철학은 몰락하기 시작했고, 그와 함께 그리스 문화도 몰락하기 시작했다고 니체는 독학자의 거침없는 태도로 말한다. 전승에 따르면, 소크라테스는 음악이나 비극과는 거리가 먼 편이었고, 그 대신 명시적으로 분명히 확인되며 신중한 분류 방식을 통해 얻을 수 있는 보편타당한 개념을 근거로 삼는 논리적 정당화를 강하게 요구했던 인물이다. 소크라테스는 예술과 학문을 구별했는데, 그 목적은 철학을 학문에 고정하기 위한 것이었다. 이를 위해 소크라테스는 개념들이 실제적으로 사용될 때 처하는 다양한 변화 상황들로부터 이 개념을 분리해야 했고, 일상 언어 너머의 어떤 이론적 관점을 취해야 했다. 소크라테스는 당시 아테네의 청년들에게 적지 않은 영향을 끼쳤던 자신의 인간적인 매력 덕분에 뛰어난 아테네 청년들로 하여금 그리스 비극이 보여주는 현존재의 끔찍함으로부터 눈을 돌려 '순수한' 개념들의 보편타당하고 무시간적이며 이론적인 결합으로 시선을 향하게 했다. 그리고 전쟁과 시합에 맞추어져 있던 그리스인들의 눈앞에 "이론적 인간의 전형"《비극의 탄생》15)을 제시했다. 니체의 관점에 따르면, 이를 통해 철학은 이후 수천 년간 삶의 심연과 맺는 관계를 상실하고 겨우 그 논리적 표면만을 다루게 되었으며, 이제 그 안에서만 삶의 원래적 가치를 보게 되었다. 철학은 스스로를 환영과 같은 것으로 만듦으로써 빈약해졌다. 기원전 5세기, 당시의 계몽으로서 등장했고 스스로를 진리의 결정 기관으로 선포했던 소크라테스 철학의 선천적 결함은 자기 환영화의 의지였다. 원래 심연을 들여다보는 시선을 열어주었던 예술의 환영으로부터 오히려 그 심연으로부터 보호해주는 환영이 생겨났다.

2. 주도적인 구별들

앞에서 언급한 문제 상황에서, 니체가 자신의 시대에 필요한 것으로 본 철학의 과제가 무엇인지 분명해졌다. 그것은 소크라테스에 의해 진리의 결정 기관으로서의 성격을 부여받았던 철학이 이제 자신이 가졌던 자기 환영화의 의지에 대해 스스로 해명하고, 그럼으로써 새로운 문화를 고양할 수 있도록 이끄는 것이다. 철학은 그 어떤 환영도 내세우지 않는 새로운 방향 설정의 길을 모색해야 한다. 이를 위해 니체는 다음과 같은 몇 가지 구별을 시도했다.

첫째, 현실에 대한 태도를 비관주의와 낙관주의에 따라 구별(진리에 대한 감각의 강함과 약함에 따른 구별이 여기에 포함된다). 둘째, 현실 자체를 카오스와 코스모스에 따라 구별(생성과 존재에 따른 구별이 여기에 포함된다). 셋째, 인간적 현실을 개체와 사회에 따라 구별(건강과 병에 따른 구별이 여기에 포함된다). 넷째, 현실에 대한 인간의 대처를 메타포와 개념에 따라 구별(유형들과 희화〔캐리커처〕에 따른 구별이 여기에 포함된다).

니체는 이런 식의 구별이 가설적이고 실험적인 것으로 이해되기를 원했으며, 소위 현실을 설명해준다고 주장하는 형이상학적 대립들과는 다른 것으로, 그에 비판적인 것으로 보고자 했다(《선악을 넘어서》2 참조).

현실에 대한 태도의 구별: 비관주의와 낙관주의

니체에게 (그리고 쇼펜하우어에게) '페시미즘'은 사람들이 일반적으로 생각하는 것과는 달리 '최악의 상태pessimum'를 예상하는 것이 아니다. 그것은 철학적 용기인데, 이미 항상 현재하는 최악의 상태, 즉 현존재의 심연을 직시할 수 있으며 거기에 어떠한 환영도 없이 마주할 수 있는 그러한 철학적 용기다. 니체가 말하는 의미의 페시미즘은 삶을 약화하지 않고 오히려 강화한다. 그리고 이 강한 페시미즘을 가능하게 하는 예술을 (이 점에서도 쇼펜하우어와 마찬가지로) 니체는 이론적 인간의 낙관주의와 대비시키는데, 낙관주의는 개념들의 표면에, 그리고 이 표면을 형성하고 정돈하는 (겉보기에 보편적인) 이성에 전력투구하며, 그 가운데 자신의 행복을 구하기 때문이다. 수천 년간 확고하게 자리 잡아온 사유의 자기 환영화로서 이 낙관주의는 "진정으로 무자비한 사고방식"이다(《반시대적 고찰 I: 다비드 슈트라우스, 고백자와 저술가》6). 쇼펜하우어는 낙관주의의 허구를 폭로하는 가운데 그로부터 결별하고자 했다면, 니체는 쇼펜하우어의 페시미즘을 극복해 새로운 "디오니소스적 페시미즘"(《즐거운 학문》 370번)으로 사유함으로써, 이를 통해 삶을 견뎌내도록 하고, 쇼펜하우어와는 달리 삶을 거부하는 것이 아니라 삶이 고양되도록 고무하고자 했다.

현실 자체에 대한 구별: 카오스와 코스모스

《즐거운 학문》 109번에서 니체는 "세계의 총체적 성격은 영원히 카오스다. 필연성이 결여되어 있다는 의미에서가 아니라, 우리의 심미적 인간주의가 지칭하는 모든 것, 질서, 조직, 형식, 아름다움, 지혜 등이 없다는 의미에서 그렇다". 우리의 심미적 인간주의는 '코스모스'라는 개념으로, 단어 그대로 '아름다운 질서'로 요약된다. 이런 것들은 카오스라는 현실을 다루고 대처하기 위해 그에 대한 환영으로서 인간 자신이 배치한 것이다. 인간은 살 수 있기 위해서는 그 어떤 것이든 '아름다운 질서'를 필요로 하기 때문이다. 그러나 환영이란 때로는 삶에 아무리 불가피한 것이라 해도, 장기적으로는 삶을 위태롭게 한다. 이런 점에서 철학의 과제는 그 가운데서 아직 아름다운 질서가 되지 않은 현실, 끊임없이 다른 것으로 변하고 있는 카오스를 드러내 보이는 것이다. 그런데 소크라테스적 이론적 이성이 무엇보다도 바로 이 현실에 대한 낙관주의적 환영화를 진행해왔기 때문에, 이 이론적 이성이 가장 먼저 권좌에서 물러나야 했다. 이론적 이성은 파르메니데스 이후에 (나중에 붙여지는 명칭인) 형이상학이 요청했던 것과 같은 그러한 영원히 지속하는 '존재'를 결코 나타내 보일 수 없었으며, 그에 대비되는 모든 감각적인 것은 그저 '가상'에 지나지 않는 것이 되었다. 결국 이론적 이성은 그 자체로 오직 하나의 가상만을 만들어낼 수밖에 없었다. 즉 현실을 포착하지 못하고 현실을 그저 환영적인 것으로 만들었을 뿐이었다. 니체는 파르메니데스에게서 먼저 등장한 이후, 플라톤과 아리스토텔레스에게서도 나타났던 '존재'와 '가상'이라는 구별을, 현실과 환영의 구별, 심연과 표면의 구별, 혹은 신화적 상징으로 표현하자면 디오니소스적인 것과 아폴론적인 것의 구별로 대체했다. 그리스 정신으로서 칭송받아왔으며, 아폴론 신의 조각상들을 최고의 상징으로 삼았던 저 가시적이고 포착 가능하며, 질서 지어져 있고, 평화롭고 아름다운 형태들, 이것들은 심연에 놓인 카오스적이고 도취적인 생성이 이제 진정되어 가려진 표면일 뿐이다. 원래 이 생성의 세계에는 이성으로는 도달할 수 없으며, 오직 음악만이 이 심연을 상징할 수 있다. 그러므로 언어 역시 이 표면에 속해 있는 한, 저 카오스에 대한 모든 언술은 의심스러운 것으로 남아 있을 수밖에 없다.

인간적 현실의 구별: 개체와 사회

자연의 현실이나 인간의 현실 모두 우선은 개체, 개별자에서 출발한다는 것, 니체의 이러한 생각은 고대 그리스 '아곤agon'의 사유뿐 아니라 다윈의 선택이론에서 강한 영향과 확신을 받은 것이다. 이 현실은 개체들 간의 끊임없는 대결을 통해 비로소 확정되는 것이지, 사람들이 아름다운 질서라는 목적을 위해 가정하는 그런 법칙들에 따른 것이 아니다. 반면 '개체들'이라는 것도 원래부터 이미 존재하는 것이 아니다. 개체들 자체도 마찬가지로 끊임없는 대결 속에서 서로 필적할 만한 것으로 평가되는 '힘들'로 작용하는 가운데 항상 새롭게 형성되는 것이다. 니체는 《선악을 넘어서》 22절에서 "모든 각각의 힘은 매 순간 자신의 궁극적 귀결에 도달한다(최종 결과를 만들어낸다)"라고 말한다(이 책 10장 '4. 방법적 선험성의 포기' 참조). 사회는, 그리고 이 사회를 엮어 이루는 연관과 법칙들은 이러한 점에서 표면 현상일 뿐이며, 이 표면 현상들을 규정하고 있는 현실로 나아가기 위해 돌파해야 하는 표면 현상이다. 물론 인간은 사회와 정치공동체에 의존하지만, 그것은 오직 살아남기 위한 필요에서 나온 것이며, 모든 사회적 연관은 특히 이러한 필요에 따라 이해되어야 한다. 니체는 바로 이 점에서 '홀로 서' 있는, 그리고 '홀로 서' 있을 수 있어야 하는 개체들에서 시작했다. 이것은 일반적으로 사회적 연관들에 의해 쉽게 간과되는 측면이다. 스스로 방향 설정을 할 수 있기 위해, 또 자신에 대한 책임을 스스로 질 수 있기 위해 개체들은 고독할 수 있는 힘이, "일곱 가지 고독"(《즐거운 학문》 285번)에 대한 능력이 필요하다. 철학자들 역시 (특히 그들이야말로) 홀로 서 있는 사람들이었고, 또한 학파나 진영을 형성하기 전에는 자유로운 '경쟁'을 했던 사람들이다. 그리고 철학자들은 여전히 홀로 서 있음으로써 그들 각각은 '개성적 인물'로서의 개인이 될 수 있었다. 헤라클레이토스, 엠페도클레스, 소크라테스 혹은 플라톤처럼 말이다. 하지만 철학이 사회적으로 성공을 거둠으로써 이제야 비로소 그들은 사회에 대한 의무를 지게 되었고, 니체에 따르면 그것이 철학자들을 피상적으로 만들었다. 그러나 지속적으로 자신의 강함을 행사하는 사람은 모두 병이 들게 마련이다. 쉴 새 없이 바뀌는 삶의 조건들 가운데서 모든 사회는 이루어져야 할 그 어떤 방향 설정을 위해 강한 개체들에 의존하고 있다. 그런데 강한 개체들이 모든 다른 개체들과, 심지어 좀 더 약하거나 매우 약한 개체들과도 대등하게 다루어지도록 만드는 사회적 강제에 복종하는 시간이 길어질수록 이들은 자신의 강함을 점점 더 믿지 못하게 된다. 또 이들 자신이 도덕으로서의 사회적 강제들을 점점 더 거부감 없이 내면화할수록, 이들은 그만큼 자신 안에서 책임을 더 많이 의식하게 된다. 그래서 사회 전체는 더 약해지고 병드는 것이라고 니체는 말한다.

인간적 현실 적응의 구별: 메타포와 개념

어떤 사회에서 인간의 공동체 생활을 위해 가장 먼저 요구되는 것은 위급한 경우 신속한 의사소통을 가능하게 하는 공통의 언어다(《선악을 넘어서》 268;《즐거운 학문》 354번 참조). 언어는 "관습"을 만들어내는데(《비도덕적 의미에서의 진리와 거짓》 1), 이 관습은 시간이 지나면서 "마치 유령의 팔처럼 인간을 움켜잡고 인간을 원래는 원하지 않던 곳으로 끌고가는" 또 하나의 새로운 "폭력"이 된다(《반시대적 고찰 Ⅳ: 바이로이트의 리하르트 바그너》5). 언어는 현실에 대한 공통된 상을 만들어내고, 그럼으로써 개체들을 그들 고유의 체험으로부터 분리한다. 하지만 혼란스럽게 변화하는 현실에 대한 이 고유한 체험은 그때그때 항상 다른 방식으로 말하고 있다. 그러므로 언어 역시 끊임없는 변화에 대한 여지를 허용해야 하고, "자기 안에 카오스를 가질" 수밖에 없는 것이며(《차라투스트라는 이렇게 말했다》, '서설' 5), 메타포를 통해 이해하기 쉬운 상들, 다양한 해석을 통한 의미를 허용해야 하고, "유동적인 것으로" 유지해야 한다(《도덕의 계보》 제2논문 12; 이 책 4장 '5. 유동적으로 사유하기' 참조). 하지만 그와 동시에 언어는 또한 인간에게서 "확실성의 감정"(《서광》 174;《즐거운 학문》 355번)을 박탈해서는 안 되며, 또 니체가 당시의 역사학에 두려움 섞인 의심을 품었던 것처럼 "모든 토대를 광포하고 무분별하게 산산이 조각내고 갈기갈기 찢어버리며, 항상 흘러가며 흩어져 사라지는 생성으로" 해체해서는 안 되고, 그 때문에 사회 전체와 젊은이들의 교육에서 그 토대를 잃게 하는 일이 있어서는 안 된다(《반시대적 고찰 Ⅱ: 삶에 끼치는 역사의 이로움과 해로움》 9). 니체의 한 유고 단상에 따르면, 언어는 단어 그대로의 의미에서 "개념들을〔포착된 것을〕 규명해내고", "어쩌면 '인간'이라는 동물을 규명"할 수 있는(1885년 유고, 35〔84〕) 가능성을 유지해야 하며, 따라서 전체적으로는 안정적이지만 그럼에도 유연성이 있는 방향 설정을 보장해야 한다. 이를 위한 방법은 유형을 형성하는 것이다. 하나의 유형Typus이란 단어의 원래 의미로는 모형이나 본, 대략적인 특징 묘사, 거기에다 다른 여러 가지를 보충할 수 있는 틀 등을 말한다. 즉 유형은 안정적인 동시에 유연성이 있다. 유형은 복수나 단수의 개별자에 고정해서 만들어지며, 잠정적으로 보편적이라고 받아들여지다가 다른 변수들이 새로 나타나 변경해야 할 필요성이 생기면 폐기된다. 유형이란 시한부 개념이며, 지속적으로는 결코 일반화가 타당하지 않은 곳에서도, 즉 자연과 역사 속에 살아 있는 모든 것에서도 임시로 일반화를 허용한다. 바로 이러한 의미에서 니체는 소크라테스, 예수, 괴테, 나폴레옹 같은 역사 속 인물들을 유형으로 만들고, 차라투스트라 혹은 위버멘쉬 역시 하나의 유형으로 제시하는 것이다. 자신이 여기서 유형들을 만들어낸다는 점, 니체는 그 자체를 다소 과장된 묘사를 통해 분명히 드러낸다. 니체는 일찍이 다음과 같이 말한 바 있다.

"나는 하나의 캐리커처를 제시한다. 모든 사람이 이것이 캐리커처임을 알아볼 거라는 생각에서가 아니라, 모두가 이것이 캐리커처라는 것을 마지막에 가서야 알아볼 거라는 희망을 품고." (1869년 유고, 1〔11〕)

너무나 오랫동안 유형으로 고정되고 개념으로 규명되는 모든 살아 있는 것이 결국은 캐리커처로서의 정체를 드러낸다는 것을 니체는 결국 통찰해냈다. 니체는 말한다. "인간은 오류들로 이루어진 강철 같은 새장에 갇혀 있다가 인간의 캐리커처가 되었다." (1888년 유고, 15〔73〕)

7장

환영적 방향 설정에
대한 니체의 비판

니체의 페시미즘적 결론에 따르면, 우리는 현실에 대해 오직 환영만 만들어낼 수 있을 뿐이다. 우리는 이 사실을 알 수 있고, 알고 있기 때문에 환영이 삶에 해로운 것이 아니라 유용한 것이 되도록 환영을 적절히 다룰 수 있다. 환영은 방향 설정에 필요한 확신을 제공하는 한에서는 분명 삶에 유용한 것이다. 환영이 이러한 확신을 제공함으로써 새로운 조건들 아래서 필요한 새로운 방향 설정을 불필요한 것으로 보이게 만든다면, 이런 점에서는 삶에 해로움을 끼친다. 환영이 방향 설정을 협소하고 견고하며 불투명한 체계들 안으로 좁게 가두어버린다면 환영은 삶에 위험을 가하는 것이다. 반면 만약 환영이 방향 설정의 지평들과 활동 여지를 확장하고 강화하는 데 기여한다면, 환영은 삶을 강화한다. 만약 방향 설정이 삶에 적합해서 쓸모 있는 것으로 계속 유지되어야 한다면, 이 방향 설정은 자신에게 이로운 것과 해로운 것을 그때그때 구별할 수 있어야 한다. 방향 설정이 이러한 구별을 해나가는 데 도움이 되는 것이 바로 철학적 비판인데, 이 비판은 겉보기에 자명한 것의 가능성의 조건을 묻는 물음으로서 그 역할을 한다. 니체의 철학적 비판은 그때까지 서양 철학의 역사에서 가장 급진적인 것이었다. 그 내용을 대강 열거해 보면 1. 형이상학과 기독교, 2. 지배적 도덕, 3. 사회의 허세, 4. 학문, 5. 인식, 6. 논리, 7. 의식, 8. 언어, 9. 모든 종류의 믿음, 10. 금욕적 이상들에 맞추어진 삶의 형식 전체다.

1. 형이상학과 기독교

니체의 유형 분류에 따르면, 유럽의 문화는 형이상학과 기독교의 결합으로 형성되어왔다. 존재와 일치하며, 개념적으로 파악되고 논리적으로 확언되고, 그럼으로써 가르칠 수 있는 진리를 말하는 파르메니데스적 철학 전통은 이 존재를 인간의 방향 설정에서 관점적으로만 혹은 시간적으로만 접근 가능한 현상 세계에 대해 항상 이 세계의 영원한 배후 세계로서 투사해왔다고 니체는 비판한다. 예수의 사도들은 예수가 지시하는 대로 집을 떠나 사도로서 온 세상을 다니며 복음을 전해야 했기 때문에, 이들 사도들은(이후에는 바울과 후기 기독교 신학은) 이 복음을 교의로, 즉 도그마로 표현해야 했고, 이를 위해 고대 그리스의 형이상학으로부터 여러 개념을 도입했다. 그럼으로써 형이상학과 기독교는 서로 지지하고 서로 근거를 짓는 관계가 되었으며, 교의적 기독교는(예수의 '신교적 실천 방식'이 아니라, 이 책 11장 '9. "오직 상징들과 파악 불가능한 것 속에 떠다니는 존재'" 참조) "'대중'을 위한 플라톤주의"가 되었다(《선악을 넘어서》, 서문). 결국 19세기에는 형이상학과 기독교 모두 동시에 신빙성을 잃었다.

2. 지배적 도덕

더 이상 신빙성을 유지하지 못하는 형이상학과 기독교는 그럼에도 이후 여전히 살아남은 도덕에서 서로 만났다. 니체 저작의 핵심에는 바로 이러한 도덕 비판이 자리 잡고 있으며, 특히《인간적인 너무나 인간적인》,《선악을 넘어서》,《도덕의 계보》는 그 대표적인 저작이다. 도덕은 비록 "가장 오래된 현실주의"로서 스스로를 변호한다고 해도 형이상학과 기독교만큼이나 현실적인 무엇과는 관계가 별로 없다. "사실 도덕적 행위란 그와 '다른 어떤 것'이다.─그 이상은 말할 수 없다. 그리고 모든 행위는 근본적으로는 알려지지 않은 것이다."《서광》116) 도덕은 그때그때의 유행과 "시류"에 따르는 하나의 해석이다(《서광》131). "행동을 재촉하는 사회"에서 현전하는 도덕이 생겨난 근원을 니체는 "두려움이라는 사회적 충동"이라고 본다. 도덕은 삶에서 모든 위험을 제거하고 "사회가 안전하다는 느낌"을 만들어내고자 한다(《서광》174). 하지만 그 가운데 도덕에 "위험 중의 위험"으로 다가오는 것은 지배당하지 않는 강력한 개체이며(《서광》173), "독창적이고 뛰어난 성과를 내는 경우가 많은 열외의 인간들"이다(《서광》164). 이들에 대한 두려움으로 도덕은 "항상 똑같이 행동하고, 적응하고 스스로를 낮출 것을"(《서광》26) 요구하며, "개체의 철저한 개조를, 즉 바로 개체의 약화와 파기"를(《서광》132) 주장하는데, 그럼으로써 이미 적응되어 있고 나약해진 인간들에게 항상 유리해지는 것이다. 이로써 자기 지배라는 그리스의 도덕뿐 아니라, 한편으로 이웃 사랑이라는 기독교의 계명이 상호 이타주의 도덕으로 축소되었다. 그리고 형이상학은 이 도덕에 자유의지를 부여해, 자유의지를 서로 책임을 배분하고 도덕적인 지배를 공고히 하는 발판으로 삼았다(《선악을 넘어서》 21 참조). 근대의 유럽인들은 오직 이렇게 "도덕을 변장"함으로써만 서로를 참아낼 수 있는 것이다(《즐거운 학문》 352번). 원래 권력에 대항하며 등장했던 도덕은 스스로가 이렇게 지배적인 권력이 되었다. 강한 사람들을 지배하는 나약한 사람들의 권력이 된 것이다. 깨끗이 정리하고 끝내지 못하고 "상상의 복수를 통해 스스로에게 보상하는" 사람들의 원한 감정을 갉아먹으며 존속하는 것이 바로 도덕이다(《도덕의 계보》 제1논문 10; 이 책 11장 참조). 도덕을 고안해내고 확산하는 사제와 설교자들은 이 사실을 알고 있었겠지만, 그럼에도 그들은 도덕의 근원에 더 높은 힘들과 등급이 존재하는 것으로 설명했다. 이것이 "진정성 없는 거짓말, 밑도 끝도 없는 거짓말"이거나, 아니면 "악의 없는 거짓말, 진심 어린 거짓말 혹은 순진한 거짓말, 고상한 거짓말"이거나 간에 말이다. 그래서 아무도 도덕에 대한 책임이 없는 것처럼 보이는 것이다(《도덕의 계보》 제3논문 19). 그러나 어떤 사회 안에 사는 사람으로서는 그 누구도 상호 이타주의의 도덕으로부터 자유롭지 않다. 이에 대한 비판으로 가능한 것은 오직 더 높은 도덕을 위해 "도덕성을 벗어나라!"라는 것뿐이다(《서광》, 서문 4). 니체는 바로 이것을 따랐다 (이 책 8~11장 참조).

3. 사회

니체는 민주주의와 사회주의를 "무리의 두려움"의 도덕이 남긴 유산으로 생각했다(《선악을 넘어서》 201절 이후). 우리의 사회는 바로 이러한 도덕에 토대를 두고 있다는 것이다. 상고기 그리스인에게는 조절이 어려운 까다로운 사회를 독립적인 개인으로 이룰 능력이 있었고, 중세의 인간은 대성당들이 확인해주는 바와 같은 "저 거대한 사회라는 종탑"을 이룰 능력이 있었다면, 당시 [고전기 그리스에서] 민주주의의 발전과 함께 강요되었던 "저 아테네인의 믿음"은 이제 "유럽인의 믿음"으로 귀환한다는 것이다. 즉 이 믿음이란 개인 각자가 모두를 대표해야 하며, 따라서 모든 역할을 맡을 수 있어야 한다는 것이다. 니체에 따르면, 이것은 "연극배우들"의 "예술가–믿음"인데(《즐거운 학문》 356번), 이 믿음에서는 역할이 성격을, 기예[인위]가 자연을, 제도에 대한 믿음이 자립성을 압도하며, "적응의 기술"이 최고의 예술이 된다(《즐거운 학문》 361번). 이런 연극배우들로 이루어진 사회는 환영에 의해 유지되며, 그 때문에 끊임없이 자기환영화 작업을 계속해나간다. 그것이 정직하지 않은 것이거나 모호한 것이라 해도, 혹은 진심이거나 고결한 것이라 해도 상관없이 말이다. 가령 유대인과 여성들은 가장 오랫동안, 또 가장 강하게 적응에 대한 요구를 받아왔기 때문에(니체는《즐거운 학문》 361번에서 이 둘을 함께 언급한다), 그리고 그때 다른 사람 앞에서의 연극과 자신에 대한 연극을 구별하는 법을 배웠기 때문에, 언젠가 그들은 최상의 강함과 신실함을 증명해 보일 것이 분명하다. 하지만 나머지 사람에게는 너무나 파악하기 힘든 자들로 보일 수밖에 없을 것이라고 한다. 모든 방면으로 사람들을 적응시키기 위해 근대 사회는 "노동의 축복"을 만들어냈다고 니체는 말한다(《서광》173; 이 책 11장 '지배적 카스트의 훈육과 노예제의 불감피함' 참조).

4. 학문

환영에 따른 방향 설정에 대한 니체의 비판에서, 자연과학이든 역사성이 있는 학문이든 학문이라면 모두 이 비판을 수행하는 담당 주체일 뿐 아니라, 동시에 그 비판의 대상이 된다. 학문이 환영에 대한 믿음을 방법적으로 와해한다는 점에서는 담당 주체이고, 반면 학문 역시 "여전히 경건하다"는 점에서는, 다시 말해 학문도 여전히 하나의 믿음, 진리에 대한 믿음에 매달려 있다는 점에서는 비판의 대상이 된다. 사심 없는 자기 포기가 학문과 도덕을 연결한다. 학문과 도덕 둘 다 오직 보편적으로 타당한 것만을 위해 자기 고유의 선입견, 개인적 감정들, 자의적 판단들을 포기하라고 요구한다. 이 자기 포기에 긍정적 토대를 마련하기 위해서 선험철학은 '순수한 주체'를 요청했다. 그러나 "도덕의 토대"는 또한 학문의 토대이기 때문에, 전통 철학을 포함해 학문이란 그 자체로 도덕에 맹목적이다. 학문은 도덕에 거리를 둘 수 없으며, 도덕을 자신의 대상으로 삼을 수 없다(《즐거운 학문》344번). 도덕은 진리에의 의지가 가지는 가치에 대한 질문을 제기할 수도 없었고("차라리 비진리 Unwahrheit면 왜 안 되는가? 그리고 불확실성Ungewissheit이면 왜 안 되는

가? 더 나아가 무지Unwissenheit면 안 될 이유는?"《선악을 넘어서》1), 또 "삶의 조건으로서의 비진리"를 인식할 수도 없었으며, 심지어 "물리학 역시 하나의 세계 해설이자 세계의 적당한 정돈일 뿐이며, … 세계의 설명이 아님"을 통찰하지도 못했다(《선악을 넘어서》14). 그런데도 유럽의 학문에서는 "기독교적 도덕성 자체, 점점 엄격하게 받아들여지는 진실성Wahrhaftigkeit 개념, 고해 신부의 세심함이 지닌 기독교적 양심, 이런 것들이 무조건적인 학문적 양심과 지적 청결함으로 번역되고 승화되었다"(《즐거운 학문》357번;《도덕의 계보》제3논문 27). 그런데 학문은 바로 이 진실성이라는 방법을 통해 심지어 진리에 대한 자신의 믿음까지도 문제시할 것이며, 이렇게 될때 학문은 바로 '즐거운 학문'으로서 비판을 담당하는 최종 심급이될 수 있을 것이다(이 책 8장 '7. 즐거움, 명랑성' 참조).

5. 인식

학문적 언술과 그 대상들의 일치라는 의미에서는 진리에 대해 더 이상 어떤 문제도 있을 수 없다고 주장하면서, 그 근거가 언술 없이는 대상들이 전혀 포착되지 않기 때문이라고 한다면, 이때 진리는 "고정관념"이 된다(《즐거운 학문》347번;《도덕의 계보》제1논문 13). "오류로 가득 찬 고정관념들", 가령 "영속적인 것이 있다는 것, 동일한 것이 있다는 것, 사물, 물질, 물체가 있다는 것, 어떤 사물이란 그것이 나타나는 현상 바로 그것이라는 것, 우리의 의욕은 자유롭다는 것, 우리에게 좋은 것은 또한 그 자체로도 좋은 것이라는 것", 주체가 있다 등등과 같은 고정관념들은 "계속 계승되었고, 그리하여 마침내 거의 인간의 본성적이고 기본적인 토대처럼" 되었으며, 이제는 아무런 의심의 여지 없이 방향을 알려주는 본능과 같은 효력을 발휘한다. 바로 여기, 즉 인식이 지닌 진리의 정도가 아니라 인식이 경험한 나이에, 인식이 이미 적용된 상태에, 그리고 삶의 조건이라는 인식의 특징에 바로 "인식의 힘"이 존재하는 것이다(《즐거운 학문》 110번). 이에 대항해 싸우는 것은 두려움을 야기하며, 전체적으로 인식한다는 것은 일상에서나 혹은 학문과 철학에서나 "두려움의 본능"에 따른다는 것, 이것이 니체의 가설이다. 두려움은 항상 낯설고 불안하게 하는 어떤 것을 "친숙한 어떤 것"으로 소급하게 만든다. 그러므로 "인식하는 자의 환호"란 이 경우에도 다시 획득한 확실성의 감정에 대한 환호일 것이다. 이때 낯선 것에서 "우리의 논리 혹은 우리의 의욕과 욕망"을 재발견하는 것만으로 이미 충분하다. 이 "인식함"에 대한 니체의 철학적·비판적 대안은 그 어떤 두려움 없이 우리에게 이미 친숙한 것까지도 "문제로 보는 것, 다시 말하면 낯선 것으로, 멀리 있는 것으로, '우리 밖에' 있는 것으로 보는 것"이다(《즐거운 학문》 355번; 이 책 8장 '6. 두려워하지 않음' 참조).

6. 논리

"모든 논리 배후에, 너무나 자명한 것으로 보이는 논리의 진행 배후에도 가치판단들이 존재한다. 좀 더 정확히 말하면, 어떤 특정한 방식의 삶을 유지하고자 하는 생리학적 요구가 존재한다."《선악을 넘어서》3) 니체의 메모에 따르면, 논리는 "엄청난 축약 능력"이며 개별 사태로부터 가능한 한 멀리 나가는 것을 바로 자신의 탁월함으로 드러내는 "기호 장치"다. 니체에 따르면, "경험을 기호로 축소하는 것, 또 그렇게 함으로써 파악될 수 있는 사물이 점점 증가하는 것, 이것이 논리가 삶에 제공하는 최고도의 힘"이다 (1885년 유고, 34〔131〕). 논리는 "말할 수 없이 다양한 방식으로 복합적인 성격의" 현실을 극도로 단순화하며, 그럼으로써 현실을 일목요연하게 만든다. 논리의 "단순화 장치"는 여기서 완벽한 "어떤 허구의 표본이다". 그것 없이는 우리가 아무것도 할 수 없는, 살아나갈 수 없는 그런 허구다. 논리라는 "기호언어Zeichensprache"는 논리적 과정의 전달 가능성과 기억 가능성을 가능하게 만든다. 또 논리는 기호들을 창조하는데, 이 기호들이야말로 체험과 경험의 모든 개체적 조건을 벗어나 그 자체로 독립해서 글이나 책 속에 고정될 수 있으며, 그에 따라 보편타당한 것으로 가르칠 수 있다. 논리는 이렇게 "조절적regulativ 허구"의 표본이 되는 것이다(1885년 유고, 34〔249〕;《즐거운 학문》344번). 우리가 논리에 형이상학적인 어떤 존재를 부여하지 않고, 논리를 "의사소통이라는 목적을 위해 오직 가장 피상적인 것에만" 응용할 수 있는 "도식화와 축약 기술"로 간주하는 한(1886/1887년 유고, 5〔16〕), 논리는 "명명백백하게 지시할 수 있는 기술로서"(1886/1887년 유고, 7〔34〕) 최고로 유용하다. 그러나 니체에 따르면 "우리가 사실은 실재의 주인이 되어 다스리기 위해, 영리한 방법을 사용해서 실재를 오해하기 위해 이성 형식을 취하고 있음에도, 이 이성 형식들에서 실재성의 범주를 얻는다"고 믿었다는 점에서, 논리는 "지금까지 우리가 행한 오류 중 가장 커다란 오류였고, 이 세상의 오류에 속해 있는 본래적인 불행"이었다(1888년 유고, 14〔153〕). 니체에게 철학과 학문은 대신 "헤라클레이토스적 생성을 그 어떤 식으로 기술하고 기호로 나타내는(일종의 존재로 보이는 어떤 것으로 옮겨주고 미라로 만드는)" 시도만 하면 될 것이다(1885년 유고, 36〔27〕). 철학과 학문은 이때 "모든 종류의 기호에 대한 기호를 고안"하기 위해(1885/1886년 유고, 1〔28〕) "매우 뛰어난 추상의 예술가들"(1886/1887년 유고, 6〔11〕)이 필요할 것이다. 이 경우 철학과 학문은 틀림없이 최고의 일반화로 나아갈 수 있을 것이다. 하지만 항상 기호 속에서만, 항상 시험적으로만, 일시적으로만 그럴 수 있을 것이다.

7. 의식

데카르트는 존재 자체로부터 존재의 의식으로 넘어간 후, 존재의 의식에 불멸성을 부여해서 이 의식을 다시 존재 자체로 생각했다. 이후 의식은 "인간의 본질로, 인간에게서 불변하는 것, 영원한 것, 궁극적인 것, 근원적인 것"으로《즐거운 학문》11번) 간주되어왔다. 하지만 진화론적으로 보았을 때, 이것은 "아직 확실히 규명되지 않은 동물"인《선악을 넘어서》62) 인간을 위태롭게 할 수도, 강하게 할 수도 있는 아직 종결되지 않은 시도다. 현상학적으로 보자면, 의식은 "존속하고자 하는 본능들의 연합"이 더 이상 충분히 강하지 못하고, 더욱더 많은 주목을 받는 가운데 새롭고 좀 더 복합적인 방향 설정들이 시도될 때《즐거운 학문》11번), 그때그때 우연적인 "의식성Bewußtheit"으로 나타난다. 이것은 기호를 통해 무언가를 "전달"하고, 의사소통하는 경우에 특히 그렇다. 왜냐하면 "서로 신속하고 세심하게 이해"할 "필요"가 있을 때는 기호들이 이해되고 또 오해되는 여지가 어느 정도는 항상 존재하기 때문에, 의사소통은 의식성이 끊임없이 필요하고, 이러한 의미에서 지속적인 의식을 필요로 한다. 그 때문에 니체는 "어쩌면 상궤를 벗어났을지도 모르는 추측"이라고 하면서, "의식의 섬세함과 강함"을 "한 인간의 (혹은 한 동물의) 전달 능력으로", 의식 자체는 "전달 필요성의 압박"으로 환원한다. 이에 따르면 의식은 의사소통의 결과, 즉 "원래는 단지 인간과 인간 사이의 연결망(접속망)일 뿐"이며, 그 때문에 의식은 관습적으로 된 기호들을 통해 전달되는 것, 그것만을 "포함하며" "인간의 개체적 실존에 〔…〕 본래적으로 속하는 것이 아니라, 인간에게서 공동체의 본성과 무리본성으로 나타나는 것에 속한다"《즐거운 학문》354번).

8. 언어

종교와 형이상학과 도덕과 학문과 논리, 여기서 나타나는 환영적 방향 설정은 모든 경우 언어로 표현되어 있으며, 언어를 자신의 "담당 변호인"으로 내세운다(《우상의 황혼》, '철학에서의 이성' 5). 언어는 그 의도에서 임의로 방향을 정하지 않는다. 인도·유럽어족은 주어/술어 문법을 통해 문장 주어의 기능을 하는 지속적 실체와 술어로서 주어에 제약되는 변화하는 속성들 간에 형이상학적 근본 차이가 존재함을 시사했을 수도 있다(《선악을 넘어서》 20). 또한 모든 다른 것의 근거로서 신에 대한 가정 역시 문법의 작용일 수 있다. "나는 우리가 신으로부터 벗어나지 못할까 두렵다. 우리는 여전히 문법을 믿기 때문이다…."(《우상의 황혼》, '철학에서의 이성' 5) 그렇지만 우리가 "이성적 사유"를 "어떤 하나의 도식에 따라 해석하는 것", 어떤 "언어적 구속"에 따라 해석하는 것이라 인지한다고 할지라도, 우리는 그것을 "내던져버릴 수 없다"라고 니체는 기록했다(1886/1887년 유고, 5〔22〕). 그에 따르면 "우리의 표현 수단을 변경하는 일 역시 우리 마음대로 할 수 있는 것이 아니다. 하지만 그것이 어느 정도까지 그저 기호학에 지나지 않는 것인지 파악하는 일은 가능하다"(1888년 유고, 12〔122〕).

9. 믿음

니체는 결코 종교적인 의미에만 한정되지 않는 '믿음'의 개념을 통해 환영적 방향 설정들을 통합했다. 현실 인식이 어려울수록, 그만큼 우리는 살고 행위할 수 있기 위해 "믿음, 발판, 기댈 곳, 토대에 대한 필요성"을 점점 더 많이 가지게 된다. 이때 문제는 "어떤 일에 성공하기 위해서는, 우리는 얼마만큼의 믿음을 필요로 하는가, 또 자신이 붙잡고 있는 것 때문에 흔들리지 않기 위해서는 어느 정도의 '견고함'을 필요로 하는가"다. 이런 것들을 별로 필요로 하지 않는 사람일수록 그만큼 현실에 더 많이 열려 있을 수 있다. 물론 이것을 결정하는 정도는 항상 변화하는 상황 자체에 따라 다를 것이다. 따라서 "그의 힘을 (혹은 더 정확히는 그의 약함을) 측정하는 계측기"(《즐거운 학문》 347번)로 작용하는 것은, 어떤 사람이 "무한한 신뢰"를, "궁극적인 지혜"를, "궁극적 자비와 궁극적 힘"을, "최종으로 수정하고 완성하는 자"에 대한 희망을, 일어나는 일 속의 "이성"을, 자신에게 일어나는 일 속의 "사랑"을, 그 어떤 "마지막 평화"를 어느 정도까지 "포기"할 수 있는가의 문제다(《즐거운 학문》 285번). 믿음과 반대되는 것은 앎이 아니다. 심지어 "입체, 선, 면적, 원인과 결과, 운동과 정지, 형태와 내용에 대한 가정" 역시 "믿음의 대상을 이루는 항목들"에 속한다(《즐거운 학문》 121번). 믿음과 반대되는 것, 그것은 의지다. 자신의 힘으로 스스로의 발판을 만들어내고, 자신이 무엇을 붙들고자 하는지 항상 스스로 결정하는 의지다. "명령의 충동Affekt으로서 의지는 자기 지배와 힘을 나타내는 결정적인 기호다."(《즐거운 학문》 347번) 누군가 그것이 무엇에 대한 믿음이든 상관없이 항상, 그리고 계속 믿음을 필요로 하는 사람이 있다면, 니체는 그런 사람을 자유정신과 대조적인 자로서 속박된 정신이라 칭하고(《인간적인 너무나 인간적인 I》 225~229), 그가 끊임없이 새로이 정신의 해방으로 나아갈 수 있도록 도와주는 것을 자신의 철학함의 '과제'로 여겼다.

10. 금욕적 이상

《도덕의 계보》 제3논문에서 니체는 철학적 개념성과 학문까지도 침투하는 유럽의 형이상학적·기독교적 도덕을 금욕적 이상이라는 개념과 연결했다. 니체는 빈곤, 굴종, 순결이라는 수도사의 미덕을 상기시키는 가운데 유럽인이 (종족에 따라 각각 어디에 정착했었든지 간에) 행한 환영적 방향 설정을 정확하고 함축적으로 요약했다. '금욕'은 삶에서의 철저한 연습, 엄격한 기율, 훈련을 의미한다. 금욕적 이상은 평생의 끊임없는 노력을 요구하며, 그럼에도 하나의 이상인 한에서는 결코 실현될 수 없다. 이 금욕적 이상에 자신을 점점 더 많이 헌신할수록 그만큼 더 심한 양심의 가책을 얻게 되고, 계속적인 자기 억압을 요구하기 때문이다. 그러나 이것은 의미가 있다. 즉 의미 없는 세계에서 의미 없는 고통에 어떤 의미를 부여한다는 것이다. 니체는 다음과 같이 말한다.

"고통이 아니라 고통의 무의미함이 지금까지 인류 전체에 퍼져 있던 저주였다.—그리고 금욕적 이상이 이 고통의 무의미함에 하나의 의미를 제공했던 것이다! 이것이 지금까지 유일한 의미였다. 아무 의미 없는 것보다는 그 어떤 하나의 의미라도 있는 것이 나은 것이다."

그러나 이 의미는 공허하다. 니체에 따르면, 금욕적 이상이 "의미하는 바를 한 번 이해하고자 노력해보면, 그것은 무에의 의지다. 삶에 대한 혐오, 삶에 반대하는 의지이며, 삶의 근본적인 전제들에 대한 거역이다"(《도덕의 계보》 제3논문 28).

8장

자기비판적 방향 설정의 근거와 척도

자기비판적 방향 설정은 자기 고유의 입장과 지평과 관점 너머에 있는, 즉 자기 밖에 존재하는 어떤 하나의 토대에 대한 모든 환영과 결별한다. 이제 그 토대를 자신 안에서 새로 찾아야 하고, 또 그럴 수 있다. 그런데 니체에 따르면, 이 새로운 방향 설정 자체도 마찬가지로 이를 위한 그 어떤 최종 근거도 가지고 있지 않기 때문에, 이 방향 설정은 의지의 문제, 스스로의 힘으로 결정해야 할 문제가 된다(이 책 10장 '4. 힘에의 의지' 참조). 모든 종류의 방향 설정이 분명 이러한 불확실성에 처해 있다고 할 때, 그저 회의적인 태도만 견지하거나 의심만 하면서 편안히 머물러 있다면, 그것은 "의지가 마비"된 상태이기 때문이다(《선악을 넘어서》 208; 1881년 유고 15〔2〕). 니체는 자기 고유의 방향 설정, 자신의 결정, 자신의 행동을 위한 힘들을 전적으로 일상적인 삶에서 다시 찾고자 했으며, 그럼으로써 다음과 같이 철학에서의 새로운 지평을 마련하고자 했다.

1. 자연성

니체가 철학적 과제로 삼은 것은 한편으로는 수천 년간 행해온 자연의 인간화(의인화)를 멈추는 것, 즉 "자연의 탈인간화"이며, 다른 한편으로는 인간화되지 않은 (혹은 덜 인간화된) 자연을 척도로 인간이 새로운 방향 설정을 하는 것, 즉 "인간의 자연화"다(1881년 유고, 11〔211〕). 니체는 욕구와 필요로부터 점차적으로 생겨난 것으로서 자연적인 것을 그저 고안해내고 꾸며낸 것, 인위적인 것과 상반되는 것으로 대신 제시했다. 그에 따르면, 우리는 먼저 "가장 가까운 모든 것"과 좀 더 친해져야 하며, "우리에게 유익한 것이 무엇이고, 해로운 것이 무엇인지 알아야 한다. 즉 우리의 생활 방식에서 하루를 분배하고, 사람들과의 교제에 할애하는 시간과 교제 범위 등을 조정하는 데 있어서 일이나 여가, 명령이나 복종, 자연이나 예술의 향유, 먹고 자거나 사색함에 있어서", 한마디로 인간적인, 너무나 인간적인 것에서 무엇이 중요한지 알아야 한다. "개개인의 욕구, 한 개체가 하루 24시간 안에 각자 처리해야 할 크고 작은 일"은 철학에 더 이상 "무시할 만한 것 혹은 사소한 것"이어서는 안 될 것이다(《인간적인 너무나 인간적인 II》, '방랑자와 그의 그림자' 5, 6).

2. 몸의 성격

자연성은 각자의 고유한 것으로 존재하는 몸에서 시작한다. 니체는 철학에서 모든 종류의 정서적 욕구, 충동, 감각적 본능, 감정과 정념(혹은 이 가운데 근대의 문명에 남아 있는 것), 특히 성에 대한 금기를 적극적으로 허물었다. 니체는 말한다. "한 인간이 가진 성에 대한 감각과 태도가 어떤 정도와 방식을 취하는지가 그의 정신의 정점에까지 영향을 미친다."(《선악을 넘어서》 75) 니체는 "몸이라는 실마리"를 통해 인간이라는 복합적 전체 속에서 새로이 인간을 해명할 것을 요구한다(1884년 유고, 26[374]). 이때 니체는 한편으로는 "남성적/여성적"이라는 구별에 따라, 남성으로서의 자신에게 "진리" 같은 것으로 남아 있는 "여성"이라는 "수수께끼"에 끊임없이 몰두한다(《즐거운 학문》, 서문 4). 왜냐하면 우리는 모두가 자신의 성별에 매여 있고(물론 성은 바꿀 수 있다 하더라도), 또 그에 따른 사고방식에 매여 있는 존재라는 것이 니체에게도 분명했기 때문이다. 이와 동시에 니체는 다른 한편으로는 "건강한/병적인"이라는 구별을 통해 자신의 모든 철학적 문제를 조명하고자 한다. 우리는 모두 개체적으로 육체적·정신적 '건강함'에 의존하며, 병에 걸린 경우에라도 니체가 직접 그렇게 해보인 것처럼 어느 정도는 정신적으로 이겨낼 수 있다. 그 때문에 비판적 철학은 항상 "건강학"이기도 해야 하는 것이다(《인간적인 너무나 인간적인 II》, 서문 2; 이 책 2장 참조).

3. 이성성

니체는 형이상학적 "이성Vernunft"을 지금까지 머물던 전통의 권좌에서 끌어내렸는데, 그렇기 때문에 실제적 "이성성Vernünftigkeit"에, 즉 [형이상학적 '근거'나 '왜'에 따르기보다는] "합목적성과 유용성에 따라 평가하고 행동하고자 하는" 이성성에 더욱더 집중했다(《선악을 넘어서》 191). 니체는 이 이성성을 개체 고유의 삶의 상황들 속에서 나타나는 분명함, 통찰력, 구상 가능성과 연결한다. 이성성은 "이성이 없는 것", "육체적인 것"으로부터, 또 그것의 충동과 욕구로부터 "비이성적으로"(《인간적인 너무나 인간적인 I》1;《서광》123) 생겨났음에 틀림없으며, 또한 이런 것들에 여전히 묶여 있다. 그리고 이성성은 "판단 행위에서 임의적이지는 않은 것"으로서, 또 가능한 모든 "책임성"으로서 타인들과의 관계에서 꼭 필요한 것이다(《즐거운 학문》76번). 이런 의미에서 "이성적이다"라는 것은 개개인에게 모든 무절제한 것을 조절하고 자기 규율을 가능하도록 해준다(《우상의 황혼》, '소크라테스의 문제' 10). 이 과정에서 때로는 이것이, 때로는 그와 다른 것이 이성적인 것으로 나타날 수 있고, "이성"은 자신의 본색을 다시 "비이성"으로 드러낼 수도 있다(《즐거운 학문》307번). 그러므로 우리는 오직 "방랑자로서"만 "이성의 자유"에 도달할 수 있다. 즉 다양하게 변화된 모습으로 등장하는 여러 이성의 성격에 대응하고 관계하는 가운데서만 가능한 것이다(《인간적인 너무나 인간적인 I》638). 이런 의미에서 실제적 이성 역시 "이성이 이성에 대해" 자기비판적인, 이성을 다루는 이성이 된다(《인간적인 너무나 인간적인 II》, '방랑자와 그의 그림자' 189). 니체가 후에 기록했듯이, 그는 자신의 철학 전체를 "사회적 판단 행위와 가치평가 행위의 절대적 이성성을 파악하고자 하는 자기 나름의 시도로 이해한다. 물론 이때 도덕적 결과를 산출하고자 하는 의지는 그 속에 들어 있지 않다"(1887년 유고, 9〔140〕).

4. 정신성

니체는 칸트의 주요 개념뿐 아니라 헤겔의 주요 개념 역시 실제적인 것으로 계몽화한다. 니체 역시 헤겔과 마찬가지로 이성을 정신으로, 이성성을 정신성으로 고양한다. 헤겔이 자신의 사유의 정점에 올려놓았던 '정신Geist'은 니체가 자유에 대해 사용했던 개념이기도 했다. 물론 니체의 경우 자유란 구속되어 있던 사유가 자신이 사용하고 있는 주요 구별들 모두를 일관성 있게 철저히 사유한 다음, 이 구별들에 대해 주권적으로 결정하고, 니체의 표현을 쓰자면 이것들을 서로 '연결하고 분리할 수' 있을 때 비로소 도달하는 그러한 성격의 자유다. 이런 점에서 계몽주의 '자유사상가들'은 헤겔과 니체가 볼 때 자신들이 말하는 자유에 아직 도달한 것이 아니다. 그들은 "익숙한 것, 전승된 것, 신성시되는 것에 대한 적개심으로부터 획득한 양심"(《즐거운 학문》 297번)으로 인해 사유를 통해 모든 구속에서 자유롭다고 믿는다. 또 그들은 그럼에도 진리를 통해 누구나 선에 이르도록 하는 능력, 즉 보편적이고 동일한 이성에 대한 오래된 "철학자들의 선입견"(《선악을 넘어서》 1)에 여전히 집착하기 때문에 그렇다. 니체에 따르면 만약 어떤 정신이 우선 영원한 진리를 위한 "순교"를 벗어나 자신이 좋아하는 고유의 "근본 학설"에 제기하는(《선악을 넘어서》 25) "모든 작은 물음표를 통해 더 많은 진실"로까지 뚫고 들어가서, "확실성에 대한 모든 소망과 이별"을 고할 때(《즐거운 학문》 347번), 또 동시에 사유 속에서 자신의 활동 공간 역시 여전히 한계가 있다는 것을 분명히 깨달았

을 때, 이때의 정신을 우리는 비로소 자유롭다고 할 수 있다. 이 정
신은 항상 자기기만의 의지를 "정신의 근본 의지"로서 염두에 두
게 될 것이며, 따라서 자기기만의 의지가 가혹해질 때, 즉 "자신에
게로 향한 가혹함"(《선악을 넘어서》 229 등)이 될 때, 바로 그때 정
신이 될 것이기 때문이다. 그뿐 아니라 누구도 쉽게 그 최후의 의
도를 알아채지 못하는 "전면 영혼과 배후 영혼"의 능력을 소유해
야 하며, 또 "그 어떤 발길도 그 끝까지 걸어갈 수 없을 정도로 깊
은 전면과 배후"를 갖추어야 한다(《선악을 넘어서》 44). 니체가 남
긴 유고에 따르면 바로 소크라테스가, '이론적 이성의 창시자'인
소크라테스가 그런 능력을 갖추고 있었다(1885년 유고, 34[66] 참
조). 니체는 이러한 인간학적 입각점에 의거해, 인식윤리적인(이론
적이지 않은) 기준들을 세운다. 자기비판의 첫 번째 조건은 니체에
게는 신실함이다.

5. 신실함

'신실함Redlichkeit' 혹은 '진실함' 혹은 '양심적임' 같은 것은 비
록 책임지는 말, 진리, 확신이 수천 년 이래 영원히 상실되었음에
도 그에 대한 욕구와 의지로서 여전히 남아 있는 것들이다. 양심으
로부터 "지적 양심"이 생겨나는데(《즐거운 학문》 2번), 이 '지적 양
심'은 각 개인이 스스로 종교와 도덕과 이성에 관해 결정할 때 따
라야 하는 것이다. 하지만 신실함은 어떤 하나의 소유물처럼 우리

가 가지고 있는 것이 아니다. 오랫동안 "모든 악의와 애정을 가지고 작업해서" 결코 멈추어 사라지지 않도록 해야 하는 것이 신실함이다(《선악을 넘어서》 227). 그렇기에 우리는 자신의 신실함을 결코 믿어서는 안 되고, "지나칠 정도의 신실함"으로 끊임없이 이 신실함에로 몰려드는 충동들을 의문시해야 하며, "자연적 인간, 즉 호모 나투라homo natura라는 끔찍한 원텍스트"를 결코 잊어서는 안 된다(《선악을 넘어서》 230).

6. 두려워하지 않음

"만약 그럼에도 언젠가 우리의 신실함이 지쳐 기운을 잃고 신음을 하고 사지를 뻗으며 우리를 너무 가혹하다고 생각하면서, 좀 더 좋아지고 편해지고 부드러워지고자 할 경우 〔…〕 우리는 우리 안의 마성에서만 찾을 수 있는 것을, 우리가 가진 모험에 대한 용기, 빈틈없고 까다로운 호기심을 신실함에 보내 신실함을 도와주자."(《선악을 넘어서》 227) 신실함은 지속적으로 자극을 받기 위해 두려움 없이 실험에 뛰어들 준비가 되어 있어야 한다. 니체는 《즐거운 학문》 5부에 "우리 두려움 없는 자들"이라는 제목을 붙였다. 인간 사회에서는 "무리의 두려움"이 존재하지만 "모험욕, 무모함, 복수욕, 교활함, 탐욕, 지배욕 같은 강력하고 위험한 충동들"이 양산되고 잘 길러져 있는데, 그 이유는 불가피한 새로운 방향 설정을 위해 그런 충동들이 필요하기 때문이다(《선악을 넘어서》 201). 이런 상황에서 특히 철학자들에게 맡겨진 과제란 결국 자신의 삶을 "실험"으로 만드는 것(《즐거운 학문》 324번), 말하자면 자신의 방향 설정을 마지막 한계까지 실험적으로 끌고가는 것일 수밖에 없고, 그래서 절망적인 방향 상실로 급변할 정도에 이르게 하는 그런 것일 수 있다. 철학자들은 이런 방식으로 인간 삶의 방향 설정의 경계들 자체를 시험해볼 수 있을 것이고, "인류 전체의 실험 관측소"가 될 수 있을 것이라고 니체는 유고에서 썼다(1880년 유고, 1〔38〕; 《서광》 453 참조). 철학자들이 이 과제를 어느 정도 해낼 수 있을지는 낯설고 전례 없는 방향 설정들을 "체화할 수 있는 능력"에, 즉 습관적인 것으로 만들어 자신이 다시 견뎌낼 수 있게 하는 능력에 달려 있다.

7. 즐거움, 명랑성

"삶, 그것은 인식의 수단이다. 이 근본 명제를 마음속에 간직한다면 우리는 용감하게 살 뿐 아니라 심지어 즐겁게 살 수 있고 즐겁게 웃을 수 있다! 그런데 그 전에 먼저 전쟁과 승리에 정통해 있지 않다면 그 누가 잘 웃고 잘살 수 있는 법 자체를 이해할 수 있을 것인가?"(《즐거운 학문》 324번) 니체에게 즐거움이란 자신의 자연성과 몸의 감각성, 그리고 이성성 속에서 오랫동안 투쟁한 끝에 자유로워지고 그 무엇에도 매여 있지 않으며, 때때로 완전히 풀어져 생기가 넘치고, 자신을 속박하고 있는 것까지도 임의로 다스릴 수 있는 어떤 정신에 대한 하나의 기호다(《즐거운 학문》, 서문 1 참조). 우리는 즐거운 마음을 가질 수 있을 때 현실을 훨씬 더 자유롭게 직시할 수 있고, 갑작스럽게 닥치는 일들도 더 여유로이 마주할 수 있다. 그러한 즐거움은 어쩌면 배울 수 있을지 모른다. 그러나 결코 가르칠 수는 없을 것이다. 이 즐거움을 알지 못하는 사람은 짐작할 수도 없다. 니체는 이와 관련해 다음과 같이 말한다.

"빠르게 흘러가는 어떤 대담하고 느긋한 지성, 그리고 어떤 실패도 하지 않는 변증법적 엄격함과 필연성, 이 두 가지가 진정으로 철학적으로 서로 함께하는 것, 이것은 대부분 철학자들에게 그들의 경험상 낯선 것이며, 따라서 누군가가 그들 앞에서 이 즐거움에 대해 이야기하려고 해도 믿지 못할 것이다."(《선악을 넘어서》213)

생기 넘치는 즐거움이 성숙해지면, 이것은 니체가 일찍부터 고대 그리스인에게서 발견했던 바로 그 명랑성, 초연한 평정심을 갖춘 명랑성이 된다. 니체는 차라투스트라도 명랑하게 "행복에 가득 차" 죽음을 맞이하도록 했으며(1883년 유고, 21〔3〕), 초기의 책들에 대해서는 아직 그렇게 말할 수 없지만, 《즐거운 학문》은 자신의 명랑성에 대한 증거가 될 것으로 생각했다(《즐거운 학문》 343번 참조). 이 명랑성을 자신에게 가져다주었던 "새로운 행복", "모든 문제적인 것의 매력, X에 대한 기쁨"은 "좀 더 정신적이고 좀 더 영적인 인간들"에게는 항상 "문제적인 것이 처해 있는 모든 위기의 상태와 불확실함의 모든 위험 위로 마치 작열하는 밝은 빛처럼 덮쳐온다"(《즐거운 학문》, 서문 3). 니체에 따르면, 그 어떤 철학함에 설득력을 부여하는 것은 일반적으로 우리가 진리라고 칭하는 그것이 아니라, 바로 이 새로운 행복이다.

8. 책임성

환영적 방향 설정에 대한 비판을 통해 니체가 보여주는 "가장 날카로운" 통찰은 "자신의 행동과 본질에 대한 인간의 전적인 무책임성"에 관한 내용이다. "모든 것은 필연성이다. 새로운 인식은 이렇게 말한다. 그리고 이 인식 자체가 필연적이다. 모든 것은 무죄다. 인식은 이러한 무죄에 대한 통찰로 이르는 길이다."《《인간적인 너무나 인간적인 I》107) 그러나 그 자체에 대한 책임, 또 모두에게 돌아가는 책임이 적을수록 그만큼 개개인에게 더 많은 책임이 부과될 텐데, 이 경우는 개개인이 서로에게 어떤 위기 상황에서 이 위기를 벗어나기 위해 판단하고 결정하고 행동할 수 있는 힘을 소유한 '이웃'인지 아닌지에 달려 있다. 그래서 "기독교의 창설자" 예수도 이미 "모두에게 지워진 완전한 책임과 부채에 대한 학설"이라는 상반된 내용을 담은 윤리적 학설에 이르렀던 것이다(《인간적인 너무나 인간적인 II》, '방랑자와 그의 그림자' 81). 그에게는 모두가 그 앞으로 나아가 스스로를 변호해야 하는 그러한 최고 심급 기관이 여전히 신이었다면, 니체에게 그것은 오직 개체 자신일 수밖에 없다. 니체의 경우 개체에 책임이 주어지는 한, 이제 개체가 가진 "고도의 독립적인 정신성, 자주적이고자 하는 의지, 큰 이성",

"고귀하고 엄격한 탁월함과 자기 책임성"이 결정적인 것이 될 것이다《선악을 넘어서》201). 이를 통해 개체는 "약속할" 수 있는 존재가 되며, 그의 판단과 존재 자체만으로도 자신의 미래를 보장할 수 있다(《도덕의 계보》제2논문 1). 더 나아가 그러한 책임감을 훈련시켜 형성해온 "오랜 역사"를 가진 "도덕의 도덕성"을 개체가 스스로 극복했음이 분명한 경우, 니체는 이 개체를 "자율적이고 초도덕적인" 개인 혹은 "주권적 개인"이라고 부른다. 주권적 개인은 "이 드문 자유에 대한 의식, 스스로에 대한 힘의 의식"을, 그리고 자신의 "가장 깊숙한 곳까지 파내려갔으며" "지배적인 충동"이 되어버린 운명을 "업적"으로 받아들이지 않고, 따라야 할 요구를 동반하는 "예외적 특권"으로 받아들인다(《도덕의 계보》제2논문 2). 니체는 관습상 도덕적인 것을 넘어 모든 윤리적인 것의 전제가 되는 자율적이고 초도덕적인 자기 책임으로부터 가장 강력한, 오늘날의 분위기에서는 그리 설득력 없이 들릴 수도 있는 결론을 이끌어낸다. 즉 인간 삶의 방향 설정을 위한 실험 관측소가 되었으며, 그 지평을 확대해온 철학자라면 동시에 "가장 광범위한 책임을 소유한 인간"이기도 하다는 것이다. 이 철학자는 "인간의 전체적 발전에 대한 양심"(책임 의식)이 있으며, 자신을 다른 방식으로는 따를 수 없는 사람들을 위해 여러 종교나 또 그때그때의 정치적·경제적 상황까지도 그들의 "훈련과 교육 작업"을 위해 사용한다고 한다(《선악을 넘어서》61). 하지만 그는 자신의 철학 외에는 아무것도 가진 것이 없다. 그리고 이 철학은 계속 다른 것들과의 경쟁 속에 있다.

가치라고 하는 것은 방향 설정을 안정적이고 견고하게 만든다. 도덕적 가치뿐 아니라 종교적, 정치적, 경제적, 학문적, 예술적 가치 등 모든 가치가 그렇다. 이 가치들은 긍정적/부정적이라는 구별을 통해 환영받을 만한 것과 그렇지 못한 것, 유리한 것과 불리한 것, 유익한 것과 유해한 것, 기쁨을 주는 것과 위험을 끼치는 것 등등에서 각각 이 구별이 적용되는 경계와 범위를 정한다. 우리는 이런 여러 가치의 구별 가운데 선택을 하며, 그럼으로써 어느 정도 확고하게 거기에 의무를 지우고, 또 가치들의 등급을 매긴다. 그리고 그 가치들을 새롭게 평가한다. 가치는 가치의 변화를 허용하기 때문이다. 가치가 신빙성을 상실해서 더 이상 믿음의 대상이 되지 못하면, 가치들은 변한다. 이 변화는 대부분 눈에 띄지 않게 일어난다. 이제 니체는 19세기에 일어나는 가치의 변화에서 수천 년 이래의 급격한 가치 전환을 처음으로 포착했으며, 더 나아가 이 변화를 철학적으로 부각시켰고, 의식적으로 형성할 것을 요구했다. 니체는 이러한 분위기를 "시대의 행운"이라 표현하면서, 그 내용을 다음과 같이 서술했다. 즉 "역사상 처음으로 인간 전체에 의한, 그리고 이 지구 전체를 포괄하는 목표들에 대한 엄청난 조망"이 생겨났으며, 동시에 우리는 모종의 "힘들을 의식적"으로 느끼는데, "이 힘이란 자만하지도 않고, 또 어떤 초자연적인 도움이 필요하지도 않으며 새로운 과제를 스스로에게 부과할 수 있는 힘을 말한다는 것"이다. "물론 우리의 시도가 어쩌면 성공하지 못할 수도 있으며, 우리가 스스로의 힘을 과대평가할 수도 있다. 하지만 그에 대한 책임을 져야 할 사람은 우리 자신 말고는 아무도 없다. 인류는 이제부터 자신이 원하는 것을 철저히 자기 자신으로부터 시작할 수 있다"라는 것이다(《인간적인 너무나 인간적인 II》, 〈혼합된 의견과 잠언들〉 179). 가치를 전환하는 것, 이제부터 이것은 더 이상 신의 일이 아니라 우리 인간의 일이며, 결국 모든 개인 각자의 일이다. 니체가 이에 대한 유일한 기준으로 삼는 것은 바로 "삶"이며, 이 삶이 만들어내고 요구하는 새로움이다. 니체는 "삶과 문화의 지평"에서(《인간적인 너무나 인간적인 I》 234) 오직 이 삶과 문화의 여러 고양 가능성에 방향을 맞추었다. 이때 그 근거를 짓는 일은 제한적으로만 가능한데, 그 이유는 니체가 문제시하는 것이 바로 근거들이 전제하고 있는 것 자체였기 때문이다. 이런 이유에서 니체는 가치 전환의 길로 가는 다른 방법을 모색했으며, 다음과 같은 네 가지를 발견했다. 1. 부정의 방법, 즉 반박, 2. 가설의 방법, 즉 관점화, 3. 폭로화의 방법, 즉 가려져 있는 것을 드러내 밝히는 것, 4. 유머를 통한 방법, 즉 패러디.

1. 반박

논리적인 것에 대한 니체의 비판에 따르면, 철학에서 '논리적인 반박'은 지반을 잃었다고 한다. 논리적 반박은 논리적인 것의 무조건적 타당성을 전제로 한다. 하지만 "논리적인 것의 영역과는 너무나 다른 방식으로 복잡한" 현실의 경우에는 반박하는 자 역시 반박당하는 자만큼이나 부당할 수 있다. 논리적 반박의 대상은 개념적 대립인데, 이 개념적 대립에 일치하는 그 무엇이 현실 속에 있을 가능성은 없다. 니체는 비판적인 자기 적용을 사용해서 논리적 반박을 역설에 따뜨리는데, 이때 이 역설이란 이성은 비이성적인 것에서 유래하고, 도덕은 도덕 외적인 것에서 유래한다는, 그런 것이 바로 이성이고, 그런 것이 바로 도덕이라는 역설이다. 그리고 논리적 반박 대신 "가상성의 단계들"로부터 출발한다(《선악을 넘어서》 34). 이렇게 함으로써 '개념의 이분법적 대립'뿐 아니라 이 대립을 생산해낸 문제들의 복합체 전체가 사라진다. 여기에 속하는 것으로는 해결되지 않고 남아 있는 저 악명 높은 문제들, 가령 존재와 변화, 존재와 가상, 존재와 의식, 정신과 육체, 뇌와 정신, 인식과 대상의 관계 등과 같은 문제들이 있다. 도덕에 관한 한 논리적 반박들은 도덕적으로 적당하지 않을 수 있다. 니체에 따르면, "자신에게 가해진 비난을 비록 그것이 부당한 것이라고 해도 반박하지 않고 받아들이는 편이 더 이롭다. 만약 우리를 향한 비난이 부당하다고 다시 상대방에게 이의를 제기하고 심지어 반박까지 하면, 상대방은 이것을 자신이 저지른 것보다 더 큰 부당함으로 받아들이는 경우가 생겨날 수 있기 때문이다"(《인간적인 너무나 인간적인 I》 340). 누군가가 어떤 도덕을 삶에 유용하게 사용한다는 것이 알려지면, 이 도덕이 아무리 부적절한 것이라 해도 사람들은 그에게 이 도덕을 가능한 한 허용할 것이며, 그 후 이 도덕이 저절로, 즉 역사 속에서 사라질 때까지 참을성 있게 기다릴 것이다. 니체는 말한다. "그러니까 확실히 제거하고자 하는 어떤 대상이 있으면 그것을 경멸하고 망쳐놓을 것이 아니라, 정중하게 잠시 미루어놓아야 하고, 여러 번 반복해서 그렇게 해야 한다. 관념이란 매우 끈질긴 생명력이 있음을 고려해야 하기 때문이다."(《인간적인 너무나 인간적인 II》, '방랑자와 그의 그림자' 211) 니체는 이른바 '루 살로메를 위한 타우텐부르크 메모'라고 불리는 유고에서 말한다. "삶의 실존적 조건들은 반박의 대상이 아니다. 다만 가지고 있지 않는 것—그것만은 가능하다!"(1882년 유고, 1〔2〕) 도덕적 규정들은 원래 지니고 있었던 의미를 이미 오래전에 상실한 경우가 종종 있기 때문에, 여기서는 논리적 반박이 어차피 소용이 없을 것이다(《서광》24 참조).

그다음으로 논리적 반박 외에 '심미적 반박'도 말할 수 있는데, 이것은 '보편적 취향의 변화'를 의미하는 것이다. 니체는 "모든 증거와 반박을, 그리고 모든 종류의 지적 변장을 동반하는 의견들은 취향이 변했음을 나타내는 징후일 뿐이다. 사람들이 여전히 그렇게 생각하는 것과는 달리, 변화된 취향을 만들어낸 원인은 확실히 아니라고 할 수 있다"(《즐거운 학문》39번; 1881년 유고, 11〔109〕 참조)라고 말한다. 이런 점에서 논리적 정당화를 내세워 소크라테스가 획득했던 승리는 더욱 놀랄 만한 것이다. 왜냐하면 우리는 "그가 얼마나 못생겼는지 알고 있으며 확인할 수 있다. 그러나 못생겼다는 것, 이것은 그 자체로 하나의 항변으로서 그리스인들 사이에서는 거의 하나의 반박이나 마찬가지다"(《우상의 황혼》, '소크라테스의 문제' 3). 그러나 니체에게 무엇보다 설득력 있는 반박은 〔"사유 방식의 제거라는"〕 "생리학적" 반박이다. 즉 "사유 방식"이 병을 일으킬 수 있다는 경험이다(1884년 유고, 26〔316〕).

2. 관점화

니체가 논리보다 더욱 받아들일 수 없었던 것은 존재론적 환원, 즉 제약된 것을 무제약적 존재로 소급하는 것이었다("무제약적인 것으로부터 제약된 것을 도출하는 형이상학의 터무니없음"1883년 유고, 8〔25〕). 니체는 그와 달리 다양한 관점으로부터의 다양한 접근 방식을 허용한다. 이에 따른 당연한 귀결로 유럽 철학사에서 처음으로 '방향 설정의 관점적 성격'에 주목했다. 니체는 이때 모든 인식과 철학적 사유 역시 포함된 개체의 행위를 실천적 출발점으로 삼았다. "우리의 행위는 원래가 모두 개인적이고 유일하며 무한히 개체적이다. 이 점에서는 의심의 여지가 없다. 그러나 우리가 이 행위들을 의식 속으로 옮겨놓자마자 더 이상 그렇게 보이지 않는다…. 이것이 내가 이해한 바의 현상주의이며 관점주의다. 동물적 의식이 지닌 자연적 성격에 따라 〔동물인〕 우리가 의식할 수 있는 세계는 단지 하나의 표면 세계이며 기호 세계에 지나지 않는 것이다."《즐거운 학문》354번) 겉으로 보기에 비관점적인 것, 보편적인 것, 바로 그것이 하나의 관점이다. 하나의 단순한 표면 형식이다. 보편적인 것에 대한 믿음은 칸트의 선험적 종합 판단 형태에서도

"삶의 관점들이 드러내는 시각적 표현에 속하는 것, 즉 전면에 대한 믿음 혹은 외관"으로서 꼭 "필요한" 것이다(《선악을 넘어서》 11). 그러나 "이러한 관점적인 것, 모든 삶의 기본 조건이 되는 것"을 저 오래된 플라톤주의의 의미에서 그 자체로 존재하는 그 무엇으로 간주한다면(이런 일은 칸트뿐 아니라 플라톤에게서도 나타나지 않았다), 그것은 "진리를 거꾸로 세우는 것"을 말한다(《선악을 넘어서》, 서문). 현상주의와 관점주의는 그 자체로는 역설적으로만 주장될 수 있다. (방향 설정 그 자체에 대해서도 그 고유의 조건 아래서만 알 수 있다). 니체는 현상주의와 관점주의가 어떤 식으로 스스로를 정당화하는 동시에 또 반박하는지 '보여준다'. 현상주의와 관점주의는 우선 "어떤 현존재란 해석〔Auslegung, 펼쳐냄〕 없이는, 말하자면 '의미Sinn' 없이는 '무의미Unsinn'가 되며" 따라서 모든 "현존재는 본질적으로 해석을 하는 현존재"라는 사실로 정당화된다. 다른 한편으로 우리는 "우리 자신의 모서리는 보지 못하기" 때문에, 즉 우리 자신의 관점 외의 다른 관점을 취하지 못하기 때문에, 그래서 또 다른 관점들이 실제로 존재한다는 사실 또한 적극적으로 확신할 수 없기 때문에, 앞의 정당화 주장은 동시에 반박된다. 그러므로 관점주의는 오직 가설로만 존재할 수 있으며, 가설로서 어떤 적극적 주장이 되지 못하고 오직 소극적인 용인일 수밖에 없다. 니체가 매우 신중하면서도 정확하게 표현한 바에 따르면, 우리는 "세계"가 (혹은 우리가 세계라고 부르는 것이) "무한한 해석을 포함하고 있다"는 "가능성을 받아들이지 않을 수 없다"(《즐거운 학문》374). 해석은 관점을 통한 인식이다. 해석이 결코 멈추지 않는 한, 그래서 또 다른 새로운 해석의 가능성을 계속 또 다른 새로운 관점 속에서 열어놓는 한, 해석은 무한하다. 그리고 이 말 역시 하나의 자기 지시적, 역설적 언명이다. "이 역시 하나의 해석이라고 하자.─그러면 너희는 이에 대해 열렬히 이의를 제기하지 않겠는가?─그렇다면 더욱더 잘된 일이다."《선악을 넘어서》22)

관점주의 역시 이렇게 그 자체로 적극적인 이론이 아니면서, 계속 적극적 이론에 대해 제시할 수 있는 가능한 대안을 환기시키거나 혹은 현실이 자신의 엄청난 복합성을 계속 유지하게 만드는 결과를 낳는다. 니체에게서 매우 독특하게 나타나는 복수화 전략 또한 여기에 한몫한다(이 책 4장 '4. 인격화' 참조). 그중에서 특히 중요한 것은 '도덕'을 '도덕들'로 복수화하는 것이다("여러 상이한 도덕"《서광》9 등 여러 곳). 전적으로 "모든 가치의 가치 전환"《도덕의 계보》제1논문 8; 제3논문 27)에 전념하는《도덕의 계보》에서 니체는 이 문제를 세 가지로 관점화한다. '도덕'은 자신의 고유한 관점으로부터 자신만을 좋은 것으로 인정하며, 자신과 대립하는 모든 것을 악으로 배제한다. 하지만 삶이라는 좀 더 광범위한 관점에서 볼 때, 그러한 하나의 도덕이 어느 정도 건강하게 혹은 병들게 할 수 있는지, 즉 생리학적으로 좋은지 나쁜지의 물음이 제기될 수 있다. 물론 이것은 모두에게가 아니라 각 개체에 혹은 각 집단에 해당하는 것이며, 그 대답은 그들이 얼마나 강한지 혹은 약한지에 따라 결정된다. 니체에 따르면, '약하다'는 것은 각 개체나 집단이 본인 자신과 타인에 대해 <u>스스로를</u> 주장하기 위해 지배적인 어떤 도덕에 의지하는 상태라 할 수 있으며, '강하다'는 것 또는 (약간 다른 차원의) 도덕적 언어로 "탁월하다vornehm"는 것은 어떤 개인이나 집단이 자기 책임의 능력이 있는 경우를 말하고, (공격적인) 정치적 언어로는 어떤 한 도덕의 노예가 아니라 그 주인이 되는 경우를 말한다. 니체의 사유에서 '정신'의 관점에서 보면(이 책 8장 '4. 정신성' 참조), 이러한 차이들은 다시 한번 극복된다. 왜냐하면 사람들은 진솔〔혹은 더 정확히는 '신실信實'〕하게도 모두에게 각자의 조건하에서 자신의 도덕에 대한 자신의 권리를 인정할 것이기 때문이며, 반면 (역설적이게도) 부당함에 대해서조차 이 부당함이 다른 사람들에게 있든 자신에게 있든 공정하게 승복해야 할 것이기 때문이다.

3. 폭로

가치 전환으로서의 폭로의 방법은 니체에게서 다음 네 가지로 나타난다. 첫째, 물음표를 던지는 것, 둘째, 필요〔Not, 위기〕의 발견술, 셋째, 니체 자신이 말하는 바의 심리학, 넷째, 니체 자신이 말하는 바의 계보학이다.

물음표를 던지는 것

니체가 비판적 철학자로서 가장 먼저 던지는 물음표는 "현존재의 가치에 대한 커다란 물음표"다(《비극의 탄생》, 서문 1). "디오니소스라는 이름"은 단지 "물음표를 하나 더 붙이는 것"에 불과하며(《비극의 탄생》 3), 그것은 "점점 더 위험해지는 어떤 호기심의 물음표"(《인간적인 너무나 인간적인 I》, 서문 3)다. 니체의 철학 전체가 단 하나의 "물음표"이고자 하며(《즐거운 학문》 346번), 이를 위해 그의 철학은 결코 의심의 시선을 거두어서는 안 된다("의심이 많을수록 철학도 많다"《즐거운 학문》 346번). 하지만 이 의심 뒤에도 또다시 하나의 물음표를 붙여야 한다. 왜냐하면 살아갈 수 있으려면 인간은 믿음뿐 아니라 의심, 이 둘 모두 필요하기 때문이다. 무조건적인 믿음은 삶을 위험으로 몰아넣을 수 있다. 반면 무조건적인 의심은 삶을 살 수 없게 만들기 때문이다. 이 둘이 삶에 어떤 가치를 지니는지는 분명히 정해져 있는 것이 아니다. 니체는 말한다. "그런가? 기만당하려 하지 않는 것이 진정 덜 위험하고, 덜 치명적인 것인가? 너희가 현존재의 성격에 대해 원래부터 알고 있는 것이 그 무엇이기에 절대적 의심의 대상이 더 좋은 것인지, 아니면 절대적 믿음의 대상이 더 좋은 것인지 단정할 수 있단 말인가?"(《즐거운 학문》 344번) 물론 마지막 결정 주체가 이 둘 중에 존재하는 것도 아니다. 만약 그런 것이 있다면, 그것은 다시 우리에게 믿음의 대상이 되어야 할 것이다. 이런 식으로 우리는 일상생활의 매 순간 현실적 방향 설정에서도 믿음과 의심 사이를 이리저리 헤매고 다니는 것이다. 철학자라면 여기서 어떤 근본적인 "의심Argwohn"을, "우리 자신에 대한 가차없고 철저하며 가장 깊숙이 놓여 있는 의심을 발전시킬 것이다. 우리 유럽인들을 점점 더 많이, 점점 더 가혹하게 지배하며", 그러는 가운데 우리를, 물론 니힐리즘의 심연 속으로 들여다보고자 하는 준비가 되어 있을 경우(《즐거운 학문》346번; 이 책 11장 '1. 니힐리즘' 참조) 그 "니힐리즘" 앞에 데려다 세웠던 그러한 의심을 발전시킬 것이다. 사람들은 그 어떤 구체적 동기가 없음에도, 어디서나 의심하며 "좋지 않은 것Arges"을 "생각하고wäh-nen" 그러면서 기분 나빠 한다. 반면 주어진 계기로부터 나온 어떤 "의혹Verdacht"을 놓지 않을 때는 그 가운데 즐거움을 유지한다. 니체는 자신의 철학이 "의혹의 학파"로 불리는 것을 기뻐하며 받아들였다(《인간적인 너무나 인간적인 I》, 서문 1). 그러나 이 학파 역시 다시 "심연"이 될 수 있다. 니체에 따르면, 철학자는 "오늘날 불신에 대한 의무, 즉 의혹의 모든 심연으로부터 가장 음흉하게 곁눈질을 해야 할 의무를 지닌다"(《선악을 넘어서》34).

필요의 발견술

어떤 철학 뒤에 그와는 완전히 다른 어떤 것이, 가령 철학으로 변장하고 있는 것에 지나지 않는 충동이나 욕구, 필요가 숨어 있을 때, 이 철학에 대한 의심은 더욱 깊어진다. 니체는 자신이 시도한 여러 폭로를 통한 해명에서 필요를 통한 발견술Heuristik이라는 방법을 취했으며, "인간의 위기 상황"을 "그 마지막 귀결까지" 탐구하고자 하는 기획으로 이 발견술을 진척해서(1880년 유고, 5〔46〕; 1881년 유고, 15〔9〕), 이에 대한 철학적 해석에까지 이르도록 심도 있게 발전시켰다. 니체는《선악을 넘어서》에서 말한다. "인간의 본질적 충동들이 영감을 불러일으키는 창조력으로서 (혹은 정령이나 요정들로서) 어느 정도까지 영향을 발휘했느냐에 따라 이 충동들을 관찰하는 사람이라면, 그 모든 충동이 이미 철학을 행한 것이라는 사실을 깨달을 것이다."《선악을 넘어서》 6) 하지만 필요들이란 매우 제한적으로만 일반화될 수 있다. "많은 다양한 개체는" 또 그만큼 "다양한 종류의 필요(위기)"를 가질 것이다《즐거운 학문》149번). 우리는 모든 종교, 모든 도덕, 모든 철학, 모든 학문 각각에서 개별적으로 깊이 들여다보아야 한다. 하지만 우리는 항상 오직 '표면'만을 마주하고 있으므로, 가령 종교(도덕, 철학, 학문) 등등에 관한 진술과 그 종교 쪽에서 창시자들의 삶으로부터 "표면적으로" 갖추어놓은 진술만을 눈앞에 보기 때문에, 그 뒤에 가려진 필요들을 "추측해내야" 한다. 필요의 발견술은 "더듬거리며 수수께끼를 푸는 자"를 위한 기술이다《서광》 113). 더듬거리며 수수께끼를 맞추는 것이 삶의 문제들에 있어 모든 이론에 선행하는 것이다. 우리는 여기서 불확실한 징후와 상징들을 가설에 대한 근거로서 꿰뚫어보아야 하는데, 그 경우에야 비로소 이 징후와 상징들이 아마도 설명할 수 있을 학문적 이론으로 확장될 것이다. 니체는 최초의 철학자 탈레스에 대해 다음과 같이 말한다.

"천재적인 예감이 그에게 징후와 상징들을 가리켜 보였고, 이 예감은 바로 여기에 증명 가능한 확실성이 있다는 것을 어렴풋이 추측했다."《그리스 비극 시대의 철학》 3)

물론 이 점에서 니체에게 대표적 본보기가 된 것은 자신의 파멸을 스스로 찾아가는 오이디푸스, 수수께끼를 푸는 자였다. 추측한다는 것은 인간의 가장 근본적인 지각에서도 이미 일어나는 것이다. 인간은 항상 다른 사람에 대해 그 표면만을 알 수 있을 뿐이고, 서로에 대해서도 항상 추측만 할 수 있을 뿐이다. 니체는 말한다. "두려움은 타인이 누구인지, 그가 무엇을 할 수 있으며 무엇을 원하는지 추측하게 한다. 이때 잘못 판단한다면, 그로 인해 위험에 처하고 손해를 입을 것이기 때문이다."(《서광》309) 이때 남아 있는 것은 언제나 "인식과 추측의 한순간"뿐이며(《서광》314), 따라서 방향 설정은 불안정하다. 니체는 말한다. "우리에게 발견과 추측의 불안은 마치 사랑에 빠진 자에게 불행한 사랑이 그런 것처럼 너무나 매혹적이고 없어서는 안 될 것이 되었다."(《서광》429) 우리는 무언가를 볼 때 몇 개의 단서로 짐작해내고, 무언가를 들을 때도 몇 개의 소리로 추측하며, 또 읽을 때도 몇 개의 단어 구성으로 그 대상이 무엇인지 추측해내고, 그 나머지는 완전히 꾸며낸다(1881년 유고, 11〔13〕; 11〔18〕 참조). "그런데 감정들을 재빨리 추측해내고, 또 그것을 함께 느끼는 데 있어 우리가 얼마나 대단한 전문가들인지를 가장 분명히 보여주는 것은 음악이다."(《서광》142) 이때는 어떤 하나의 충동이 다른 어떤 충동을 자극한다. "모든 충동이 각자의 상을 만들어내고, 자기 방식대로의 오류를 관철시키고자 한다. 하지만 이들 오류 각각은 곧바로 다시 다른 어떤 충동(가령 모순, 분석 등등)의 동기가 된다(1881년 유고,

11〔119〕;《선악을 넘어서》192 참조). 니체는《차라투스트라는 이렇게 말했다》에서도 자신의 차라투스트라로 하여금 "수수께끼에 빠진 자"에게 열광하도록 한다. "여명을 기뻐하는 자들, 그 영혼이 피리 소리와 함께 모든 낯선 심연으로 이끌려가는 자들—왜냐하면 너희는 겁많은 손으로 한 가닥 실을 따라 더듬거리지 않는다. 너희는 추측하여 맞힐 수 있는 곳에서 추론하기 싫어한다."(《차라투스트라는 이렇게 말했다》III, '환영과 수수께끼' 1). 니체는 이와 관련해 "역사적 감각" 역시 "한 민족, 한 사회, 한 인간이 살아오는 데 기준으로 삼은 가치 평가들의 위계를 재빨리 추측할 수 있는 능력"으로 분류하고자 한다(《선악을 넘어서》224). 마지막으로 "그 어떤 암시도 결코 이해하지 못하는 법이 없는" 디오니소스적 인간도 다음과 같이 분류한다.

"그는 내적 감성의 그 어떤 징후도 놓치지 않는다. 그는 최고도의 전달 기술을 소유하고 있을 뿐 아니라, 최고도로 이해하고 추측하는 본능을 지니고 있다."(《우상의 황혼》, '어느 반시대적 인간의 편력' 10)

심리학

니체는 인간과 관련된 자기 고유의 '필요의 발견술'을 '심리학'이라 칭했으며, 인간에게서 방어적 요소로 작동하는 도덕적 표면 현상들 전반을 뚫고 그 "근저에까지" 들어가 이 심리학을 가동하고자 했다. 그 목적은 "지금까지 쓰인 것 속에서 지금까지 침묵하는 가운데 드러나지 않았던 것의 어떤 징후를 인식하고", 이 심리학을 "근본 문제들에 이르는 길"로 만들기 위해서다(《선악을 넘어서》 23). 그리고 그 "탐사 영역은 인간 내면의 영혼과 그 경계들, 인간의 여러 내적 경험이 지금까지 도달할 수 있었던 영역 전체, 이 경험들의 높이와 깊이, 그리고 그 가장 먼 경계 영역들, 지금까지의 영혼의 역사 전체와 아직도 다 퍼내지 못한 영혼의 가능성들"이 될 것이다(《선악을 넘어서》 45). 니체는 "충돌들과 격정들의 집합적 구조물로서"(《선악을 넘어서》 12) 영혼들을 말하는 가운데, "이 영혼들의 가설을 새롭게 고쳐 표현하고 가다듬는 작업"을 하는 데 주저하지 않았다. 그러나 이런 종류의 심리학이 가진 시선은 심리학자 자신 역시, 아니 누구보다도 특히 심리학자 자신을 향할 수밖에 없었다. 이때 필요한 "정교함"을 획득하기 위해 심리학자의 시선은 "파스칼의 지적 양심이 그랬던 것처럼, 아마도 그 자체가 그토록 깊숙하고, 그토록 상처 입고, 그토록 섬뜩한 것이어야 했을 것이다"(《선악을 넘어서》 45). "자기 심문, 자기 실험"을 통해서야 우리는 비로소 "더욱 정교한 눈"을 갖는다. "그렇게 되면 우리는 사유의 여정에서 고통스러워하는 사상가들이 바로 '고통받는 자'들로서 인도되고, 또 오도되어 이끌려갔던 그러한 사유의 장소들, 즉 사유가 자신도 모르는 사이에 거쳤던 잘못된 길이나 뒷골목, 정지 상태, 햇볕 드는 곳을 전보다 더욱더 잘 감지하고 추측해낼 수 있을 것이다. 이제 우리는 병든 몸과 그 몸이 원하는 욕구가 어디를 향해 정신을 무의식적으로 몰아가고 밀어붙이며 꾀어내는지 안다.—태양을 향해, 고요를 향해, 온화를 향해, 인내를 향해, 묘약을 향해, 그 어떤 의미에서건 청량음료를 향하고 있다."《즐거운 학문》, 서문 2) 그다음에는 아마도 "예수의 삶에 대한 신성한 이야기와 변장 속에 사랑을 위해 인식을 바친 순교에 대한 가장 고통스러운 경우 중 하나가 어떻게 숨겨져 있는지"《선악을 넘어서》269) 추측해낼 것이며, 또 종교 창시자 그 자신이 위대한 예측가였음이 틀림없다는 사실을 추측해낼 것이다. "종교 창시자의 의미, 그의 독창성은 보통 그가 '삶에 대한 새로운 가치평가'를 본다는 것, 이것을 선택해낸다는 것, 그리고 이것이 무엇을 위해 필요한지, 또 어떻게 해석될 수 있는지를 최초로 추측한다는 것이다."《즐거운 학문》 353번) 니체는《도덕의 계보》전체를 이러한 추측하기의 기술로서 구상했다.

계보학

니체는 '계보학'이라는 개념을 무엇보다 도덕의 영역에 고유한 것으로 사용했다. 그는《도덕의 계보》에서 필요의 발견술이라는 자신의 방법을 유럽의 도덕 전체에 대해 세밀하고 일관성 있게 실행했다. 도덕적 가치들에서 그 비도덕적 근원을 밝혀내면, 이 가치들을 지탱하고 있던 절대적으로 확실했던 효력은 파괴된다. 니체는 이미《비도덕적 의미에서의 진리와 거짓》이라는 글에서 ("비도덕적 의미에서의") 진리와 허위를 구별함으로써 계보학을 시작했고, '삶에 끼치는 역사의 유용함과 해로움'이라는 제목의《반시대적 고찰 Ⅱ》에서는 "비판적 역사" 개념으로서, 이후에는 "도덕적 감정의 역사"(《인간적인 너무나 인간적인 Ⅰ》2부)와 "도덕의 자연사"(《선악을 넘어서》5부)로서 계보학을 계속 추진했다. 《도덕의 계보》에서 니체는 미루어 짐작했던 근원들이 불확실한 과거 속에서 어떻게 점점 더 길을 잃는지 보여주고 있다. 니체가 이 '계보Genealogie' 개념을 빌려온 '족보 연구'라는 것이 결국은 모두 불확실하게 끝날 수밖에 없는 것과 마찬가지로 말이다. 계보는 더욱더 가설적인 것이 되고, 도덕은 점점 더 자명성을 잃어간다. 이때 니체가 이러한 주장의 가장 강력한 근거로 삼은 것은 《도덕의 계보》에서도 역시 잔인함이 도덕으로 길들여져가는 문명화 과정에 관한 것이다. 니체는 이를 발견한 자신을, 즉 "폭로한 자" 자체를 운명으로 만들었던 "기독교 도덕의 실상에 대한 폭로"가 지닌 운명적 성격을 다음과 같이 언급하면서 《이 사람을 보라》를 마무리한다.

"도덕에 대해 밝혀내는[aufklärt, 계몽하는] 자는 하나의 불가항력이며, 하나의 운명이다. 그는 인류의 역사를 두 부분으로 나눈다."(《이 사람을 보라》, '나는 왜 하나의 운명인가' 8)

4. 패러디화

가치 전환의 방법 중 유머를 사용한 방법이 가장 가볍고 쉬워 보인다. 하지만 사실 이러한 방법은 그 자체의 원래 의도와 효과를 그대로 이해하고 체험하기에 가장 어려운 것이다. 니체에게도 역시 이것이 가장 어렵게 느껴졌을 것이다. 어쨌든 니체가 이 길을 끝까지 간 것으로는 보이지 않기 때문이다. 니체는 도덕에서 진지함을 떼어내고자 했는데, 그 방법은 진지함을 패러디하는 것이었다. 《즐거운 학문》 5부의 마지막 부분에서 니체는 자신이 생각하는 "또 다른 이상"을 제시한다. 그에 따르면, 이 이상은 "인간적-초인간적 행복과 선의라는 이상으로서, 너무나 자주 비인간적인 것으로 보일 것이며 […] 지금까지의 지상의 모든 진지함과 나란히 놓고 비교해보면, 또 몸짓과 말과 소리와 시선, 그리고 도덕과 과제의 면에서 모든 종류의 장엄함과 비교해보면, 마치 이런 것들을 가장 생생하고 강제적으로 패러디하고 있는 것처럼 보일 것이다"(《즐거운 학문》 382번). 패러디가 진지함 옆에 놓이면, 이 진지함은 길을 잃는다. 진지함 속의 긴장된 파토스는 무너져 내린다. 이와 같은 것을 니체는 이미 《차라투스트라는 이렇게 말했다》에서 구상하고 있었던 것 같다. 그의 유고 단상에 따르면 "차라투스트라는 이전의 모든 가치에 대해 끊임없이 패러디하는 태도를 취하는 가운데, 그러한 수많은 가치들로부터 빠져나온다"(1886/1887년 유고, 7(54)). 니체는 《차라투스트라는 이렇게 말했다》의 한 장면에서 차라투스트라가 "보다 높은 인간들"과 함께 "나귀들의 축제"를 벌이도록 하는데, 구구 울며 노닥거리는 비둘기들과 웃어젖히는 사자 한 마리가 차라투스트라를 에워싼다. 그러나 차라투스트라는 아무 말 하지 않은 채 눈물을 흘린다. 그리고 다가오는 한 무리의 더 높은 인간들을 보고 사자가 다시 한번 크게 포효하자, 낯선 무감각의 상태에 빠져들었다가, 노기에 가득 찬 웃음을 터뜨린 후 다시 한번 말없이 자신 안에 침잠한다. 그리고 더 높은 인간들에 대한 동정심으로 소리를 질렀고, 마침내 아침 태양과도 같이 하나의 새롭고 "위대한" 정오를 불러 깨워낸다(《차라투스트라는 이렇게 말했다》 IV, '표식'). 이 정도의 풍부한 비유를 담고 있지는 않지만 어느 정도는 유사한 것이 《즐거운 학문》 5부(1887년에 추가된 부분) 마지막에도 나타난다. 《즐거운 학문》 382번은 《차라투스트라는 이렇게 말했다》를 암시하면서 다음과 같이 끝을 맺는다.

"그 모든 것에도 불구하고 그와 함께 아마도 큰 진지함이 비로소 생겨나기 시작하고 본질적인 물음표가 던져질 것이며, 영혼 내면의 운명이 몸을 돌리고 비극이 시작된다…"

《즐거운 학문》 4권(1882년 판) 마지막에서 니체는 '비극이 시작된다'라는 의미의 라틴어 문장 "Incipit tragoedia"로 차라투스트라의 시작을 알렸다(《즐거운 학문》 342번). 《즐거운 학문》 전체가 '즐거운 학문'으로서의 《차라투스트라는 이렇게 말했다》에 대한 하나의 패러디였던가? (서곡과 후주곡들이 《즐거운 학문》에 대한 패러디였던 것처럼?) 그리고 《차라투스트라는 이렇게 말했다》는 이제 비극으로서 새로이 시작해야 한다는 것인가, 이번에는 즐거운 패러디에 대한 비극적 패러디로서? 1886/1887년에 《즐거운 학문》에 새로 붙인 '서문'은 그것을 확인해주는 것처럼 보이는데, 이곳에서 니체는 말한다. "'비극이 시작된다'—주저하는, 또 주저하지 않는 이 책 마지막에는 이렇게 적혀 있다. 조심하도록 하자!

기분 나쁘고 악의적인 것의 표본과 같은 그 무엇이 스스로를 예고한다. 패러디가 시작된다고. 그것은 틀림없다…".《즐거운 학문》, 서문 1) 그렇다면 무엇이 진지함이고 무엇이 패러디인가? 진지한 것을 패러디한 것에서는 그 대답은 말해질 수 없다. 왜냐하면 이 패러디로는 그 대답 자체가 진지한 것일 수 없기 때문이다. 아마도 우리는 이때 어떤 확신도 할 수 없고 해서도 안 될 것이다. '큰 진지함'에서 패러디는 비극일 수 있으며, 비극은 패러디를 포함할 수 있다. 큰 진지함은 그렇게 디오니소스적인 것에 대한 또 다른 이름일 수 있다. 이 '큰 진지함'이 하나의 수수께끼로 남는다면, 그것은 어쩐지 (그것이 누구든지) '미래의 철학자들'이라는 니체의 개념에 상응하는 것이 될 것이다. "왜냐하면 그것이 무엇이든 그 어떤 수수께끼에 머물고자 하는 것이 그들의 방식에 속하는 것이기 때문이다."《선악을 넘어서》42)

10장

《차라투스트라는 이렇게 말했다》에 나타나는 니체의 가르침과 반가르침

니체는 서사적이고 드라마적이며 서정적인 철학시《차라투스트라
는 이렇게 말했다》에서 자신의 사유에서 중요한 많은 주제를 보여
준다. 물론 이 주제들은 아포리즘으로 된 책들에서도 이미 다루어
진 것들이지만《차라투스트라는 이렇게 말했다》에서는 최고의 권
위를 지닌 한 설교자의 가르침으로 등장한다. 그뿐 아니라 니체는
이 설교자 차라투스트라를 자신과 혼동하지 말기를 바라면서 그
로 하여금 위버멘쉬와 영원회귀 같은 자신의 가장 유명한 가르침
에 대해 이야기하게 한다. 그런데 이러한 가르침은 니체 자신이 아
니라 그가 만들어낸 허구의 인물 설교자 차라투스트라를 특징짓
는 생각에 속하는 것이며, 차라투스트라는 결국 이 가르침을 전달
하는 데 실패한다(이 책 4장 '3. 극화' 참조). 니체는 가르침의 제목
을 통해 차라투스트라가 이 가르침으로부터 차츰 물러나고 있다
는 것을 암시한다. 가르침으로 이루어진 각 장은 가령 '세 가지 변
화에 관하여', '덕에 관한 강의에 관하여' 등과 같이 항상 '~에 관
하여'라는 제목을 달고 있다. 1부에서는 모든 장에 이런 형식의 제
목이 달려 있고, 2부에서는 1/3이, 3부에서는 절반 정도, 4부에서
는 1/10이 이런 식의 제목을 달고 있다. 1부 이후에는 가르침 대
신에 서술이나 노래가 등장하는데, 이런 절들은 가령 '거울을 든
아이', '열락의 섬에서', '밤의 노래', '춤의 노래' 등의 제목을 달고
있다. 그리고 이 책의 마지막 장 제목은 '표식'이다. 니체는《차라
투스트라는 이렇게 말했다》시가詩歌 전체를 차라투스트라의 것
으로 남겨진 하나의 표식으로, 웃고 있는 사자라는 표식으로 끌고

나간다. 차라투스트라로서는 자신의 가르침을 이해하거나 오해를 하는 가운데 표식으로서는 인식하지 못하는 모든 사람, 즉 시장의 군중, 자신의 추종자들, 자신의 동물들, '더욱 높은 인간들'에게 어쨌든 표식 외에는 자신의 가르침을 통해서 제공할 수 있는 것이 아무것도 없다. 또한 차라투스트라 역시 니체의 '기호학'이다. 니체의 독자들이 이해하거나 오해할 뿐 결코 기호로는 인식하지 못하는 그러한 하나의 기호다. 때문에 우리는 차라투스트라의 가르침들에 대해 무엇보다 신중해야 하며, 특히 가장 먼저는 그의 것으로 남겨져 있는 위버멘쉬의 사유나 혹은 영원회귀의 가르침에 더욱더 신중해야 한다.

1. 선물(베푸는 것 그리고 창조함)

철학시가 지닌 서사적〔episch〕 토대에 따라 가르침은 이야기를 통해 전개된다. 여기서 서막을 여는 것은 베풀어주는 미덕에 관한 이야기인데, 이 미덕은 차라투스트라가 그전에 태양으로부터 배웠던 것이다(책의 마지막에 차라투스트라는 결국 "어두운 산골짜기로부터 나오는 아침의 태양처럼 빛을 발하며 강하게 자신의 동굴을 떠나고", 그렇게 숙련의 시간은 끝이 난다《차라투스트라는 이렇게 말했다》IV, '표식'). 차라투스트라는 빛과 따뜻함과 생명을 희사하는 태양으로부터 베풀고 주는 법을, 넘쳐나는 자신의 여분을 나누어주는 법을 배우고자 한다. 또한 인간들 속으로 들어갈 용기도 태양으로부터 얻는다. 태양이 차라투스트라로 하여금 가르치도록 한 것이며, 그 때문에 다음에 이어지는 가르침들은 태양으로부터 나온 것으로 이해해야 한다. 그런데 이 가르침들은 실패할 수밖에 없다. 가르침 또는 가르칠 수 있는 것은 그리스어로 마테시스máthaesis다. 이 어원에 따라 가장 엄격한 의미에서의 가르칠 수 있는 것이란, 삶의 다양한 상황과는 아무런 연관이 없고 오직 기호의 연결로 이루어진 법칙들과 관련이 있는 수학Mathematik뿐이다. 칸트에 따르면, 오직 수학만이 "그 명증성으로 확실하고 변하지 않는 학설로서 유지될 수 있는 것"이며, 자연과학은 "자체 내에 수학을 포함하는 경우에 한해서만", "본래적 학문"이다.[8] 수학의 엄격한 보편타당성은 구성된 것, 말하자면 그렇게 원해서 의도된gewollt 것이다. 니체는 《차라투스트라는 이렇게 말했다》에서 수학 외의 나머지 모든 학설의 경우, 이 의도가 너무나 복잡한 현실과 접하는 곳에서 생겨나는 한계들을 보여준다. 각각 그때그때의 입장과 관점을 지닌 개체들의 방향 설정이 현실에서 서로 분리되는 가운데, 저 수학적 법칙들을 이루고 있던 기호들은 이제 현실적 가능성들의 자유로운 활동 여지를 통해 매 경우 달리 이해된다. 이 '달리 이해함'을 우리는 알아채고 관찰할 수도 있고 제한할 수도 있지만, 그럼에도 결코 완전히 무효화할 수는 없다. (물론 수학을 통해서가 아니라면 말이

---

8   Immanuel Kant, Logik, Einleitung, III: Begriff von der Philosophie überhaupt, AA IX.26; Metaphysische Anfangsgründe der Naturwissenschaft, Vorrede, AA IV.470.

다.) 니체는 차라투스트라를 통해 말한다. "모든 영혼에는 저마다
의 세계가 있다. 각각의 영혼에 모든 다른 영혼은 하나의 배후(저
편의) 세계다."《차라투스트라는 이렇게 말했다》III, '회복하고 있는 자'

2) 그런데 이들의 서로 상이한 방향 설정에서 기호들은 무엇인가
를 야기하는데, 이때 그것이 무엇인지, 어떻게 야기되는지는 보편
타당한 방식으로 확신할 수 없을 것이다. 그런 경우는 방향 설정
저편에 놓인 다른 또 하나의 입장이, 순전히 이론적인 어떤 입장이
전제되어야 할 것이기 때문이다. 이런 식의 예측 불가능한 영향 작
용은 차라투스트라의 언어로 말하면 '주는 것Geben'이고, '베푸는
것Schenken'이며, '창조하는 것Schaffen'이다. 주는 것, 그것은 자신
도 똑같은 종류로 되받는 것을 기대하지 않으면서 행하는 것이고,
베푼다는 것은 상호성이 필요하지 않으며, 창조하는 것은 또 다른
다음의 방향 설정을 그것 고유의 방식으로 계속 일어나도록 하는
것이다. 이러한 의미에서 그 작용은 주고 베풀고 창조하는, 하지
만 가르치지 않는 태양의 작용과 같은 것이다. 그러나 대부분의 사
람은 서로 같아지고자 하는 가운데 동종성과 상호성과 예측 가능
성을 원하며, 이를 가능하게 하는 보편타당한 행동 지침을 원한다.
특히 자기 고유의 윤리적 방향 설정을 따르기에 너무 나약한 사람
들은 지배적인 하나의 도덕을 원하는 것이다(이 책 7장 '2. 지배적인
도덕' 참조). 그들은 주는 자들, 베푸는 자들, 창조하는 자들을 위협
적인 존재로 느낀다("너는 너 자신에게 너의 악과 너의 선을 줄 수 있
으며, 너의 의지를 마치 하나의 법률처럼 너의 머리 위에 걸어놓을 수 있

는가?"(《차라투스트라는 이렇게 말했다》I, '창조하는 자의 길에 대하여').
이 대부분의 사람은 자신들이 따를 수 있는 가르침을 원하지만, 그
렇게 선물로 받은 가르침으로부터 그들은 자신들의 결론을 스스로
도출해야 한다. 주는 것, 베푸는 것, 창조하는 것을 가르치면서 차
라투스트라는 이렇게 역설적인 그 무엇을 시도하고 있다.

2. 위버멘쉬

차라투스트라의 모든 가르침, 특히 위버멘쉬와 영원회귀 개념
은 상기의 의미에서의 선물이라 할 수 있다. 니체는 생전에 출판
되지 않은 한 메모 단상에서 자신이 결국 '필요'로 했던 '반개념들
Gegen-Begriffe'에 대해 말했다. "나는 이런 강력한 반개념들을 필요
로 한다. 지금까지 도덕이라 불려온 저 무분별과 허위의 심연들 속
으로 비추어 들여다보기 위해 반개념들이 발산하는 광채의 능력
을 필요로 한다."(1888년 유고, 23(3)) 실제로 위버멘쉬와 영원회
귀 개념은 엄청나게 밝고 날카로운 작용력을 입증했다. 그럼에도
다시금 새로운 형이상학적 해석, 특히 하이데거의 해석에 의해 금
방 그 빛이 가려지게 되었지만 말이다. 역설적 가르침으로서 위버
멘쉬와 영원회귀 개념은 반가르침이다. 즉 그 자체로 가르칠 수 있
는 것인지의 문제를 자기 자체에 스스로 제기하는 가르침이다. 차
라투스트라는 위버멘쉬 개념을 "마지막 인간"(《차라투스트라는 이
렇게 말했다》, '서설' 5)과 대립되는 것으로 놓는다. 마지막 인간은

스스로를 마지막 인간으로 간주하는 자인데, 여기서 마지막 인간이란 더 이상 자신을 넘어 고양될 수 없으며, 따라서 인간과 인간의 상에 대한 최후적이고 확정적인, 그럼으로써 보편타당한 개념을 자신에게서 가지는 인간이라는 의미다. 이 마지막 인간은 어디서나 동종성, 상호성, 예측 가능성을 필요로 하며, 이를 위해 보편타당한 행동 지침이 필요한 사람인 것이다. 나중에 니체는 이런 사람을 '소인배'라고 칭한다. 왜냐하면 이런 사람에게는 스스로를 넘어설 수 있는 '(인간됨의) 크기'가 없기 때문이다. 마지막 인간 혹은 소인배는 존재적으로나 도덕적으로 스스로를 만인에 대한 규범으로 생각한다. 그와 반대로 차라투스트라에게는 개인 각자에게 필요한 새로운 방향 설정의 가능성과 삶의 가능성이 마련되기 위해 표면적으로 보편타당한 것으로 보이는 존재론적이고 도덕적인 규범을 넘어서는 것이 중요하다. 그래서 차라투스트라는 위버멘쉬에 대한 그 어떤 보편타당한 개념을 제시하는 것이 아니라, 다양하게 해석할 수 있는 기호들을, 항상 새롭게 변모하는 상들과 메타포들을, 특히 물, 호수, 하천, 물결, 바다 같은 메타포들을 제시한다. 또 의식적으로 이와 반대되는 다른 메타포들, 가령 번개, 계단, 다리, 구름, 신, 악마 등의 메타포도 제시한다. 차라투스트라는 위버멘쉬라는 기호를 이런 메타포들의 그물망 속에 결코 단단히 '고정'해놓지 않는다. 이 기호를 통해 인간이 최종적인 것으로 보이는 지금 현재 자신의 인간적 상태를 어떻게 극복할 수 있을지를 항상 새로이 발견하기 위한 자극과 동인들을 만들어내는 것이다. 그러므로 위버멘쉬라는 기호는 가르칠 수 있는 것이 아니다. 단지 인간들이 가르침을 기대하기 때문에 차라투스트라는 그것을 우선 가르침으로 제공하는 것이다. 만일 인간들이 인간에 대한 고정된 이해로부터 (가령 '이성적' 존재라거나 '선하고' 도덕적으로 올바른 인간의 관념으로부터) 해방된다면, 그럼으로써 자기 자신뿐 아니라 다른 모든 것도 더욱 자유로운 것으로 이해할 수 있을 것이다. 또 자기 고유의 방향 설정에서도 새로운 활동 여지와 가능성의 공간을 획득할 수 있을 것이다. 그러나 만약 위버멘쉬가 다시 일종의 '유_類', 전형의 개념으로 이해된다면, 여러 종과 개체 가운데 분류될 수 있는 것이 된다면, 그는 다시 '마지막 인간'이 된다. 즉 오직 현재의 다른 인간을 능가하는 인간, 막강하고 위력적이며 지배적 도덕의 관점에서 무자비한 그런 인간이 되는 것이다. 니체는 아마도 의식적으로 계속 이런 쪽의 위험으로 끌고가는 경향을 보였는데, 알렉산더대왕이나 카이사르 혹은 나폴레옹 같은 역사적 인물들을 끌어들인 것도 이와 관련이 있다. 그렇지만 만약 그들이 규범적 이상이라고 한다면, 위버멘쉬는 이미 지나간 것이 될 것이며, 차라투스트라가 자신의 동굴에서부터 불러내는 표식과 같은 것으로 제일 먼저 오는 것이 되지는 않을 것이다. 현재의 인간을 벗어나 앞으로 나아가는 위버멘쉬는 언제나 미래의 어떤 것일 수밖에 없다.

3. 영원회귀

마지막 인간 혹은 소인배는 영원회귀 사유에서 차라투스트라가 역겨움을 가장 심하게 느끼는 대상이다("아, 역겹고 역겹고 또 역겹다!"). 이 구토의 감정이 니체가 이 책에서 차라투스트라를 통해 표현하는 영원회귀 사유의 유일한 내용이다. 영원회귀에 대해 이야기되는 다른 모든 내용은("존재의 수레바퀴는 영원히 굴러간다", "너는 영원회귀의 교사다", "너는 생성의 위대한 한 해가 있다는 것을 가르친다") 이번에도 동물들이 생각해서 만들어낸 후렴 "리라에 맞추어 부르는 노래Leier-Lied"다(《차라투스트라는 이렇게 말했다》 III, '회복하고 있는 자' 2). 차라투스트라는 바로 자신의 위버멘쉬 사유로 인해 영원회귀 사유 앞에서 전율을 느꼈으며, 영원회귀 사유는 그에게 "수수께끼 같은 심오한 사유"가 되었다(《차라투스트라는 이렇게 말했다》 III, '환영과 수수께끼' 2; '거부되면서 오는 지복'). 차라투스트라는 영원회귀의 반개념이나 반가르침을 인간에 대한 고정되고 무시간적인 개념에 대한 반대로 내세웠을 뿐 아니라, 또한 확고하고 무시간적이며, 그래서 형이상학적인 모든 개념 전반에 반대해서 내세웠던 것이다. 물론 이때 마치 '위버멘쉬'를 통해 어떤 뛰어난 인간의 개념이 만들어진 것처럼 보인다면, 차라투스트라도 '같은 것의 영원회귀'라는 사유로 그저 또 하나의 새로운 형이상학을 만들어낸 것처럼 보일지도 모른다. '영원함'과 '같은 것'은 의심의 여지 없이 형이상학의 핵심 개념들이기 때문이다. 영원히 같은 것으로 반복된다고 하는 '모든 것'도 마찬가지다. 이미 칸트가 말한바,

'모든 것'은 그 어떤 경험을 통해서도 결코 포착될 수 없으며, 그래서 초감성적이고 초월적이다. 그러나 인간의 개념에서와 마찬가지로, 니체는 차라투스트라를 이제 시간을 형이상학의 개념 속에 등록해서 편입시킨다. 영원한 회귀를 통해 '영원한 것'은 더 이상 존재가 아니라 '시간'이다. 이 시간 속에서는 비록 모든 것이 같은 것으로 머물러 있을 때도 언제나 이 모든 것은 변하고 있다. 이러한 것으로서의 시간 자체, 이미 파르메니데스가 형이상학의 창시자로서 통찰했으며, 아리스토텔레스가 상세하게 설명한 이 시간에는 역설적인 무언가가 있다. 시간 자체는 자신에 속한 모든 것을 역설화시킨다. 그리고 그토록 단호하게 시간을 배제하고자 했던 형이상학 속으로 니체는 다시 시간을 들여놓음으로써 이제 형이상학을 역설화한다. 같은 것의 영원회귀가 역설인 이유는 한편으로 모순 없이는 가능하지 않은 사유이기 때문이며, 다른 한편으로는 전혀 인식될 수 없는, 즉 인식을 통해서는 가능하지 않은 사유이기 때문이다. 왜냐하면 모든 것이 같은 것으로 회귀한다는 것을 인식하기 위해서는 이전의 회귀를 나중의 회귀와 구별할 수 있어야 할 것이다. 그리고 그렇게 할 수 있기 위해서 이 회귀들은 그 어떤 무엇을 통해, 가령 단순히 회귀의 수에 있어서라도 서로 구별되어야 할 것이다. 물론 그렇게 되면 같은 것은 회귀하지 않을 것이다. 하지만 영원회귀를 인식할 수 있기 위해, 회귀하는 것의 바깥에, 형이상학이 언제나 가정해왔던 순수히 이론적인 관점 혹은 신적인 관점을 취해보면, 이 경우 모든 것이 회귀하지는 않을 것이고, 이 관점만은 그대로 남아 있을 것이다. 이러한 역설화하는 효과로 인해 같은 것의 영원회귀라는 사유 역시 학설일 수는 없지만, 그런 만큼 하나의 선물일 수 있다. 왜냐하면 이 사유와 함께 무시간적으로 보였던 모든 개념이, 즉 우리가 '확고히' 믿어도 좋을 것으로 생각했던 그런 개념들이 역설적이고 형이상학적인 환영으로 드러나기 때문이며, 또한 (혹은 특히) 절대적인 것으로 보이는 관찰자 위치를 취하고, 동시에 스스로와 타자들로부터 무관하게 존재할 수 있도록 하기 위해 스스로에 대해 만들어냈던 소위 개념들 역시 환영으로 드러나기 때문이다. 그래서 영원회귀 사유는 모든 것을, 심지어 자기 자신과 자신의 삶에서 결코 회귀하기를 원하지 않는 것까지도 영원히 회귀하는 것으로 받아들일 것을 요구하는 가운데, 이것을 자기 자신의 현실, 그 심연들에 마주 세운다. 이로 인해 영원회귀 사유는 견뎌내기 어려운 것이 되고, 니체는《차라투스트라는 이렇게 말했다》이전《즐거운 학문》341번에서 다음과 같이 알려주고 있다. "만약 그러한 생각이 너를 엄습하게 된다면, 이 생각은 있는 그대로의 너를 변모시킬 것이며, 아마도 짓누를 것이다. 모든 사람과 모든 사람에게서 '너는 이것을 다시 한 번만이 아니라 무수히 여러 번 겪고 싶은가?'라는 질문은 가장 무거운 중압감으로 자신의 행위에 놓일 것이다! 아니면 너는 이 마지막 확인과 최종 승인 외에는 그 어떤 것도 더 이상 원하지 않기 위해 너 자신과 너의 삶과 어떻게 좋게 지내야 할 것인가?"《차라투스트라는 이렇게 말했다》이후《선악을 넘어서》56절에서도 니체는 '영원회귀 사유'라고 직접 거명하지는 않는 가운데, 말 그대로 '신의 악순환circulus vitiosus deus'으로서의 영원회귀 사유로 다시 한번 되돌아가는 것처럼 보인다. 여기서 니체는 "가장 용감하고 생명력이 넘치며, 세계에 대해 가장 긍정적인 그러한 인간"도 역시 갈망하는 어떤 "연극Schauspiel"에 대해서 이야기한다. 이 연극은 그도 역시 "근본적으로는im Grunde" 더 정확히 말하면, 알려지지 않았고 알아챌 수 없는 그의 깊은 내면에서는 여전히 "필요로 하고, 필요한 것으로 만드는(왜냐하면 항상 다시 필요하기 때문에)" 것이라고 한다. 즉 그것은 자신에 대해 뭔가를 말할 수 있기 위해서 필요한 것이며, 그럼에도 그것들이 근거 없는 거짓 변명에 지나지 않는 것임을 아는, 말하자면 자신의 환영에 지나지 않는 개념들이다. 이렇게 증명하고자 하는 것을 미리 전제하는 것은 '잘못된' 순환(불완전한 원)이다. 이 순환은 자신의 근원을 숨기기 위해 삶에 불가피한 환영들을 논리적으로 불가피한 것으로 증명하고자 한다는 점에서 잘못된 순환이다. 그렇게 가장 포괄적인 최상의 환영으로서 형이상학적인 신 역시 증명되었다는 점에서 신 또한 순환 오류이며, 이것은 신의 전능함이 바로 이 증명 역시 가능하게 만들었다는 또 다른 순환 오류를 동반하고 있다. 같은 것의 영원회귀 사유는 순환 오류를 그대로 (물론 이때 신은 없이) 체험한다. 그러나 니체가 이후 《우상의 황혼》 마지막 부분에서 다시 한번 "디오니소스의 이름으로 불리는 저 경이로운 현상"을 최초로 진지하게 사유한 사람은 자신이라고 언급했을 때, 그는 디오니소스 안에서, 그리고 그리스인이 디오니소스를 숭배하며 거행했던 제식에 이미 영원회귀 사유가 포함된 것을 다음과 같이 통찰했다.

"영원한 삶, 삶의 영원회귀, 미래를 과거에서 약속하고, 미래가 과거 속에 봉헌되어 있다. 죽음과 변천을 뛰어넘는 삶에 대한 당당한 긍정, 생산을 통해, 성적 제식을 통해 계속 이어지는 불사의 전체 삶으로서의 참된 삶". 그리고 이제 스스로를 영원회귀를 "가르치는 자"라고 밝힌다. "나, 철학자 디오니소스의 마지막 제자—나, 영원회귀를 가르치는 자…."(《우상의 황혼》, '내가 옛사람의 덕을 보고 있는 것' 4~5)

여기서도 니체는 문장을 끝맺으며 줄임표를 사용함으로써 개념적인 자기 확정을 다시 문제시한다. 곧이어 《이 사람을 보라》에서 디오니소스적인 것이 자신에 의해 새로이 발견되었음을 또 한 번 언급하면서, 니체는 영원회귀 사유를 다음과 같이 가설적으로 헤라클레이토스의 영향으로 돌린다. "영원회귀의 가르침은 결국 헤라클레이토스에 의해서도 이미 말해진 것일 수 있다."(《이 사람을 보라》, '비극의 탄생' 2~3) 만약 모든 것이 영원히 회귀한다 해도, 심지어 소인배까지 회귀한다 해도 "그럼에도 이것이 현존재에 대한 그 어떤 반증을, 심지어 현존재의 영원회귀에 대한 어떤 반증조차 의미하지 않는다"라는 "'가장 심오한 사유'를 생각해"냈으며, 이 점에서 디오니소스와 유사한 자는 결국 다시 차라투스트라뿐이다 ("그런데 그것은 또 다른 디오니소스의 개념이다"《이 사람을 보라》, '차라투스트라는 이렇게 말했다' 6).

4. 힘에의 의지

마지막으로 니체가 《차라투스트라는 이렇게 말했다》에서도 소개하는 힘에의 의지 '이론' 역시 매우 영향력 있는 반개념이나 반이론으로 이해될 수 있다. 니체는 이 '힘에의 의지' 사유를 "삶 자체"가 삶의 "비밀"로서 차라투스트라에게 알리는 것으로 한다 (《차라투스트라는 이렇게 말했다》 II, '자기극복에 대하여'). 즉 힘에의 의지를 차라투스트라의 가르침으로 소개하지 않고, 자신의 이름 아래 남겨놓는 것이다. 그리고 니체는 '힘에의 의지'가 쇼펜하우어의 페시미즘적 삶에의 의지에 대한 대안으로서 형이상학적으로 해석되는 것을 차라투스트라로 하여금 명시적으로 거부하게 한다. "'현존재에의 의지'라는 말로 진리라는 과녁을 향해 화살을 쏘았던 그 사람은 물론 진리에 명중시키지 못했다. 그와 같은 의지는 존재하지 않기 때문이다! 왜냐하면 존재하지 않는 것, 그것은 의욕할 수 없기 때문이다. 그런데 또 이미 존재하고 있는 것이라면 그것이 어떻게 또 존재하기를 바랄 수 있겠는가!"(《차라투스트라는 이렇게 말했다》, 같은 곳). 힘에의 의지라는 반가르침은 위버멘쉬와 영원회귀라는 반가르침의 경우보다 더욱 심오한 방식으로, 무시간적으로 보이는 개념들의 형성을 불가능하게 하는 방향으로 원래부터 맞추어져 있다. 니체는 힘에의 의지를 통해 형이상학적 환영 바깥의 현실적 실재를 사유하고자 한다. 보편타당하고 무시간적인 개념들의 형이상학적 환영들 자체를 포기하게 되면, 힘에의 의지들(복수형!)은 그대로 남겨진다. 그렇게 되면 모든 것은 서로에게 내맡겨지고, 각각이 모든 나머지 것에 반응하고, 다른 것과 관계를 맺고, 또 그것과 분리되며, 다른 것으로 편입되거나 그것으로부터 배제된다. 또 모든 것은 다른 것에 압도되거나 다른 것을 압도한다. 그렇게 되면 "어떤 것, 어떤 관습, 어떤 조직의 '발전'은 더 이상 '어떤 하나의 목적을 향한 과정'으로 설명되지 않으며, 논리적이고 가장 짧은 과정, 가장 적은 힘이나 비용을 들여 도달하는 과정은 더욱더 아니다. 어떤 무엇의 발전이란 어느 정도는 근본적인 영향을 끼치면서, 어느 정도는 서로 독립적으로 그 자체에서 일어나는 정복 과정들의 연속을 의미한다. 물론 여기에는 매번 이에 반대하는 저항들, 방어와 반작용을 목적으로 시도되는 형식의 변화들, 또한 성공적인 반대 작용들의 여러 결과까지도 포함된다. 형식은 유동적이며, '의미'는 더욱더 유동적이다…"(《도덕의 계보》 제2논문 12).

니체가 남긴 유고 메모에 따르면, 의지 역시 그 자체로 존재하지 않는다. "1. 모든 것은 의지에 반대하는 의지다. 2. 의지라는 것은 없다."(1886/1887년 유고, 5〔9〕) '의지'에 대해 이야기하는 경우는 어떤 것에 대해 다른 사람들이 동의할 수 있는 근거가 문제가 될 때가 아니라, 다른 사람들이 동의하지 않는다고 하더라도 자신을 관철하는 것이 문제일 때다. 이 경우 '의지와 의지가 서로 대결한다'라고 말하는 것이다. 의지에 대한 주장을 통해 니체는 모두에게 '정당한 근거'가 되는 이성의 개념 배후로 들어간다(이러한 시도는 니체에 앞서 쇼펜하우어가 이미 했던 것이다). 관철하고자 하는 의지는 피할 수 없이 싸움에 이르고, 그럼으로써 힘을 통한 결정에 이른다. 즉 어떤 한 의지가 다른 의지에 우세해지는 것이다. 이 때문에 의지는 이미 '힘에의 의지'이며, 또 투쟁들 속에서 힘은 끊임없이 위험한 상태에 놓이기 때문에, 힘은 '힘에의 의지'일 수밖에 없다. 니체에 따르면, 삶에서 힘에의 의지에 따르지 않는 것은 없다. 힘에의 의지와 반대되는 것으로 보이는 이성 역시 마찬가지다. 니체의 견해로 이성이란 결국 정당한 근거를 개진하는 것으로 힘의 투쟁들을 대체하고자 하는 의지에 지나지 않는다. 그 때문에 니체는 《차라투스트라는 이렇게 말했다》 이후 《선악을 넘어서》 13절에서 힘에의 의지에 대한 논의를 방법론적인 토대에서 권장한다. 처음에 그는 생리학자들에게 "과도한 목적론적 원리들에 대해 조심"하라고 충고한다. "원리들의 효율성"을 생각하면, "자기 유지"보다는 "살아 있는 무언가가 자신의 힘을 방출하고자" 한다는 "힘에의 의지"를 이야기하는 것이 더욱 유리하다. "자연의 합법칙성"에 대해서도 역시, 물리학자들이 이에 대해 말했으며, 그로 인해 아마도 또 하나의 도덕적 편견을 담보할 수 있다는 점에서("법칙 앞에서의 항상적 동일성—이 점에서는 자연 역시 우리와 다르지도 않고 우리보다 더 나을 것이 없다") 마찬가지로 비판적으로 문제시할 수 있을 것이다. 가장 효율적이며, 전제를 가장 적게 가지는 가설이란 여기서, 세계가 물론 "하나의 '필연적이고' '예측 가능한' 과정을 거치긴 하지만, 그 이유가 세계 안에 법칙이 지배하고 있기 때문이 아니라 전적으로 법칙이 결여되어 있기 때문이며, 모든 힘은 모든 순간에 자신의 마지막 귀결을 낸다"라는 가설이기 때문이다. 이러한 가설 또한 여기에 포함된다("이 역시 하나의 해석일 뿐임을 전제한다면 [⋯]"《선악을 넘어서》 22). "'힘에의 의지', 그것일 뿐 그 어떤 다른 것이 아니"라는 저 유명한 문구가 들어 있는《선악을 넘어서》 36절에서 니체는 이제 단호해진다. 물론 소위 주저라 불리는《힘에의 의지》편집인들이 최정상의 형이상학적 완결로서 내세우며, 또 많은 해석가가 이를 받아들여 인용하고 있는 힘에의 의지에 대한 한 메모 노트에서와 같은 형이상학적 도그마의 형태가 아니다("이 세계는 힘에의 의지다. 그 외의 다른 것이 아니다!"1885년 유고, 38〔2〕). 그와 달리《선악을 넘어서》 36절에서 니체는 이번에는 매우 신중하게 접속법〔가정법〕을 사용하고 인용부호까지 넣은 가설의 형태로 말한다("세계는 바로 '힘에의 의지'일 수 있을 뿐이며, 그와 다른 것일 수 없을 것이다").《도덕의 계보》에서 니체는 힘에의 의지를 "역사적 방법론의 주된 관점"이나("모든 사건 속에서 일어나는 어떤 힘-의지의"《도덕의 계보》제2논문 12) 그저 단순한 "이론"으로보다는 훨씬 더 엄밀하게 파악한다. 여기서 문제의 핵심이 되는 것은 항상 의지들과 의지들의 투쟁이기 때문에 '힘에의 의지' 가설은 복수성(다원성)에 대한 니체의 정식이기도 하다. 또 해석들 역시 힘에의 의지로부터 출발하기 때문에("힘에의 의지는 해석한다", "사실 해석이란 그 무엇에 대한 주인이 되기 위한 수단 차체다" 1885/1886년 유고, 2〔148〕), 그의 해석의 철학에 대한 하나의 정식이기도 하다. 그리고 세계는 "무한한 해석을 자신 안에 포함하고 있기 때문에"(《즐거운 학문》 374번) 니체의 다관적 철학에 대한 정식이기도 하다. 이렇게 힘에의 의지는 니체 철학 전반의 대표 개념이 될 수 있었다. 힘에의 의지는 개념들의 시간화Verzeitli-chung에 대한 기호 자체이며, 인식 불가능한, 그리고 논리적으로는 오직 모순적으로만 파악할 수 있는 것에 대한 기호다.

니체는 인간의 방향 설정에 필요한 급진적인 탈환영화 작업을 마무리하면서 최종적으로는 하나의 큰 긍정으로 이끌어간다. 가치 전환과 새로운 방향 설정은 먼저 긍정할 때, 즉 새로운 가치와 지평들을 그 출발점으로 제시할 때 비로소 설득력 있는 시도가 된다. "현실"을 "무거움의 정신"으로부터 "해방"하는 것, 환영적인 도덕으로 인한, 그래서 삶에 적대적이 된 도덕으로 인한 삶의 부담에서 벗어나는 것, 이것이 의미하는 바는 오직 "현실 속으로 깊이 파고 들어가는 것"일 수밖에 없으며(《도덕의 계보》 제2논문 24), 또 하나의 새로운 "생성의 무죄" 속에서(《우상의 황혼》, '네 가지 중대한 오류' 7) 즐거워하며 놀이하는 아이들이 어떻게 그것을 보여주고 있는지를 드러내야 하는 것이었다. 니체의 긍정은 비판을 거두어들이는 것을 의미하지 않으며, 비판과 모순되지도 않는다. 니체의 긍정은 비판을 포함한다. 니체는 매우 '강한 반개념들', 즉 위버멘쉬, 영원회귀, 힘에의 의지도 긍정하는 개념으로 제시한다. 이 개념들보다 좀 더 많은 논쟁거리가 되는 것은 유럽과 세계 전체에 대한 정치적 구상들인데, 이 또한 니체 자신의 비판적 태도에서 나온 것이며 오늘날까지도 많은 내용이 그 매력적인 색채를 잃지 않고 있으며, 또 많은 내용이 점점 도발적인 효과를 내고 있다. 니체의 정치적 구상들은 놀랍게도 의외의 방식으로 '아모르파티', 즉 '운명애'의 인식론적이고 윤리학적 지평과 밀접하게 연결되어 있다. 이런 점에서 아모르파티로부터 그의 정치적 구상도 이해할 수 있다.

니체는 자신의 "방식"을 "간접적으로만, 의도치 않은 경우에만 모순이나 비판과 연결되며", 무엇보다 "긍정하는" 방식이라 칭했다 (《우상의 황혼》, '독일인에게 부족한 것' 6). 니체는 그 어떤 유보 조건 없이 있는 그대로의 삶을 긍정하고자 했다. 그러나 각각의 모든 긍정은 부정하기도 한다. 즉 니체가 볼 때, 긍정에는 항상 이와 대립되는 부정들이 있다. 니체는 《이 사람을 보라》에서 이전의 저작들을 되돌아보는데, 여기서 자신이 《차라투스트라는 이렇게 말했다》에서 새로운 가치를 가진 새로운 전형을 제시한 후, 바로 이 책《차라투스트라는 이렇게 말했다》를 통해 "자신의 과제에서 긍정하는 부분이 해결되었다"라고 말했다. 《선악을 넘어서》에서는 "이 과제 중에서 아니라고 말하고, 부정의 태도를 행동으로 보여주는 나머지 부분이, 즉 지금까지의 가치 자체에 대한 가치 전환, 위대한 전쟁—그 결정의 날에 대한 다짐"(《이 사람을 보라》, '선악을 넘어서' 1)이, 즉 삶의 무죄를 긍정할 수 있는 능력을 지닌 자가 누구인지 결정의 다짐이 등장할 차례가 되었다. 긍정하기로 결정하는 것은 부정하지 않기로 결정하는 것이며, 삶의 생생함을 이론과 도덕을 통해 부정하는 것에 반대하는 결정이다. 그러나 이런 종류의 부정 Neinsagen을 부정하는 것, 이것은 두 번 부정하면 곧바로 다시 긍정이 되는 단순한 어떤 논리적 대립과는 다르다. 이것은 실존적 대립이다. 니체는 자신이 행하는 부정의 성격에 대해 다음과 같이 말한다. "나는 지금까지 한 번도 행해진 적이 없는 반박의 방식으로 반박한다. 그럼에도 나는 부정하는 정신과는 반대되는 것이다."(《이 사람을 보라》, '나는 왜 하나의 운명인가' 1) '부정하는 정신'은 습관적으로 아니라고 말하며, 자신이 처한 삶의 조건들에 대해 아니라는 말밖에 하지 못한다. '부정하는 정신'은 삶의 조건들이 영원히 회귀하는 것을 원할 수 있는 능력이 없다.《도덕의 계보》에서 니체는 (오이겐 뒤링을 언급하면서) 이 부정하는 태도를 "르쌍티망의 정신"이라는 개념으로 표현했다(《도덕의 계보》제2논문, 11). 즉 르쌍티망은 삶에 대한 거부의 태도로서, '자신에게 나쁘게 끝난 것'에 대한 계속적인 복수심에서 생겨난 것이다. 니체에 따르면 삶을 거부하는 이러한 태도를 떠받치고 있는 가장 강력한 버팀목이 바로 형이상학과 기독교다. 르쌍티망을 부정하는 것은 르쌍티망이 부정하는 것과는 다르다. 전자의 경우, 더 이상 그 어떤 이론이나 도덕도 필요로 하지 않으며, 그 무엇을 주장하거나 그 무엇의 요구에 따를 필요도, 반박에 대해 더 이상 말할 필요도 없다는 점에서 '주권적 삶'의 표현이며, 르쌍티망의 부정적 태도와는 완전히 다른 것이다. '주권적 삶'은 어떤 종류의 르쌍티망도 필요로 하지 않으며, 다른 것들이 르쌍티망과 함께 올 경우에는 이것들을 자신에게서 그냥 스쳐 지나가게 하고, 그럼으로써 니체의 표현에 따르면 (부정을 주장하거나 원하는 것이 아니라) "행동을 통해 부정한다Nein-tun"(《선악을 넘어서》208절). 이러한 긍정하는 "거부Neintun"(거부의 실천)는 《이 사람을 보라》, '나는 왜 하나의 운명인가' 2) 다시금 모두에게 동일하게 적용되는 도덕의 가치나 규범으로는 표현할 수 없다. 긍정하는 거부는 스스로를 보여주는 가운데 가치 규범의 표현이나 공식화를 불필요하게 만든다. 그렇게 되면 이러한 '아모르파티'라는 긍정으로 인해 우리는 "그 어떤 것도 달리 원하지 않는다"(《이 사람을 보라》, '나는 얼마나 총명한가' 10).

1. 니힐리즘

니체의 긍정, 그 시작에는 니힐리즘의 긍정이 있다. 종교의 쇠락과 함께, 그리고 철학적 의미로 볼 때 모든 가치의 시간화, 즉 시간적 일시성을 동반하게 되어 있는 진화론이 등장하면서 이제 형이상학적 토대에 의해 유지되었던 기독교적 가치들의 가치만이 상실된 것이 아니다. 그와 동시에 이 가치들 자체가 수천 년 이래로 삶의 가치를 무가치하게 만들어왔다는 점 역시 드러났다. 이제 (이미 18세기부터 여러 다른 의미로 사용되어온 용어인) 니힐리즘이 니체에게 의미하는 바는 "최고의 가치들이 탈가치화된다는 것"(《안티크리스트》 5; 1887년 유고, 9(35)), 그럼으로써 여러 최고 가치에는 이미 항상 '무nihil'(허무)가 있었으며, 그 가치들은 최고의 가치들이 아니었다는 것이 분명해진다는 것이다. 니힐리즘의 내용에 관한 니체의 언급은 출판된 저작보다 유고 메모에 더 많이 남아 있다. 니체는 자신의 솔직하고 가차 없는 폭로 행위를 통해 탈가치화의 과정이 가속화되기를 기대했다. 아니, 이 과정이 심지어 폭발적인 효과를 불러일으키기를 기대했다("나는 다이너마이트다"《이 사람을 보라》, '나는 왜 하나의 운명인가' 1). 니체는 궁극적 토대에 대한 추구, 궁극적 확실성에 대한 추구로부터 뛰쳐나왔다.

《선악을 넘어서》10절에서 니체는 이것을 "진리에의 의지"로 "결국은 한 줌의 '확실성'을 한 마차 가득한 아름다운 가능성들보다 여전히 선호하는", "형이상학자의 상실된 지위에 대한 공명심"으로 이끌고 간다. "심지어 양심에 대한 청교도적 광신자들 역시 있을 수 있는데, 이들은 불확실한 그 무엇보다는 확실한 무를 위해 죽는 것이 더 낫다고 생각하는 사람들"이라고 니체는 말한다. 그러므로 니힐리즘은 자신의 방향을 찾기 위한 힘과 방향 설정에서 어쩔 수 없이 동반되는 불확실성에로 과감히 나아갈 용기를 잃어버린 채 "절망하며 완전히 지쳐 있는 어떤 인간 내면의 증상"이다. 그러므로 니힐리즘은 심리학적으로는 그 정도로 나약해진 인간들이 기꺼이 종속될 수 있는 도덕들에 좋은 기회가 되고, 역사적으로는 형이상학화한 기독교, 즉 "인류가 지금까지 귀 기울여왔던 도덕적 주제에 대한 가장 극단적인 표현"(《비극의 탄생》, 서문 5)으로서의 그 기독교에 좋은 기회가 되는 것이다.

기독교는 나약한 자와 "열등하게 평가받는 자들"의 도덕으로서(오직 그들을 위한 도덕으로서) "처음부터, 본질적이고 근본적으로 삶에서 느끼는 삶의 구토와 권태였다. 이것이 '또 다른' 혹은 '더 나은' 삶에 대한 믿음으로 변장했을 뿐이다. 그래서 이 믿음 아래 숨어 있었을 뿐이며, 이 믿음으로 치장했던 것뿐이다. 이 '세상'에 대한 증오, 정욕에 대한 저주, 아름다움과 감각성으로부터의 도피, 이 현세를 좀 더 잘 비방하기 위해 고안된 피안, 하지만 사실은 무에 대한 갈망, 즉 끝과 안식에로의 갈망, '안식일 중의 안식일'로의 갈망, 이 모든 것은 단지 도덕적인 가치들만을 가치 있는 것으로 여기는 기독교의 저 무조건적인 의지와 마찬가지로, '몰락에의 의지', 최소한에의 의지가 가지는 모든 가능한 형식 중 가장 위험하고 가장 무시무시한 형식으로서, 적어도 삶에서 겪는 극도의 질병, 피로감, 불쾌함, 피로, 빈곤의 징후로 다가온다"(《비극의 탄생》, 서문 5). '유럽의 니힐리즘'이라는 제목의 메모에서 니체가 쓴 바에 따르면, 기독교는 "실천적이고 이론적인 니힐리즘에 대한 가장 강력한 처방제"이고자 했지만, 사실은 이런 성격의 니힐리즘을 더욱 심화시켰다. 유럽의 니힐리즘은 유럽 문화 전반에 확산되었고, 그 토대와 심연이 계보학적으로 밝혀졌음에도 이제 더 이상 제거될 수 없는 '도덕-해석'에 대한 필요성을 유럽 문화에 스며들게 했다. "니힐리즘이 지금 등장한 이유는 삶에 대한 무의욕이 이전보다 더욱 커졌기 때문이 아니라 고통 속의, 아니 현존재 자체의 그 어떤 '의미'에 대해서도 신뢰할 수 없어졌기 때문이다. 해석이 이제 사라진 것이다. 그러나 이 해석은 해석으로서 통용되었던 것이기 때문에 마치 현존재에 그 어떤 의미도 없는 것처럼, 마치 모든 것이 덧없는 것처럼 보인다." 이 사실을 깨달은 바로 그 사람에게 이것은 "우리를 가장 무력하게 만드는 사상"이 된다. 가령 놀림을 당하고 있지만, 자신을 놀리지 못하게 하려면 할 수 있는 일이 아무것도 없다는 사실을 깨달을 때와 마찬가지 상황이다. 그러므로 우리는 니힐리즘을 긍정함으로써만 니힐리즘을 극복할 수 있다. 만약 19세기 말의 유럽에서와 같은 그러한 위기 상황이 다소 완화

되면, "능동적 니힐리즘은 쉬워질 것이다. 아마도 이제는 영원회귀 사유나 이에 따른 삶의 실험에 마주할 수 있는 능력도 가질 수 있을 것이다. 하지만 니체에 따르면, 그것은 아마도 더 이상 필요하지 않았을 수도 있다. 만약 그 자체로는 메타포적으로 구상된 영원회귀까지도 "극도의 신조들" 중의 하나로 받아들일 수 있는 한, "가장 강한 자들"이란 바로 이 사유가 전혀 필요치 않으며, "상당 부분의 우연, 무의미를 인정할 뿐 아니라 더 나아가 사랑하는 자들이며, 자신의 가치가 현저히 경감되었지만 그 때문에 스스로 보잘 것없거나 나약해지지 않는 인간을 상상할 수 있는 그러한 자들이다. 또 그들은 건강함을 가장 많이 소유한 자들, 즉 거의 모든 불행에도 버텨낼 수 있을 정도로 성숙하며, 그래서 불행 앞에서도 별로 두려워하지 않는 자들이다.— 이들은 자기 자신이 지닌 힘을 확신하며, 구해서 획득한 인간의 힘을 의식적인 자부심으로 나타낼 수 있는 인간이다"(1886/1887년 유고, 5〔71〕). 주권적 방향 설정을 할 수 있는 인간은(앞에서 언급했듯이 니체가 모범으로 삼은 인물은 괴테다) 영원회귀 사유라는 교량을 통하지 않고도 현존재를 긍정할 수 있을 것이다.

2. 데카당스

어떤 한 시대의 문화에서 니힐리즘이 나타날 때, 니체는 이것을 '데카당스'라고 칭하고 있는데, 이와 관련된 구절은 특히

1888년에 쓴 글들에 주로 등장한다. 데카당스라는 개념은 니체가 1883년에 출판된 폴 부르제의 《현대심리학 시론》에서 가져왔지만, 이 책 외에 다른 역사서나 의학서들 역시 이 개념을 사용하는 데 더욱 강한 확신을 주었다. 니체는 데카당스를 "몰락하는 삶niedergehendes Leben"이라고 번역했다(《바그너의 경우》, '후기' 등). 데카당스는 그 당시의 예술, 특히 프랑스와 러시아 문학에서, 그리고 특히 니체에게는 바그너의 음악을 통해 유혹적인 매력을 보여주었다. 1886~1889년에 프랑스에서 발간되었던 독자적인 성격의 잡지 《르 데카당Le Décadent》은 도취, 비정상, 이국적인 것, 파멸에의 욕구를 통한 시민적 도덕의 붕괴를 조성하고 확산시켰다. 데카당스가 이제 막 시작한 현대에서의 니힐리즘이라는 시대적 진단은 정확한 것으로 입증되고 있었다. 물론 이때 니체는 데카당스의 도덕적, 심미적 의미보다는 생리학적 측면을 더 강조했다. "인류의 근본적 본능으로부터 이 정도로 총체적인 일탈이 일어난다는 것, 가치평가에 있어 이 정도로 총체적인 데카당스가 나타난다는 것, 이것은 진정한 의미의 물음표이며, '인간'이라는 동물이 철학자에게 던지는 본래적 수수께끼다."(1887/1888년 유고, 11〔227〕) 니체는 본능들이, 즉 오랫동안 훈련을 받아온 무의식적인 것이 되어버린 삶의 조절장치들로서 본능들이 이제 한데 뒤엉켜 무너졌으며, 이제 우리는 이 본능을 이겨내고 도덕 속에서 행운을 찾아보아야 하는 것이라고 이 데카당스 현상을 해석한다(《우상의 황혼》, '소크라테스의 문제' 11 참조). 니체의 메모에 따르면, 데카당스는 "그 자체로 반대할 수 있는 것이 아니다". "데카당스는 상승이 일어나면 또한 동시에 몰락할 수밖에 없는 삶에 있어서 이 삶과 삶의 성장에 따른 필연적인 귀결이다."(1888년 유고, 14(75)) 니체는 이렇게 데카당스 역시 그 자체로, 자신의 철학함을 위한 자극으로써 긍정한다. 니체는 이전에 1887/1888년 유고에서는 다음과 같이 말한 적이 있다.

"(나는) 유럽 최초의 완벽한 니힐리스트다. 하지만 니힐리즘 자체를 이미 자신 안에서 그 끝까지 겪어본 니힐리스트다. 이 니힐리스트는 니힐리즘을 자기 뒤에, 자기 아래, 자기 바깥에 두고 있다…."(1887/1888년 유고, 11(411))

그런데 1888년에는 다음과 같이 말한다.

"나는 바그너와 다를 바 없이 이 시대가 낳은 산물이다. 즉 데카당, 몰락하는 자라고 말하고 싶다. 물론 내가 이 사실을 안다는 것만 제외하면, 그리고 내가 그에게 저항하고 있다는 사실만 제외하면 말이다. 내 안에 있는 철학자가 데카당이길 거부하고 있다."(《바그너의 경우》, '서문')

나아가 "내가 데카당이라는 점만 제외하면, 나는 데카당의 반대자이기도 하다. 그 증거를 한 가지만 들자면, 그것은 나의 경우 본능적으로 열악한 상황에서는 항상 적절한 방법을 선택한다는 것이다. 반면 데카당은 항상 자신에게 불리한 방법을 선택한다"(《이 사람을 보라》, '나는 왜 이렇게 현명한가' 2). 니체는 자신을 데카당이자 동시에 데카당에 대한 실존적인 반대자라고 생각한다.

3. 삶의 충만함

니체가 이해한 바에 따르면, 자신의 사유 안에서 스스로 극복되는 데카당스는 좀 더 확장된 삶의 개념을 필요로 했다. 니체가 더욱더 강하게 강조하는 삶이란, 삶의 여러 가능성에 있어서, 또 인식의 관점들과 행위의 관점들에 있어 "빈곤"하면서 "풍부"할 수 있고 "빈약"하면서 "넘쳐날" 수 있다. 삶이 자신의 다양함을 제대로 펼쳐낼 수 없게 될수록, 즉 이 다양성을 단일적인 것, 보편타당한 것, 평균적인 것에 제한해야 할수록 그만큼 삶은 빈곤해진다. 니체가 보기에 "생존 투쟁" 속에서의 "자기 유지" 역시 이 경우에 속하는 것이다. 그에 따르면 자기 유지란 위기 상황 중의 "그저 한 가지 예외에 지나지 않는" 반면, 〔자연적〕 원칙은 "넘쳐나는 충만함, 낭비다. 그것도 터무니없이 지나칠 정도로 말이다"(《즐거운 학문》349번). 유럽의 "예술과 인식"이 가장 포괄적으로 삶에 적대적인 형이상학과 도덕들을 만들어냈다는 것은 퇴락한 삶으로부터 초래된 것이라 할 수 있다. 또한 "고정화시키고 영원하게 만들고자 하는 갈망, 즉 존재에 대한 갈망"과 함께 "파괴와 교체, 새로운 것, 미래, 생성에 대한 갈망" 역시 그렇게 되도록 이끌었을 것이다. 어떤 경우에는 쉴 새 없는 교체와 항상 새로운 것을 견뎌내지 못하고, 또 다른 경우에는 모든 것이 전체적으로 원래 그대로 머물러 있는 것을 참지 못한다. 두 경우 모두 "모든 것에서 일종의 복수"를 한다. "사물들에 자신의 상을, 자신이 겪은 고문의 상을 찍어 누르고, 끼워 맞추고, 달구어 새긴다." 그러면서 "자신으로부터의 해방"을 구한다. 그러나 고통을 주는 것은 "삶의 퇴락화" 때문만은 아니다. "삶의 충만함"에서도 고통을 받는다. 넘쳐나는 창조의 가능성들로부터 무언가를 실현해내거나 얻어내지 못할 때, 또 그러한 삶의 충만함을 공유할 수 있거나 적어도 전달해줄 수 있는 누군가를 발견하지 못한다면 말이다. 차라투스트라는 바로 이 누군가에 대한 전형으로 니체가 등장시킨 인물이었다. 그럼에도 바로 이러한 충만한 자들만이 "삶에 대한 비극적 견해와 통찰"을 가질 것이다. 삶의 현실들을 미화할 필요 없이 강하고 냉철하게 직시하는 시선을 가질 수 있을 것이다. 새로운 시대에 모두를 위한 새로운 삶의 가능성과 새로운 생존 가능성들이 발견되는지 아닌지의 여부는 그러한 자유로운 시선에 달려 있다. 존재에 대한 갈망이 이러한 삶의 충만으로부터, "또 충만한 삶에 대한 감사와 사랑으로부터" 생겨난다면, 그 결과물은 철학이 되기보다는 "언제나 찬미의 예술이 될 것이며, 아마 루벤스처럼 주신 찬가적이고, 혹은 [페르시아의 시인] 하피스처럼 자조적이며, 괴테처럼 밝고 온화할 것이고, 호메로스적인 광휘와 후광을 그 모든 것 위로 널리 비출 것이다". 물론 이런 예술들은 이미 존재했다. 그러나 니체는 그러한 삶의 충만함으로부터 '생성'에 대한 갈망이 생겨나는 경우는 아직 보지 못했다. 니체는 그것을 장차 도래할 어떤 철학을 위해, 즉 "디오니소스적 페시미즘"(《즐거운 학문》 370번)을 위해 유보했다. 그것은 존재와 생성을, 영원화와 파괴를, 무시간성과 시간을 함께 긍정할 수 있는 사유일 것이다. 왜냐하면 이것들은 완전히 서로 다른 필요성과 욕구로부터 나온 것이기 때문이다. 이러한 사유는 최종적으로 고정할 필요 없이 변화하는 삶의 위기들 속에서 이 삶을 그때그때의 다양한 방식으로 이해할 수 있는 철학함의 방식이다. 그래서 이러한 철학은 지금까지 가장 섬뜩하고 심오한 통찰에까지 준비가 되어 있으며, 또 이를 긍정할 수 있을 것인데, 그 통찰이란 선과 함께 항상 악도 자라날 수밖에 없다는 것이며, 인류가 '개선'될 수 있는 존재라고 한다면 인류는 그와 동시에 악화될 수도 있다는 것이다. 넘쳐나는 풍부한 삶으로부터 생겨나는 선(좋음)을 향한 힘이란 어쩔 수 없이 지배적인 도덕을 벗어나게 되고, 그럼으로써 이 도덕에 그러한 힘은 곧 악을 향한 힘이 되기 때문이다. 선과 악은 우리가 도덕적 편견에만 사로잡히지 않는다면, "하나의 뿌리에서 자라나는 것이다". "선한 행위와 악한 행위에 본질적인 차이가 존재하는 것은 아니다. 기껏해야 정도의 차이만 있을 뿐이다. 선한 행위는 악한 행위가 승화된 것이다. 악한 행위는 선한 행위가 거칠어지고 우둔해진 것이다."(《인간적인 너무나 인간적인 I》107;《차라투스트라는 이렇게 말했다》I, '산허리에 있는 나무에 대하여') 사실 유럽인들, 특히 독일인들은 지난 몇 세기 동안 철학적·교육적 기획을 통해 점점 더 개선되었지만, 그와 함께 너무나도 냉혹한 방식으로 조직화를 이루어 수백만 명을 살육할 정도로 나쁜 행위도 서슴없이 행할 수 있게 되었다. "열등하게 평가받는 자들"이 일찍이 도덕을 통해 '개선'된 후 도덕의 미몽에서 한번 깨어나게 되면, "이제 이들 쪽에서 권력을 갈구하며 강한 자

들(뛰어난 자들)로 하여금 스스로의 사형 집행인이 되라고 강요"하
는 것에 니체는 전율을 느꼈다. 그것은 모든 니힐리즘의 시대에서
"모든 현존재가 자신의 '의미'를 상실한 후, 아니라고 하는 부정의
행동이다"(1886/1887년 유고, 5〔71〕). 니체는 이에 대해 더 이상 출
판된 글을 통해 공개적으로는 말하지 않았다. "우리 중 가장 용감
한 자라 해도, 자신이 원래부터 알고 있는 것에 대해 용기를 가지
기는 어렵다…."(《우상의 황혼》, '잠언과 화살' 2)

4. 위계

니체는 충만하고 넘쳐나는 삶의 기준을 '정신 능력'의 많고 적
음에서 찾았는데, 여기에는 방향 설정 능력, 판단 능력, 수행 능력
이 속하는 것으로 보았다. 이런 능력들에서는 하나의 위계가 생겨
난다. 위계는 그리스나 로마 같은 귀족사회에서는 전적으로 '자연
스러운' 것이었다. 하지만 기독교 도덕과 함께 근대의 도덕이 인간
의 평등을 점점 더 강하게 주장해오면서 위계에 대한 일반적인 동
의는 점차 사라졌다. 니체에 따르면, 기독교는 "인간과 인간 사이
에 엄청나게 다양한 위계와 그 위계들 사이의 차이가 존재한다는
입장을 적극적으로 반대했으며, '신 앞에서의 평등'이라는 말로 지
금까지 유럽의 운명을 다스려왔고, 그 결과 마침내 왜소화된, 우
스꽝스럽다고까지 할 수 있는 어떤 종이, 어떤 무리 동물이, 친절
하고 병약하고 평균적인 그 무엇이 사육되었다고 한다. 그러한 인

간들이 바로 오늘날의 유럽인이다…"(《선악을 넘어서》62). 하지만 동시에 현대는 사회의 기능적 분화 경향에 따라 점점 더 개체들의 능력과 안목, 개체들 사이의 경쟁을 요구했고, 그 때문에 개체들에게 자기실현을 추구할 가능성의 여지를 점점 더 많이 제공했다. 그리하여 이제 개체들은 서로 다르면서도 동시에 똑같은 존재들이어야 한다. 즉 각자의 능력과 안목에서는 서로 다르지만, 도덕적 판단에서는 같아져야 (그리고 점점 더 같아져야) 하는 것이다. 니체는 도덕적 평등 이론에 반대하면서, 인간들 사이에 계속 존재하고 있으며, 피할 수도 없고 없어서도 안 되는 위계에 주의를 환기시키고자 했으며, 그 때문에 이 위계를 도덕적으로 배척하는 경향 자체를 자신이 제기해야 할 고유한 문제로 삼았던 것이다. "나는 보통 선거의 시대, 즉 누구나 모든 사람과 모든 것의 행동을 판결할 수 있는 시대에 위계를 다시 회복해야 할 강한 필요성을 느낀다."(1884년 유고, 26〔9〕) 니체는 위계를 긍정한다. 하지만 개인주의를 긍정하는 것은 아니다. "나의 철학은 위계를 따른다. 개인주의적 도덕에 따르는 것이 아니다."(1886/1887년 유고, 7〔6〕)

니체는 이미 생리학적인 것에서 위계가 존재하는 것으로 보았다. 위계는 "낮은 단계와 높은 단계의 기능들의 차이, 즉 조직들과 충동들의 위계와 함께 시작하는 것인데, 이것은 명령하는 자와 이에 따르는 자를 통해 나타난다". 따라서 "윤리학의 과제"는 이 위계를 부인하는 것이 아니라 "'높은 것'과 '낮은 것'의 ('중요한, 본질적인, 필수 불가결한, 대체 불가능한' 등의) 생리학적 위계로서의 가치 차이"를 분석하되, 위계가 어느 정도까지 불가피하게 윤리학에 깊숙이 관여하는가에 기준을 두고 분석하는 것이라고 보았다 (1884년 유고, 25〔411〕). 왜냐하면 도덕이란 "인간적 충동과 행위들에 대한 평가이자 그것들의 위계"에 다름 아니기 때문이며, 원칙적으로 "어떤 공동체와 무리들의 욕구에 대한 표현, 다시 말해 그들에게 가장 이로운 것이, 또 두 번째와 세 번째로 이로운 것이 모든 개개인에게는 사실 가치에 대한 최상의 척도이기도 하기" 때문이다. 그럼에도 "서로 매우 상이한 도덕들이 있었다. 그리고 무리와 공동체, 국가와 사회에서 곧 일어날 근본적인 변형과 관련해, 앞으로도 궤를 매우 달리하는 도덕이 새로 등장할 거라고 예견할 수 있다"(《즐거운 학문》 116번). 그러므로 도덕철학자들은 도덕 자체를 위해서라도, 도덕이 새로운 시대에 새로운 모습으로 바뀔 수 있기 위해서는 "현재를 다스리고 있는 지배적 위계"를 벗어나야 할 것이다. 하지만 그렇게 되기에는 대부분의 도덕철학자에게 "한편으로는 역사적 감각이 부족하고, 다른 한편으로는 현재적인 것을 영원히 타당한 것이라 가르치는 도덕의 지배에 오히려 그들 자신이 종속되어 있다"(1885년 유고, 35〔5〕). 니체는 이런 식으로 모든 것을 위계의 문제로 몰고간다. 이 위계의 문제를 수천 년 동안 일어난 오래된 도덕적 강제 전반과 대립시켜보는 것, 이것이 철학자를 철학자로 만든다고 한다. 아마도 이들 철학자의 위계 역시 위계 문제로부터 다른 모든 문제를 파악해낼 수 있는 능력에 따라 정할 수 있을 것이다. 그러나 그렇게 할 수 있기 위해서는 풍부하고 철저한 자신만의 삶의 경험이 반드시 필요할 것이다. "너무나 가지각색으로 나타나면서 상반되는 불행과 행복의 상황들을 심신으로 직접 겪어야 했던" 사람들, 이들은 마침내 다음과 같이 말할 수 있을 것이다. 아니 말할 차격이 있을 것이다. "여기 긴 사다리가 있다. 우리가 그 디딤판에 앉아 있다가 올라온 것이다.— 우리 자신이 언젠가 이 사다리였다! 여기 좀 더 높은 곳, 좀 더 아래, 우리 아래 있는 것, 엄청나게 긴 등급, 위계, 우리가 보는 것 — 이것은 우리의 문제다!"《인간적인 너무나 인간적인 I》, 서문 7) 니체의 유고에 따르면, 이것은 "당연히 기존의 모든 사회 규칙과는 멀리 떨어진" 위계질서의 문제다(1886/1887년 유고, 5〔71〕). 이 위계는 그보다 훨씬 더 깊숙이 "내면 정신의 상태들"의 위계에 놓여 있는데, 문제들의 위계는 이 상태들의 위계에 따른다. 이때 제일 위쪽에 놓인 문제들은 스스로 소유하는 정신성의 높이와 힘을 통해 이 문제들을 해결하도록 예정되어 있지 않은 채, 자신들에게 접근하는 모든 자를 냉정하게 거부한다. 최고의 문제들에서는, 개별적으로 습득되고, 잘 관리되었으며, 계속 이어져 체화되었음이 분명한 미덕들이 그 가치를 발휘한다. 이 미덕이란 가령 철학자에게서는 "사유의 대담하고 가볍고 유연한 활동과 흐름"뿐 아니라 "무엇보다도 위대한 의무들에 대한 준비된 자세, 지배자의 눈매와 내려다보는 시선의 위엄, 대중으로부터 또 대중의 의무와 미덕으로부터 벗어나 있다는 감정, 또 그것이 신이든 악마든 오해받고 비방당하는 그 무엇을 겸손하고 성실한 태도로 보호하고 변호하는 것, 위대한 정의를 즐거워하고 훈련하는 것, 명령의 기술, 의지의 광대함, 드물게 감탄하고 드물게 올려다보고 드물게 사랑하는 느린 시선…"《선악을 넘어서》 213) 등이 될 것이다. 그래서 "인간과 인간 사이의" 위계는 이미 "도덕과 도덕 사이의" 위계이기도 한 것이다(《선악을 넘어서》 228). "어떤 한 인간의 내면에서 어떤 종류의 감정들이 가장 빨리 깨어나 말을 하고 명령을 내리는가, 이것이 그가 지닌 가치의 위계 전체를 결정하며, 결국 그의 재산 목록을 확정한다."(《선악을 넘어서》 268) 니체는 다른 곳에서 말한다. "위계와 관련된 첫 번째 물음"은 "어떤 사람이 혼자이기를 얼마나 좋아하는지, 아니면 무리 속에 있기를 얼마나 좋아하는지와 관계 있다. 후자의 경우 그의 가치는 자신의 집단, 자신과 같은 유형의 존속을 보장하는 특성들에서 찾을 수 있고, 전자의 경우 그를 두드러지게 하고 고립시키고 방어하며 혼자임을 가능하게 하는 그런 특성들에 있다." 물론 "두 경우 모두 필요하다. 이들의 대립 역시 필요하다"(1887년 유고, 10〔59〕). 이 두 타입은 서로 견주어 비교되거나 '평가될' 수 없으며, 그래서도 안 된다. 왜냐하면 그들은 불가피하게 상이한 관점들을 따르기 때문이다. 위계는 불가피하게 상이한 관점들 내의 각각의 등급에 따라 달리 나타난다. 위계에 대한 어떤 보편적 이해, 그어떤 보편적으로 타당한 개념도 있을 수 없다. 니체 역시 위계에 대한 자신의 이해만 가질 수 있을 뿐이다.

5. 차이의 파토스

니체는 인간과 도덕의 위계에 대해서는 그 어떤 보편타당한 개념이 있을 수 없다는 주장과 함께 이에 대한 자신의 긍정 개념으로서 "차이의 파토스"를 말한다(《선악을 넘어서》 257). 고대 그리스어로 '느낌, 경험, 고통을 겪음, 열정' 등의 의미를 지니는 '파토스Pathos'는 개념에 대한 부정이며, 라틴어 어원으로 '서로 떨어져 있음, 거리, 다름'을 의미하는 '차이'는 개념 아닌 차이, 개념상의 차이가 아닌 차이다. 니체는 이런 종류의 차이에 대해 '뉘앙스'라는 단어를 사용하기도 한다. 뉘앙스는 개념으로부터 벗어나 있는 것이며, 그래서 어떤 개념으로도 뉘앙스를 대신할 수 없다("나는 하나의 뉘앙스다"《이 사람을 보라》, '바그너의 경우' 4). 차이의 파토스는 결코 고정불변하는 것이 아니다. 니체가 말하는 바에 따르면, 차이의 파토스는 "인간 영혼의 내면에서 항상 새로이 차이를 넓혀 가는 가운데 점점 고양되고 점점 더 희귀하며, 더욱 멀리 떨어져 있고, 더욱 팽팽하고, 더욱 방대한 상태들이 형성되는 과정으로서" 경험되는 것인데, 바로 이러한 과정이 다른 종류의 도덕들을 가능하게 하며, 그럼으로써 '인간'이라는 유형의 고양", 즉 "계속적인 '인간의 자기극복'을 가능하게 할 것이다"(《선악을 넘어서》 257;《차라투스트라는 이렇게 말했다》 II, '자기극복에 대하여' 참조). '차이의 파토스'는 또한 탁월함에 대한 개념이다. 탁월함이란 그 어떤 허영심 없이 자신의 기준에 따라 자신의 가치를 의식하는 것(《선악을 넘어서》 261), "등급에의 본능", "경외의 미세한 차이들, 뉘앙스에서 느끼는 쾌감"(《선악을 넘어서》263), "모두에 대한 의무, 이에 대한 우리의 의무를 과소평가할 생각을 하지 않는 것, 자신의 책임감을 나누어주려 하거나 공유하려 하지 않는 것, 자신의 특권과 이 특권의 실행을 자신의 의무로 여기는 것"(《선악을 넘어서》272)이지만, 또한 "자신과 같은 높이에" 있지 않은 타인에 대해 갖는 "독특한 종류의 높은 박애 정신"이기도 하다(《선악을 넘어서》273). 그러나 철학자의 경우, 이 탁월함이란 "'궁극적이고 본래적인' 입장이라는 것 자체를 가지는 것이 가능한지, 혹시 모든 동굴 뒤에 또 하나의 동굴이 놓여 있는 것은 아닌지, 혹은 놓여 있을 수밖에 없는 것은 아닌지—어떤 표면 위로 더 광범위하고 더 낯설고 더 풍부한 어떤 세계가, 모든 토대 뒤에, 모든 '근거' 아래 또 하나의 심연이 있는 것은 아닌지 의심하는 것을 말한다"(《선악을 넘어서》289).

6. 위대함

위계는 위대함(크기)을 허용한다. 니체는 대부분의 동시대인과 마찬가지로 위대함을 긍정했지만 위대함을 숭배하지는 않았다. 그에게 '위대한 인간'에 대한 숭배는 자신을 낮추는 것이며 굴종적인 태도로 보였다. 니체는 '크다, 위대하다 groß'라는 술어를 자신의 책에서 셀 수 없이 여러 번 사용하는데, 전반적으로 보면 일상적인 맥락에서는 첫째, 실제적으로 측정할 때나 '양적인' 의미에서는 '보통 이상의', '뛰어난'의 뜻으로 사용한다. 또는 둘째, 강조해서

평가할 때나 '질적인' 의미에서는 '인상 깊은', '영향력 있는', '보통 이상으로 중요한'의 뜻으로도 사용한다. 첫 번째 경우 가령 계산할 수 있는 양들, 신체 형태에 따라 인간의 체구가, 혹은 개연성에 따라 행복의 크기가 '크다'거나 '더 크다'거나 혹은 '가장 크다'라고 할 수 있으며, 두 번째 경우 가령 사건이나 운명, 인간 등이 '위대'하거나 '더 위대'하거나 혹은 '가장 위대'할 수 있다. 초기 니체에 따르면, 인류의 유일한 사명이 되어야 할 것은 "위대한 개개의 인간을 만들어내는 것"이다(《반시대적 고찰 III: 교육자로서의 쇼펜하우어》 6). 이들은 자신들의 시대와 미래의 시대에 대한 척도를 정립한다. 그러나 동시에 때로는 매우 우연적이고 오랜 이전으로 거슬러 올라가는 여러 다양한 조건의 산물이기도 하다. 니체는 후기 저작에서는 '위대하다'라는 의미에 세 번째 변증법적 의미를 추가한다. 이에 따르면, 위대하다는 것은 자신을 부정하는 대립자까지도 포함하는 가운데 자신을 풍부하게 만들고, 이를 통해 스스로 고양될 수 있음을 말한다. 이 의미는 '큰 이성', '큰 정치' 등의 일상적이지 않은 표현 속에서 특이한 방식으로 분명히 드러나는데, 니체는 여기서 '작은 것'을 '큰 것'의 수단으로 설명하고, 이때 이미 알려져 있는 것이 작은 것이 된다. 이성의 경우 작은 이성이란 소위 '순수이성' 같은 것이다. 지금까지의 유럽 철학의 전통에서 순수이성은 다른 모든 것의 기준이 되어, 스스로 다른 모든 물질적인 것을 벗어나 그 위에 군림하는 것으로 생각했기 때문이다. 니체는 이제 "작은 이성"을 몸의 "큰 이성"의 "도구이자 장난감"에 지나지 않는 것이라 말하는데, 이 몸이야말로 자신의 고유한 복합성을 지니는 가운데 작은 이성에는 "알려지지 않은 현자"로 남아 있는 것이다 (《차라투스트라는 이렇게 말했다》 I, '육체를 경멸하는 자들에 대하여'). 이렇게 "큰 고통"은 "큰 의심의 대가로서" 정신을 해방하고, 이 정신을 더 이상 경직시키지 않는다(《즐거운 학문》, 서문 3). "삶의 큰 형식"이란 도덕을 향해 생겨나는 의문점들에 대해 회의하지 않고, 이를 통해 더욱 성장하는 그러한 형식이다(《즐거운 학문》 344번). "큰 건강"은 병을 통해 힘을 잃는 것이 아니라 오히려 더욱 강해진다(《즐거운 학문》 382번;《이 사람을 보라》, '차라투스트라는 이렇게 말했다' 2). "큰 진지함"은 지금까지 학문이 배제해왔던 "즐거움"까지도 포함하고, 그럼으로써 즐거움의 새로운 지평을 열어준다(《즐거운 학문》 382번). "큰 결정"은 이 결정이 예속된 것처럼 보이는 결정의 기준들에 대해서도 결정한다. 큰 결정은 "의지를 다시 자유롭게" 만든다(《도덕의 계보》 제2논문 24). "큰 삶"은 "투쟁"을 포기해야 할 필요가 없고, 투쟁을 통해 고양될 수 있다(《우상의 황혼》, '반자연으로서의 도덕' 3). "큰 관용"은 "관대한 자기 지배"를 통해 비관용까지도 관대히 대할 수 있다(《안티크리스트》 38). "큰 양식"은 최고의 파토스를 냉정함과 명랑함과 합일시킬 수 있다(《이 사람을 보라》, '나는 왜 이렇게 좋은 책을 쓰는가' 4). "큰 문제"들, 즉 지금까지 전혀 문제로 인식되지 않았을 만큼 그토록 큰 문제들은 "모든 큰 사랑"을 요구하는데, 이 큰 사랑은 만약 사랑하는 대상을 그 어떤 환영 없이 볼 수 있는 "큰 경멸"을 겪지 않는다면, 아마 맹목적이 될 것이다(《즐거운 학문》 34번; 《차라투스트라는 이렇게 말했다》 III, '왜소하게 만드는 덕에 대하여' 3; 《도덕의 계보》 제2논문 24).

7. 큰 정치

앞의 내용에 따라 니체에게 "큰 정치" 역시 "작은 정치"를 포함한다. 그러나 비스마르크의 경우처럼, 전통적인 의미의 전쟁을 부당하게도 "큰[위대한] 정치"로 간주하는(《선악을 넘어서》 241; 다른 여러 곳) 전제왕권과 민족국가들의 힘[지배] 정치는 이런 의미의 큰 정치에 속하지 않는다. 니체에게 '큰 전쟁'은 "지금까지의 가치들에 대한 가치 전환"이며, 또한 큰 전쟁은 이 가치 전환과는 흔히 상충하는 것, 가령 도덕, 종교, 학문, 철학도 포함한다(《이 사람을 보라》, '선악을 넘어서' 1). 니체는 [이러한 의미에서] 가치 전환은 무력 충돌 없이 진행되지 않는다고 생각한다. 그는 다음과 같이 무력 충돌도 인정한다. "큰 정치"는 "정신들의 정치", 이념과 이데올로기들을 관철하기 위한 전쟁이 될 것이며, 19세기 말까지의 역사가를 통해 알고 있는 것보다 더욱 잔인하고 큰 충격을 줄 것이다(《이 사람을 보라》, '왜 나는 하나의 운명인가' 1). 물론 니체는 자신이 충분히 겪어보았고, 전쟁으로 인한 "희생"을 두려워했기 때문에 무력 충돌을 원하지는 않았다. 그럼에도 자신의 시대가 보여주고 있는 전쟁을 향한 열광을 냉정하고 객관적으로 받아들여 평가했다(《서광》 189 참조). 니체는 정치 자체에 대해서도 그 가치를 높이 평가하지 않았다. 니체는 가령 "위대한 문화를 누리는 모든 시대는 정치적으로는 몰락하는 시대다. 문화의 의미에서 위대한 것은 비정치적이다. 심지어 반정치적이다"(《우상의 황혼》, '독일인에게 부족한 것' 4)라고 말한다. 물론 이 역시 그가 정치에 취했던 하나의 입장이라 할 수 있다.

유럽, 세계 정부, 유대인

니체적 의미에서 큰 정치의 대상은 유럽의 전망이었다. 이 전망은 당시 첨예화된 민족주의 시대에서는 이례적인 것이자 미래를 향한 선구적인 것이었다. 니체는 이것을 유대인의 역할에 대한 전망과 연결했는데, 반유대주의적 경향이 점점 공격적으로 되어가는 당시의 시대적 분위기로 볼 때 더욱 낯설고 드문 것이었다. 이 두 가지, 유럽에 대한 미래상과 이때의 유대인의 역할에 대한 비전은 당시의 시대 지배적 도덕에 대해 주권적으로 독자적인 거리를 취함으로써만 가능한 것이었다. 니체는 유럽을 하나의 지역적이고 경제적인 통일체나 정치적 통일체라기보다는 그리스적, 유대교적, 기독교적 도덕의 상속자로 이해했는데(《인간적인 너무나 인간적인 II》, '방랑자와 그의 그림자' 215), 말하자면 "우리의 살과 핏속에 스며들어 있으며, 우리를 지휘하고 있는 가치평가들의 총합"으로 이해한 것이다(《즐거운 학문》 380번). 유럽에서는 근대에 들어서면서 시도한 계몽을 통해 여러 차례의 민주주의 혁명, 빠르게 발전하며 확산된 자본주의 경제와 산업화, 뒤따른 사회주의 운동을 거쳐 마침내 도래한 니힐리즘까지, 유럽은 전 세계적으로도 동시에 전력을 다해 근대화를 극단까지 감행했으며, 스스로를 대상으로 대규모의 실험적 시도를 했다. 그러나 이러한 모험은 이제 강하게 확산된 민족주의와 반유대주의로 실패로 돌아갈 위험을 안게되었고, 그럼으로써 눈앞에 당면한 어떤 과제 역시 실패할 처지에 놓이게 되었다. 이 절박한 과제란 "인간의 생성, 그리고 인간의 양육과 교육과 지도를 위한 더 나은 조건을 만들어내고, 전체로서의 세계를 경제적으로 관장하며, 인간의 다양한 능력 자체를 세밀히 비교 검토해 상호 작용이 일어나도록 하는 것이다"(《인간적인 너무나 인간적인 I》 24). 유럽에서의 큰 정치는 세계화를 극복하기 위한 정치다. 이를 위해서는 "의도적인 중앙정치"보다는 "문화의 조건에 대한 지금까지의 모든 수준을 넘어서는 새로운 인식이 만국 공통의 보편적 목적에 대한 학문의 척도로써 필요하다". 그리고 "인간에게 필요한 것에 대한 미래 조망"은 "모든 인간이 똑같이 행동하는 것을 긍정적인 가치로 나타나도록 하지는 않을 것이며, 오히려 인류의 전체 여정을 위한 보편적인 목적을 위해 특별한 과제들, 경우에 따라서는 유해한 과제들이 제시될 수도 있다"(《인간적인 너무나 인간적인 I》 25). 이미 "더 높은 도덕성의 형식들과 관습에서 선별이 일어나는데, 그 목적은 더 낮은 상태의 도덕성의 몰락일 수밖에 없다"(《인간적인 너무나 인간적인 I》 23). 즉 도덕들 간의 경쟁을 말하는 것이다. 이후로는 아마도 "형이상학에 기댈 일도, 혹은 종교들의 여러 오류에 기댈 일도 더 이상 없으며 [⋯] 인간과 인간,

민족과 민족을 연결하는 가장 강력한 수단으로서 냉혹함이나 폭력 역시 더 이상 필요 없게 될” 것이라며《인간적인 너무나 인간적인 I》245), 이에 대한 척도를 찾는 것, 그것이 “다음 세기의 위대한 정신들이 맡은 과제”라고 니체는 말한다《인간적인 너무나 인간적인 I》25). 그리하여 “정신과 형식을 고안해내는 유럽 정신”이 가장 먼저 이 척도를 세울 것인데《인간적인 너무나 인간적인 II》, ‘방랑자와 그의 그림자’ 215), 유럽적일 때 비로소 위대해지는 위대한 음악, 예술, 문학, 학문, 철학은 집권하고 있는 유럽 정치인들의 “민족주의적 광기”에 맞서 “유럽은 하나가 되기를 원한다”라는 신호를 충분히 주고 있다는 것이다《선악을 넘어서》256). 그렇게 되면 이미 자신을 넘어 저 멀리 바라보면서 이를 통해 (전쟁으로 생겨난 세계 국가에서 세계를 지배하는 능력이 아니라) “세계문화 전반을 주도하고 감독”하는 능력을 가질 수 있는 것은《인간적인 너무나 인간적인 II》, ‘방랑자와 그의 그림자’ 87) “가장 오랫동안 계속된 가장 용감한 유럽적 자기극복” 덕분일 것이다《즐거운 학문》357번). 니체는 이를 수행할 능력이 있는 유럽인을 “뛰어난 유럽인들”《즐거운 학문》357번 등 여러 곳)이라 불렀다. 말하자면 니체는 미래의 유럽에 대해서도 도덕적 개념을 가지고 있었다. 하지만 이때 이 개념은 이제 여타의 도덕성을 위해 자신은 대기 상태로 기다릴 수 있는 그러한 도덕성의 개념이다《즐거운 학문》380번 참조). 니체는 여전히 회의적인 태도를 견지했다. 니체는 유럽이 강력한 정치적 압력 아래서야 비로소 통합될 가능성이 있다고 보았고, 한편으로는 러시아의

압력을, 다른 한편으로는 미국의 압력을 예상했다. 그렇게 되면 그
것은 "세계의 지배를 둘러싼 싸움"이 될 것이다. 이것이 의미하는
바는 '위대한 정치'가 되었다가 곧이어 군사 정치로의 "강제"가 일
어날 수 있다는 것이다(《선악을 넘어서》 208).

  니체는 "만약 유대인들이 원하기만 했다면, 혹은 그럴 상황에
내몰렸다면(반유대주의자들은 이것을 원하는 것처럼 보이는데), 유럽
의 지배권"은 이미 유대인들에게 있을 수도 있다고 보았다. 그에
따르면 "자신의 양심에 유럽의 미래를 지니고 있는 철학자라면, 자
신이 미래에 대해 그려보는 그 모든 기획에서 매우 거대한 규모
의 힘들의 놀이와 투쟁에서 우선 가장 안전하고 가장 개연성 있는
요소로서 러시아인들뿐 아니라 유대인들도 염두에 둘 것이다". 바
로 유대인들이야말로 "그 어떤 의심도 없이 현재 유럽에 사는 가
장 강력하고 끈질기고 순수한 종족이다. 그들은 최악의 조건에서
도 (심지어 유리한 조건에서보다 오히려 더 잘) 스스로를 관철하
는 능력이 있다. 이 능력은 오늘날 사람들이 악덕이라고 낙인찍고
자 하는 몇몇 미덕에 따른 것이며, 특히 소위 말하는 '근대적 이념'
앞에서도 부끄러워할 필요가 없는 어떤 단호한 믿음으로 인한 것
이다"(《선악을 넘어서》 251). 사실 종족에 관해 말하자면, 19세기에
는 종족에 대해 전혀 거리낌 없이 도덕 외적 차원에서 이야기하는
분위기였는데 "터무니없이 갑작스럽게 신분을 급진적으로 통합
하고, 그 결과로 종족 혼합을 시도하고 있는 유럽"(《선악을 넘어서》
208)에 오히려 유대인들이야말로 이로울 수 있으며, 종족의 순수

함보다는 유럽의 미래에 훨씬 유익한 종족 혼합의 상태를 계속 유지할 수 있다는 것이 니체의 생각이었다. 니체는 "종족들에 의해 횡행하는 허위로 가득 찬 자기 찬미와 방약무인한 태도"를 단호하게 거부하고자 했다(《즐거운 학문》 377번). 유대인들이 저 먼 옛날 기독교를 본격적인 궤도에 올려놓았을 때, 그들은 이미 한 번 가치들의 "가치를 근본적으로 전환"하는 힘을 입증했으며, 증오해 마지않는 로마의 지배에 대한 모든 무력 봉기가 실패로 돌아간 후에는 "가장 정신적인 복수를 통해 보상받는" 법을 알았으며, 이것은 실로 "큰 정치"였다고(《도덕의 계보》 제1논문) 니체가 말하는 이유도 이런 맥락에서다. 이제 오랜 기독교 전통의 유럽 스스로에 회의를 가지기 시작한 후, 더 나은 새로운 유럽의 재건은 유대인들을 통해 다시 이루어질 수 있다고 니체는 보았다. 그는 말한다. "우리는 유사한 능력을 지닌 민족들, 가령 중국인이나 독일인들을 유대인들과 비교해보면, 무엇이 최고이고 무엇이 다섯 번째로 오는지에 공감할 수 있을 것이다."(《도덕의 계보》 제1논문 16) 유럽인이 아니면서 유럽의 스승인 차라투스트라에 대해서도 니체는 다음과 같이 말했다.

"차라투스트라가 도덕이라는 이 치명적인 오류를 창조해냈다. 이것을 오류로 처음으로 인식하는 자 역시 차라투스트라 자신이어야 한다."(《이 사람을 보라》, '나는 왜 하나의 운명인가 3)

니체는 "유대인들"에게 호감을 가지지는 않았다("나는 유대인에게 호의적이었던 독일인은 한 명도 보지 못했다"《선악을 넘어서》 251).

하지만 니체는 유대인들에게 최상의 존경심을 가지고 있었다(《인간적인 너무나 인간적인 I》 475; 《서광》 205; 《선악을 넘어서》 250, 361 등 참조).

지배적 카스트의 훈육과 새로운 노예제의 불가피함

니체는 "유럽의 문제"를 "유럽을 새로이 지배하는 새로운 카스트의 훈육Züchtung"으로(《선악을 넘어서》 251) 이해하고, 이것을 "새로운 노예제 역시 불가피함"과 연결하는 가운데(《즐거운 학문》 377번), 자신의 "진지함"에 대해 언급한다. 우리가 니체를 진지하게 받아들인다면, 니체의 이러한 입장 역시 진지하게 받아들이고자 노력해야 할 것이다. 여기서 '훈육'이라는 말이 니체에게서 의미하는 바는 국가적으로 이미 조직된 선별이 아니라 당시 널리 유행하던 '자연 선택'이었고, 또한 '교육'이기도 했다. 인간을 포함해서 살아 있는 모든 존재는 항상 자기 뜻에 맞게 최상의 후손을 '길러내고자' 한다. 니체는 어떻게 귀족주의 사회가 여러 세대에 걸친 세심한 결혼 정치를 통해 신분 계급뿐 아니라 개인적으로도 '뛰어난' 유형을, 즉 자신이 뜻하는 바의 '위계' 및 '명령과 복종'을 당연한 전제로 했던 그러한 유형을 산출해내는 데 성공할 수 있었는지 경탄해 마지않았다. 이 유형은 유럽이 직면하고 있는 세계화 속에서 어떤 척도를 확실히 세우고자 할 경우, 점점 민주적으로 형성되는 사회의 조건 아래서도, 아니 바로 이 조건 아래서 성공할 수 있어야 하고, 또 그럴 수밖에 없을 것이다. 그렇게 되면 이제는 이미 낡고 시대에 뒤떨어진 신분 계급과는 상관없이, 매우 뛰어난 방향 설정 능력, 판단 능력, 실행 능력을 갖춘 개체들이 필요하다. 이 개체들은 다시 세대를 초월해서 서로 영향을 받고 서로서로 고양하게 되어 있다. 니체가 이 맥락에서 '카스트'라는 말을 사용한다면, (그리고 《안티크리스트》 57번에서 인도의 '카스트 등급'을 언급한다면) 니체는 이 말을 경직된 사회 계급으로 구분해서 사용하는 것이 아니다. 그보다는 '정신성'의 정도에 따라, 그리고 각자가 지닌 '과제'의 크기에 따라 개인은 자신들의 카스트를 교체해야 할 것이라고 말한다(《인간적인 너무나 인간적인 I》 439 참조). 니체가 의미하는바, 개체들의 힘들의 배치는 단순히 태어날 때부터 출신에 따라서 이루어지는 것이 아니라, 개체가 입증하는 방향 설정 능력, 판단 능력, 실행 능력에 따라 이루어진다. 야콥 부르크하르트가 주장한 것과는 달리 권력〔힘〕은 그 자체로 나쁜 것은 아니다. 힘은 그러한 뛰어난 능력에서 생겨나는 것이며, 그 때문에 오히려 그에 못 미치는 능력에 의해 환영을 받고 욕구의 대상이 된다. 스스로 알아서 방향을 결정하기 힘든 사람은 자신에게 길을 알려주는 누군가에게 고마워하지만, 동시에 그에게 복종하게 된다. 이런 의미에서 '명령과 복종'은 우리 모두에게 깊숙이 체화되어 있다고 말하는 것이다(《인간적인 너무나 인간적인 II》, '방랑자와 그의 그림자' 6; 이 책 8장 '1. 자연성' 참조). 물론 "자유롭게" 무엇인가 "원하기" 위해 "스스로를 제압하고, 스스로를 잘 다스리고자" 할 때는 자신에게도 "명령을 내린다". "'의지의 자유'—그것은 의욕하는 자가 처해 있는 저 다양한 쾌의 상태를 나타내는 단어다. 이 의욕하는 자는 명령하는 동시에 실행하는 자와 하나인 상태가 되는 그런 의욕하는 자로서는 저항을 극복한 승리감을 함께 즐기지만, 반면 자신에 대해서는 원래 이 저항을 이겨낸 것이 자신의 의지 자체라고 평가하는 자다." 니체는 민주주의와 사회주의에 강력하게 반대했다. 개념들을 수단으로 삼아 유럽 사회를 평균화시킨다고 생각했다. 민주주의와 사회주의가 멈출 줄 모르고 확장되는 현상에 대해 "'삶'이라는 현상"은 "지배 관계들" 아래서 생겨나는 것이며, 이 지배 관계들은 자신이 투쟁의 대상으로 삼고 있는 도덕들에서도 역시 스스로를 관철시킨다는 사실이 망각되지 않기를 원했다. 또한 모든 의욕, 원함에서 문제가 되는 것은 한 명의 인격을 이루는 "다수의 '영혼들'로 이루어진 사회구조"에서의 명령과 복종이며, 이것은 모든 정치적인 사회구조에서의 명령과 복종도 마찬가지라는 사실이 망각되지 않기를 원했다(《선악을 넘어서》 19). 힘이, 권력이 악이 되는 경우, 그래서 오용될 수 있는 경우는 이 힘이 제도화될 때, 그 어떤 종류든 상관없이 어떤 확고한 자리에 대한 권한이 될 때, 그리하여 더 이상 뛰어난 방향 설정 행위를 통해 스스로를 입증해야 할 필요 없이 자신의 이해관계만 채울 수 있을 때다. 이제 강한 자는 독재적인 권력자로 변질된다. 여기서 니체에게 가장 터무니없이 보이는 것은 "가차 없이 돌진하고 있는 자본주의 속에서 고용주의 전형은 아니라고 해도, 상투적 표현으로 고용주를 고정하는 특징들, 즉 벌겋고 퉁퉁한 손을 가진 악명 높은 기업가의 상스러움"이다. "상업적 문화" 속에서 타인들로부터 자신에게 주어지는 유리함에 복종하는 것은 군인들 아래서 복종하는 것보다 참기 어려운 일이다. "이 상업적 문화 속에서는 필요의 법칙이 작용한다. 사람들은 생존을 원하고, 그래서 자신을 상품이나 노동력으로 팔아야 한다. 사람들은 이러한 필요를 이용해 노동자를 사는 사람(고용주)을 경멸한다. 강하고 경외감을 일으키며, 심지어 끔찍하기도 한 인물들, 독재자와 장군들에게 복종하는 것보다 거대한 규모의 모든 산업화에서 볼 수 있듯이, 오히려 낯설고 개인적인 관심이 없는 사람들에게 종속된 것이 훨씬 더 창피하고 고통스럽게 느껴진다는 것은 기묘한 일이 아닐 수 없다. 그 이유는 고용주에게서 노동자가 보는 것은 흔히 교활하고 착취를 해대며, 모든 것을 계산해서 행동하는 한 명의 개 같은 인간일 뿐이며, 그의 이름, 형태, 도덕성, 명성이 어떻든 노동자에게 아무런 의미가 없는 것이다."《즐거운 학문》 40번)

니체는 좀 더 극단적으로 몰고 나가, 어떤 뛰어난 의지를 뒤따르는 것 외에 아무것도 달리할 수 없는 사람이라면, 이 사람은 '노예'라고 말한다. 점점 복잡해지는 삶의 관계들 속에서 점점 더 강력한 방향 설정 능력, 판단 능력, 실행 능력이 필요해진다면, 새로운 '노예'들도 생길 수밖에 없다는 의미다. 이때 노예란 다수가 소수에게 신분적으로 예속되어 소수가 그들의 생명까지 좌지우지해도 되는 그러한 법적 의미의 노예가 아니다. 훨씬 더 까다롭고 정교한 의미에서의 노예를 말한다. 니체는 '기계적'이고 수공업적인 노동뿐 아니라 정해진 척도에 따른 모든 '노동'을 노예 상태의 범주에 넣는다. "하루 중에서 3분의 2를 자신을 위한 시간으로 할에 하지 않는 사람은 모두 노예다. 그가 정치가든, 상인이든, 관리든, 학자든 마찬가지다."(《인간적인 너무나 인간적인 I》283) 학자가 온 갖 노력을 다해 학문적 계획들을 성취해내고 그것을 목적으로 삼지 않는다면, 학자 역시 노예인 것은 마찬가지다("대상에 종속된 인간은 도구일 뿐이다. 매우 귀중하며, 쉽게 파손되고, 정확하지 않은 하나의 측량 도구이자 거울-예술 작품이다. 우리는 이것을 보호하고 칭송해야 할 것이다. 하지만 그러한 인간은 목적이 아니다"《선악을 넘어서》207). 심지어 "칸트와 헤겔을 고상한 모범으로 삼는" 철학자들 역시 마찬가지다. 그들이 "가치평가들, 다시 말하면 지배적인 것으로서 한동안 '진리'라고 불렸던 이전의 가치평가들, 가치 창조 중 그 어떤 하나의 중대한 사태를 확립하고 정식화하는 것"을 자신들의 과제로 만들어버린 한에서는 말이다(《선악을 넘어서》211). 니체에 따르면, 이전에는 두려워하고 경멸했던 것을 사람들은 이제 "노동의 축복"으로 찬양한다. 하지만 "이 아름다운 말들에서 그만큼 더 추한 속마음을" 갖게 된다고 한다(《즐거운 학문》359, 377번). "새벽부터 저녁까지 이어지는 저 독특한 근면함"은 인간을 훈련시키고 동시에 "숙고하고 골몰히 생각하고 꿈을 꾸고 걱정하고 사랑하고 증오하는 것으로부터 벗어나게 한다. 부지런함은 아주 작은 목적을 항상 시야에 두고, 가볍고 규칙적인 만족을 안겨준다. 이렇게 끊임없이 열심히 일하는 한 사회는 더 많은 안전을 확보한다. 안전은 이제 최고의 신성으로서 숭배의 대상이 된다." 그래서 만약 "노동자"가 시선을 위로 향하면서도 독자적으로 생각하고 행동하는 개체가 된다는 것은 "위험한" 일이 되는 것이다(《서광》 173). 물론 위험은 미미할 것이다. "노동의 축복"은 대부분 사람이 흔쾌히 받아들이는데, 이것은 근대 사회 전체에 나타나는 "극심한 나약, 노년의 피로함, 사그라지는 힘"을 나타내는 표시다(《즐거운 학문》 377번). 고대인에게 "자기 마음대로 할 수 없고 여유로움을 가질 수 없는 사람"은 "경멸할 만한 존재"였다. 또 철학자는 스스로 가장 자유롭다고 느꼈다. 그러나 니체에 따르면, "어쩌면 지금은 누구에게나 그런 종류의 노예 상태에 처한 사람이 너무 많은지도 모른다. 이것은 고대인과는 본질적으로 너무나 다른 우리의 사회적 질서와 활동의 조건에 따른 것"이며, 그래서 "비유적인 의미에서조차 '노예'라는 단어는 우리에게 그 완전한 힘을 발휘하지 못한다"(《즐거운 학문》 18번). 우리는 상상할 수 있는 그 이상으로 이미 그보다 훨씬 철저하게 노예가 되어 있다.

니체는 이러한 상황 역시 긍정할 수 있기를 원했다. 니체는 문화의 고양이라는 자신의 관점을 통해 그렇게 했다. 즉 위대한 문화적 업적들이 세대를 거쳐 가장 폭넓은 준비 작업을 요구하는 한, 중요한 문화들은 고대에서나 현대에서나 오직 '노예 노동'을 통해서만, 그리고 노예 노동이 누군가에 의해 '행해져야 하는' 한 가능하다고 보았다. 니체는 유고에서 노예 노동 이상의 일을 할 능력이 없는 사람에게는 노예 노동에 대해 '분개감'을 달구는 것보다 그런 노동에 만족하는 것이 더 의미가 있을 것이라고 말한다. 그렇지 않으면 "아시아와 아프리카의 미개한 종족들을 집단으로 불러들일 생각을 해야 할 것이며, 그렇게 되면 문명 세계는 계속 문명화되지 않은 세계를 지배해야 할" 것인데(1877년 유고, 25〔1〕), 이 말은 니체의 시대까지 이어온 노예 경제를 이후에도 계속해나가야 한다는 것을 의미하기 때문이다(물론 이것은 니체가 생각조차 못한 것이다). 하지만 니체에 따르면, 그 사이 "인간을 개선하고자 하는 이들"은 소박하고 자족적인 부류의 인간, 가령 중국인 같은 타입이 계급으로 생겨나는 것을 방해해왔으며, 그것이 "무책임한 부주의"로 인해 "노동자가 자신의 실존을 오늘날에도 벌써 위기로(도덕적 용어로 표현하자면 불의로) 느끼도록 이끌었다"(《우상의 황혼》, '어느 반시대적 인간의 편력' 40). 물론 니체가 (모든 부류의) 노동자가 비참한 처지를 유지하는 데 찬성하는 것은 결코 아니다. 노동자가 자신의 현존에 불만스러워하는 것, 상황이 나아졌음에도, 혹은 오히려 나아지면 도덕적으로 불만을 느끼는 것에 반대한다. 어쨌든 그는 그럴 능력이 있는 사람이라면, 자신을 노예 상태로 몰아낸 구유럽을 떠나 다른 곳으로 이주하고, 그곳에서 새로운 삶을 개척해야 한다고 말한다. "그리고 대규모로 행해지는 자유로운 거주 이전 행위를 통해 기계와 자본에 거역하고, 현재 그들을 위협하고 있는 선택지, 즉 국가의 노예가 되거나 아니면 혁명당의 노예가 되어야 하는 선택지에 항의해야 할 것이다."(《서광》206)

이런 이유에서 니체의 "주인도덕과 노예도덕"의 구별 역시 그

공격성을 상실한다. 니체는 이것을 도덕의 '근본 유형'으로 나누는 것이지, 특정 계급에 상응하는 도덕으로 구분하는 것이 아니기 때문이다. 이 구별은 아마도 "지배적인 기질을 가진 사람들에게서 자신들과 지배당하는 기질을 가진 사람들의 차이에 대한 쾌감을 느끼고 의식하는 가운데 생겨났거나, 아니면 지배당하는 자들 사이에서, 즉 노예와 모든 위계에 종속된 사람들 사이에서 생겨났을 것이다". 그러나 이 구별은 이제 "어떤 한 인간 영혼 안에서도" 분명히 드러나는데, 스스로 척도를 설정하는가 아니면 다른 사람들의 척도에 내맡기는가, 그 때문에 스스로를 경멸하는가의 각 경우에 따른 차이가 나타나는 것이다(《선악을 넘어서》 260). "지금까지 인간들 사이에서 복종이 가장 오랫동안 최고도로 연습되고 훈련되었기" 때문에, 즉 "평균적으로 누구나 복종에 대한 욕구가 선천적일" 것이며, 그래서 "복종이라는 무리 본능이 명령의 기술을 대가로 매우 잘 계승"되었기 때문에, 결국 "권한을 행사할 수 있는 자들, 명령을 내리는 자와 예속되어 있지 않은 자유로운 자들" 역시 "내면적인 양심의 가책"으로 고통을 겪게 되었고, "명령할 수 있으려면 마치 자신들 역시 그저 복종한다는 듯이 스스로를 먼저 기만하는 일"이 필요해졌다는 것이다. 니체는 이어서 말한다.

"오늘날 유럽에서는 이러한 상태가 실제로 존재한다. 나는 이것을 명령하는 자들의 도덕적 위선이라고 부른다. 그들은 양심의 가책으로부터 스스로를 보호하기 위해, 좀 더 오

래되고 한층 더 높은 명령을(선조들, 제도, 정의, 법, 심지어 신
의 명령을) 실행하는 자로 처신하거나, 심지어 무리의 사고
방식으로부터 무리의 원칙을 빌려, 예를 들면 '국민의 첫
번째 하인'이나 '공공이익의 수단'으로 자처하는 것밖에 알
지 못한다. 〔…〕 그러나 지도자나 선도자들 없이 지낼 수
없다고 믿는 경우 사람들은 오늘날 영리한 무리 인간을 서
로 합침으로써 지휘관을 대신하려는 시도들을 계속하는 것
이다. 가령 모든 대의제도의 뿌리가 여기에 있다."

《선악을 넘어서》199

이것은 뛰어난 정치인들에게서도 볼 수 있는 구차한 상황과
관련하여 여전히 숙고해볼 만한 기술이라 할 수 있다.

8. 아모르파티

니체는 《차라투스트라는 이렇게 말했다》 이전, 이미 1882년
에 다음과 같이 말했다.

"모든 것과 위대한 것 속의 모든 것, 나는 언젠가 한번 오직 긍
정하는 자일 뿐인 그런 사람이 되고 싶다."

그리고 이 긍정을 '아모르파티'라고 칭했다.

"아모르파티, 이제부터 그것은 나의 사랑이 될 것이다! 나는
추한 것에 대한 그 어떤 전쟁도 하지 않을 것이다. 나는 비난하지

않을 것이며, 심지어 비난하는 자 역시 비난하지 않을 것이다. 시선을 돌리는 것, 그것만이 내가 하는 유일한 부정일 것이다!"(《즐거운 학문》 276번)

'아모르파티', 즉 '운명에 대한 사랑'은 니체 사유 전체를 결합하고 또한 종결한다. 아모르파티 개념 역시 역설적이며, 니체 철학에서 가장 어려운 개념 중의 하나다. '비난하지 않으려 하면서도' 비난하는 자 역시 배제하지 않는 역설적 상황은 시선을 돌리는 방법밖에 남겨놓지 않는다. 니체는 차라투스트라에게 이와 유사하게 역설적인 방식으로 정의에 대해 이야기하도록 한다. "나는 너희의 차가운 정의를 좋아하지 않는다. 나에게는 너희가 가진 심판관의 눈에서 항상 사형집행인과 그의 차가운 칼날이 비쳐 나오는 것처럼 보인다. … 그러니 심판하는 자를 제외한 모두에게 무죄판결을 내리는 그러한 정의를 생각해내기 바란다!" 여기서 그는 심판하지 않으려 하면서도 결국 심판관을 제외한다. 그리고 이제 이것이 그를 그쪽으로 주시하도록, 모순을 들여다보도록 한다. 이로써 "주시하는 눈을 가진 사랑"으로서의 정의가 가능해지는 것이다 (《차라투스트라는 이렇게 말했다》 I, '독사에 물린 상처'). 비난하지 않는 것, 그 누구에게도 죄가 없다고 말하는 것의 의미는 모든 일을 일어나는 대로 일어나도록 용인하는 것이며, 모든 것이 매우 분명하고도 그 어떤 유보 조건 없이 알맞고 정당한 것이 되도록 하는 것이다. '비난하다'는 그리스어로 카테고레인Kategoreín이며, 이 어원의 '분류하다Kategorisieren'는 '심판하다'나 '판단하다'와 어원상

서로 유사한 뜻이다. 사랑은 이 두 가지, 비난하고 심판하는 것 모두 포기하는 것이다. 니체는 결국 아모르파티를 "제외도, 예외도, 또 선별도 없이" 그대로를 원했다(1888년 유고, 16〔32〕). 그러나 그것은 니체의 모순 전체를, '원하지 않음을 원하는 것'이라는 모순을 드러내게 만든다. 왜냐하면 원함이라는 것은 항상 어떤 것이 지금과는 달리 되기를 원하는 것이기 때문이다. 이 모순적인 '원하지 않음'은 니체가 자신의 위대한 '전임자'로 발견했던 스피노자가 이미 원했던 것이다. 스피노자는 자신의 사유를 '신에 대한 지적인 사랑amor Dei intellectualis'으로 종결지었다. 스피노자에 따르면 '신 혹은 자연deus sive natura', 즉 신은 자연으로부터, 자신의 창조물로부터 분리될 수 없다. 그 말은 자연 역시 신으로부터 분리할 수 없다는 말이다. 그러므로 자연으로부터 모든 것을 파악할 수 있으며, 그럼에도 자연은 신과 마찬가지로 궁극적으로 파악 불가능하다. 우리는 자연의 연관성들을 자연 고유의 필연성을 통해 가능한 한 이해하고자 시도할 뿐이며, 이 역시 '제한'된 부분으로만 가능하다. 다시 말하면, 단순히 인식 능력에서만 제한된 것이 아니라, 자신에게 불리하게 보이는 모든 것을 각자 모두가 방어하도록 만드는 그러한 자기 유지에 대한 관심과 배려를 통해서도 특히 제한된 것이다. 사람들은 많은 것이 있는 그대로와 다르게 되기를 원할 것이다. 그 때문에 비난하고 심판할 것이다. 그러나 우리는 자신이 하는 저항에서도 내적 맥락을 더 많이 통찰할수록, 더 빨리 이 저항을 내려놓고 모든 것을 있는 그대로 사랑할 수 있을 것이다. 그리고 모든 것을 신-자연의 한 부분으로서 사랑하기 때문에, 이 주시하는 사랑amor intellectualis 안에서 결국은 신Deus 자체를 사랑하게 된다. 스피노자는 한 세기 동안 무신론자로 여겨져왔지만, 이후 괴테를 비롯한 다른 여러 사람에 의해 무신론과 완전히 반대되는 '가장 신적theissimum이고, 심지어 가장 기독교적christianissimum'인 철학자로 이해되기 시작했다. 신과 자연의 모순적인 결합으로 신과 자연 모두 인정된다. 그럼으로써 '신의 죽음' 이후에도 스피노자의 '신에 대한 지적 사랑'은 여전히 사유 가능한 것으로 남아 있다. '운명에 대한 인간의 사랑amor hominis fati'으로서 사유 가능하다. 위대함에 대한 니체의 변증법 개념에 따르면, 그것은 자신의 대립자까지도 포함해, 즉 주시하면서 행하는 '큰 경멸'까지도 포함해서 더 이상 비난하지도, 심판하지도 않는 '큰 사랑'이다. 이것은 결국 '달리 원하지 않음'이라는 개념과 연결된다. 니체는 말한다. "인간에게서 말할 수 있는 위대함에 대한 나의 표현(정식)은 amor fati다. 이것은 달리 원하지 않는 것, 앞으로도 뒤로도, 영원히. 그러나 아모르파티는 필연적인 것을 그저 견뎌내는 것이 아니며, 그렇다고 감추는 것은 더욱더 아니다. 모든 관념론은 필연적인 것 앞에서 허위다. 아모르파티는 필연적인 것을 사랑하는 것이다."《이 사람을 보라》, '나는 왜 이렇게 총명한가' 10) 니체는 이로써 스피노자가 원했던 것에 도달했다. "무엇을 '원하는 것', 무엇을 '추구하는 것', 어떤 '목표', 어떤 '소망'을 의도하는 것—나는 이 모든 것을 경험으로는 알지 못한다. 지금 이 순간에도 나는 나의 미래를, 저

먼 미래를―마치 막힘없이 펼쳐진 바다를 내다보듯이 그렇게 내다본다! 그 위에서는 그 어떤 갈망의 물결도 일어나지 않는다. 나는 무언가가 지금 이 상태와 다르게 되기를 전혀 원하지 않는다. 나 자신 역시 달리 변하길 원하지 않는다."(《이 사람을 보라》, '나는 왜 이렇게 총명한가' 9; 스피노자,《에티카》1부 부록 참조) 니체는 결국 아모르파티의 사유 속에서 '힘에의 의지' 사유도 불러일으킨다. 하지만 니체는 여기에 다음과 같이 덧붙인다.

"아모르파티는 나의 내적 본성이다. 그러나 이것이 내가 아이러니를 사랑하고, 심지어 세계사적 아이러니를 사랑한다는 사실을 배제하지는 않는다."(《이 사람을 보라》, '바그너의 경우' 4)

아이러니는 차이를, 즉 소크라테스적 앎과 알지 못함 사이에 존재하는 차이를 만들어낸다. 우리는 우리가 아모르파티의 상태에 있는지 아닌지 결코 알 수 없고, 결코 확신할 수 없다. 또한 아모르파티의 상태를 단지 실험으로만 살아볼 수 있을 뿐이다. 즉 모순적으로만 '원할' 수 있다.

"내가 지금 실천하는 실험-철학은 근본적인 허무주의의 가능성들 자체도 시험적으로 선취한다. 물론 이 철학이 어떤 하나의 부정에, 어떤 거부에, 어떤 부정에의 의지에 멈춰서 있다고 말하는 것은 아니다. 이 철학은 오히려 그와 완전히 반대되는 쪽 끝까지 향하고자 한다.― 있는 그대로의 세계에 대한 디오니소스적 긍정에 이르기까지 떼어내는 것도,

제외하는 것도, 골라내는 것도 없이—이 철학은 영원한 순환을 원한다.—동일한 사물들, 이어진 고리들의 동일한 논리와 비논리, 한 철학자가 도달할 수 있는 최고의 상태, 디오니소스적으로 삶과 마주하는 것—이에 대한 나의 정식은 아모르파티다…."

1888년 유고, 16〔32〕

9. "오직 상징들과 파악 불가능한 것 속에 떠다니는 존재"

니체는 "예수라는 전형"에서도 "부정하고 거부하는 측면"이 없었다고 보았다. 니체는 "기독교에 대한 저주"에 가까운 비판을 하는 가운데서도 "구세주의 심리학적 전형"(《안티크리스트》 29)에 의해서는 매료되었던 것이다.

니체에 따르면, 구세주 예수가 가진 "현실에 대한 본능적 증오, 이것은 모든 접촉과 관계를 너무나 깊이 느끼기 때문에 그 어떤 관계도 더 이상 원하지 않을 정도의 고통과 자극에 대한 극심한 감수성의 결과다. 그가 가진 감정 속의 모든 혐오, 모든 적대감, 모든 제한과 거리를 본능적으로 배제하는 것, 이것은 모든 저항 혹은 저항해야 함을 이미 견딜 수 없는 불쾌로(즉 해로운 것으로, 자기 유지 본능이 거부하라고 하는 것으로) 느끼고, 그 누구에 대해서도, 불행에 대해서도 악에 대해서도 더 이상 저항하지 않을 때만 환희(쾌)를 발견하는 그러한 고통과 자극에 대한 극심한 감수성의 결과다. 유일한 삶의 가능성, 궁극적인 삶의 가능성으로서의 사랑…"

《안티크리스트》 30

이 부분에서 니체는 분명 자신이 겪는 모든 것으로부터 "지속적으로 상처를 잘 받는" 자신의 성격에 대해서도 말한다. "나는 그 어떤 종류의 현실에도 맞추기 힘들다. 내가 잊어버리지 못할 때는 그 현실이 나를 죽도록 괴롭힌다."(1888년 1월 15일, 2월 1일, 쾨젤리츠에게 보낸 편지) 니체는 구세주의 유형에는 "투쟁으로부터 획득된 믿음이 없었다"라고 하면서 말한다. "그 자신만이 알고 있는 것, 즉 '삶'이라는 경험, 이 개념은 그 어떤 종류의 말이나 표현, 법, 신앙, 도그마도 다 거부한다." 이 구세주의 유형은 어떤 반박도, 어떤 근거도, 어떤 증명, 어떤 변증론도 필요하지 않았고, "반대 의견을 내는 것을 상상할 줄도" 몰랐다(《안티크리스트》 32). 그의 현실은 완전히 다른 어떤 것, "상징들과 파악 불가능한 것 속에 떠다니는 어떤 존재"였으며(《안티크리스트》 31), "현실 전체, 자연 전체, 언어까지도 그에게는 상징이나 비유의 가치밖에 없는 것이었다"(《안티크리스트》 32). 그는 또한 행동에서도 남들과 달랐으며, "새로운 실천"을, "본질적으로 복음적인 실천"을 통해 살았다(《안티크리스트》 33). 니체는 이 실천을 이론이 없으며, 그래서 이론과 실천의 대립도 만들지 않는 '실천'으로 이해했다. "살과 피에 스며들어 있는" 실천은 가장 견고한 개념보다 더 확실하고 더 분명할 수 있다. 왜냐하면 그 어떤 반대 개념도 이 실천을 의문시할 수 없기 때문이다. 이러한 실천은 모순까지도 견뎌낸다.

10. 디오니소스 대 십자가에 못 박힌 자

니체가 《이 사람을 보라》에서 한 마지막 말은 다음과 같다. "사람들이 나를 이해했는가? 십자가에 못 박힌 자와 반대되는 디오니소스를…."(《이 사람을 보라》, '나는 왜 하나의 운명인가' 1) 이 말은 기독교의 반도덕적인 근원들을 밝혀내고자 했던 그의 투쟁의 끝을 나타내는 맺음말이었다. '십자가에 못 박힌 자'는 예수의 비참한 죽음을 정당화해야 했고, 이 죽음을 교의화하면서 변용했던 그 기독교에서의 예수다. 니체에게 '십자가에서의 죽음'은 물론 하나의 운명일 뿐 그 이상은 아니다. 하지만 이 죽음은 "자유를, 그 어떤 종류의 원한 감정을 뛰어넘은 탁월함을" 실천하며 살았던 어떤 전형의 죽음이다. "예수가 자신의 죽음을 통해 원했던 것은 자신의 가르침에 대한 증거를 공개적으로 보여주고자 하는 가장 강도 높은 시험 외에 다른 어떤 것일 수 없었다…."(《안티크리스트》 40) 그러므로 '십자가에 못 박힌 자에 대적하는 디오니소스'가 의미하는 것은 '전형으로서의 예수에 찬성하는 디오니소스'이기도 하며, 같은 맥락에서 '안티크리스트'는 예수를 그저 한 인간에 지나지 않는 것으로 보라고 하는, '이 사람을 보라'라고 하는 자다. 니체는 말한다. "나는 그리스어로, 또 그리스어로만은 아닌 의미에서 안티크리스트다…"(《이 사람을 보라》, '나는 왜 이렇게 좋은 책을 쓰는가' 2) 그리스어 '안티anti'는 여러 의미를 지닌다. 이 단어는 일반적으로 (a)'반대'를 의미하지만 (b)'나란히 놓는다'라는 뜻도 있으며, 따라서 (c)동등하거나 대신하는 위치를 의미하며, 마지막으로 능가함이라는 의미가 있다(독일어에서 'Freude über Freude'(기쁨 그 이상의 기쁨)이라는 표현을 사용할 때처럼). 니체는 자기 삶의 '논리'에서 결국 예수의 삶의 '논리'를 능가하는 무엇을 깨달았다.《이 사람을 보라》를 준비하는 초고에서 니체는 다음과 같이 썼다.

"안티크리스트는 그 자체로 진정한 기독교인의 발전 과정에서 필수적인 논리다. 내 안에서는 기독교 자체가 극복된다."(1888년 유고, 24(1))

그래서 수천 년간 이 복음을 뒤덮고 있던 '원한의 정신'으로부터 복음을 다시 해방하는 자가 니체라고 한다면, 그는 "지금까지 일찍이 없었던 복음(즐거운 소식)을 알리는 자인 것이다(《이 사람을 보라》, '나는 왜 하나의 운명인가' 1). 그럼에도 '안티anti'라는 말은 당연히 반대자의 의미도 지니고 있다. 기독교에 대한 반대만이 아니라 예수라는 전형에 대한 반대 역시 담고 있다. '반그리스도'는 '반예수'이기도 하다. 니체가 이런 의미에서 반그리스도적이라고 부르는 사람들은 어떤 특정한 것을 원하는 모든 사람, 즉 다르게 만들려고 하고, 또 이를 관철시키려는 모든 사람, 가령 군인, 판관, 정치가, 문헌학자, 의사 같은 사람들이다(《안티크리스트》38, 47 참조). 철학자 중에서 '명령자와 입법자'로서의 철학자들도 여기에 속한다. 니체는 이 전적인 의미에서의 '반그리스도적인 것'을 처음에는 차라투스트라라는 인물에, 그리고 마지막으로 디오니소스라는 인물에 부여했다. 니체는 《이 사람을 보라》에서 《차라투스트라는 이렇게 말했다》를 다시 인용하는데, 차라투스트라를 통해 "정의되는" 의미는 "존재하는 모든 것 중 최고의 방식"으로서 "가장 깊숙하고", "가장 광범위하며", "가장 필연적인 것", "존재하는 것"이며 "가장 지혜롭고", "스스로에게 가장 사랑스러운" 영혼이다. 이와 동시에 이 모든 규정과의 대립을 통해 이 영혼은 가장 피상적인 가면을 쓸 수도 있고, "길을 잃고 방황"할 수도 있으며, "우연에 기꺼이 몸을 내던질" 수 있고, "어리석음의 유혹에 설득당할" 수 있다(《차라투스트라는 이렇게 말했다》III, '낡은 서판과 새로운 서판에 대하여' 19;《이 사람을 보라》, '차라투스트라는 이렇게 말했다' 6). 니체는 이 대립들을 제거하지 않고 의도적으로 나란히 병치해서 보여준다. 또한 디오니소스의 경우 다른 모든 나머지 것이 그로부터 파악될 수 있으며, 그 자신은 결코 파악될 수 없는 존재라고 한다면, 디오니소스 역시 신이다. 각각의 개념을 통해 그 개념에 해당되는 무엇인가, 가령 A가 이해된다. 그런데 이 각각의 개념에 대해 또 다른 어떤 것이 주장될 수 있는데, 이들에서는 A가 원래의 개념과는 달리 이해될 수 있다. 니체의 '디오니소스'는 그의 '예수라는 전형'과 마찬가지로, 사람들이 흔히 디오니소스를 파악하고자 할 때 사용하는 디오니소스의 모든 개념과는 다른 것이다. 하나의 어떤 개념은 다른 개념의 '뉘앙스'다. 결국 니체는 디오니소스에 대해 더이상 이야기는 하지 않았고, 그에 대해 '노래했다'. 〈디오니소스의 송가〉에서.

12장

니체의 미래?

"그때 파괴된 것이 무엇인지 이해하는 사람은
그래도 아직 남아 있는 무엇이 있는지 보려 할 것이다."
《이 사람을 보라》, '나는 왜 하나의 운명인가' 8

니체는 자신을 죽은 다음에야 생생해지는 "사후의 인간"이라
칭했다(《즐거운 학문》365번). "모레가 되어야 나의 날이 온다."《안
티크리스트》, 서문;《이 사람을 보라》, '나는 왜 이렇게 좋은 책을 쓰는가'
1) 니체가 정신착란에 빠진 후 그의 명성은 곧바로 높아졌고, 철
학의 영역을 넘어 엄청나게 퍼져나갔다. 지적인 호기심으로 정신
적인 자극과 대결을 추구하는 자라면 누구든지, 당연히 철학자를
포함해 예술가, 지식인, 정치가, 언론인, 사업가, 모든 분야의 학자,
종교 창시자 등 모두가 니체를 읽었으며, 니체에 매료되거나 혹은
거부감을 느꼈다. (이해할 만한 일이지만, 당시 대학의 강단철학은
니체에 대해 유보하는 태도를 취했고, 오늘날까지도 마찬가지다.)
하지만 예술이나 학문, 철학에는 관심이 없던 평범한 사람들에게
도 니체의 저작, 그중에서도《차라투스트라는 이렇게 말했다》는
특히 강력한 메시지를 전달해주는 엄청난 책이 되었다. 아마도 비
교 가능한 그 어떤 시대의 그 누구보다도 니체가 더 많은 영향을
남겼을 것이다. 오늘날, 당시 니체에게 '모레'인 오늘날은 니체에
게 속해 있는가? 니체의 사유가 우리에게 이미 도착했는가? 니체
의 저작을 다루며 이에 전념하는 거대한 양의 중요한 연구 업적들

이 다양한 학문 영역에서 쏟아져나왔다. 그 결과로 오늘날 우리는 니체의 내적·외적 콘텍스트를 당시 니체의 시대, 니체가 그 어떤 반향도 얻지 못하고 있을 때보다 훨씬 잘 이해한다. 하지만 그의 사유는 계속 사유되었는가? 우리는 그의 사유를 우리 시대를 위해서도 계속 사유할 수 있을 정도로 충분히 이해하고 있는가? 그의 철학 방식에서 찾을 수 있는 수많은 주제에 대해서는 틀림없이 그렇게 말할 수 있을 것이다. 가령 가장 눈에 띄게 나타나는 주제들만 열거하자면 다음과 같다.

인간의 성적 행동 전반(프로이트), 인간학(막스 셸러, 헬무트 플레스너, 아르놀트 겔렌), 니힐리즘(마르틴 하이데거, 에른스트 윙거, 카를 뢰비트), 니힐리즘에서의 실존의 문제(카를 야스퍼스), 문법의 철학(루트비히 비트겐슈타인), 과학철학(윌러드 밴 콰인, 힐러리 퍼트넘, 넬슨 굿맨, 도널드 데이비슨), 철학적 탈환영화(길버트 라일, 리처드 로티, 파울 파이어아벤트), 형이상학 비판(자크 데리다, 질 들뢰즈), (포스트)모더니즘 담론(지안니 바티모, 위르겐 하버마스, 페터 슬로터다이크), 도덕과 문화에 대한 계보학적 분석과 해명(미셸 푸코), 은유론(메타포론)(사라 코프만, 한스 블루멘베르크), 관점주의(프리드리히 카울바흐), 도덕 비판(니클라스 루만), 탁월함의 윤리학(에마뉘엘 레비나스), 기호의 철학(요셉 시몬), 해석 철학(한스 렌크, 귄터 아벨), '신의 죽음'의 신학(도로테 죌레).

그러나 이 모든 연구 경향은 니체의 철학으로서가 아니라 니체 철학과는 다소 거리를 두고, 심지어 니체의 저작에 어느 정도는 의도적으로 무지한 가운데 개별적으로 전개되었다. 그래서 니체가 자신의 사유와 비교하면서 대결했던 여러 철학자의 경우 이를 잇는 계속적인 전통이 있었던 것과는 달리, 가령 데카르트주의, 칸트주의, 헤겔주의 혹은 심지어 플라톤주의와 아리스토텔레스주의, 특히 소크라테스주의의 전통이 있었던 것과 같은 의미에서 철학적으로 생산적인 니체주의에는 아직 이르지 못했다(아마도 유대교적 니체주의는 예외일 것이다*). 물론 니체의 언어 예술, 그의 철학적 글쓰기 형식들, 그의 '즐거운 학문', 모든 가치의 전환 및 위계에 대한 새로운 정당화라는 그의 기획들, 이 모든 것 역시 계속 이어져 발전하기는커녕 우리는 니체 이후 아직 거기에 다시 도달하지도 못했다. 무엇보다도 니체가 차라투스트라를 통해 말하게 했던 유명한 가르침들이 철학적으로 계속 추구되거나 수행되지 않았다. 즉《차라투스트라는 이렇게 말했다》해석을 위한 교단은 아직 제대로 마련되지 않았다(적어도 지금까지는). 우리가 니힐리즘을 극복해냈는지 여부와 그렇다면 그 방법은 무엇인지, 이것을 어떤 근거로 알아낼 수 있는지, 혹은 우리가 그사이에 니힐리즘으로 오히려 더 깊숙이 빠져든 것은 아닌지 등의 여부는 확실하지 않다. 유럽의 도덕이 그 자명성과 정당성에서 자기주장 능력을 상실했음은 확실하지만, 그와 동시에 도덕적 올바름에 대한 요구들은 매우 강력하게 자라났다. 하지만 철학적 지평과 철학적 방향 설정은

★   Jüdischer Nietzscheanismus, ed. by Steaier, Werner / Krochmalnik, Daniel, Berlin 1997.

전체적으로 분명히 변화했다. 최근의 철학은 덜 고상하며, 눈에 띄게 유쾌해졌다. 더 이상 최종적인 진리들이나 지양될 수 없는 불확실성에는 신경을 쓰지 않는다. 그러나 최근의 철학이 니체처럼 우리의 방향 설정에서 일어나는 솔직하고 거리낌 없는 탈환영화를 니체적 긍정의 힘과 연결시킬 수 있을지는 아직 전혀 알 수 없다. 니체는 분명 철학적 사유를 극도의 긴장 상태로 몰아놓았다. 바로 이 긴장 상태가 아마 다가오는 미래 세대들에게도 긴장감 넘치는 여러 흥미로운 것들을 자유롭게 풀어놓아 줄 수 있을 것이다.

학술적 니체 연구를 위한 문헌과 자료

학술적으로 인용 가능한 니체 저작 판본

KGW   Nietzsche, Werke. Kritische Gesamtausgabe, hg. von Giorgio Colli und Mazzino Montinari, Berlin/New York (De Gruyter) 1967ff. (Abteilung I–VIII: Werke und Nachlass).

KSA   Friedrich Nietzsche, Sämtliche Werke. Kritische Studienausgabe in 15 Bänden, hg. von Giorgio Colli und Mazzino Montinari, München/Berlin/New York (De Gruyter/dtv) 1980 (text–, aber nicht seitengleich mit der KGW).

Bd. 1–6: Von Nietzsche veröffentlichte und zur Veröffentlichung bestimmte Werke.

Bd. 7–13: Nachgelassene Fragmente (Notate).

Bd. 14: Einführung, Siglenverzeichnis, Kommentar zu Band 1–13 (M. Montinari).

Bd. 15: Chronik zu Nietzsches Leben, Konkordanz zur Kritischen Gesamtausgabe, Verzeichnis der Gedichte, Gesamtregister.

Nachberichte zur KGW, hg. von Mazzino Montinari, Marie–Luise Haase u.a. (textkritischer Apparat, nur bis Za und zum Nachlass bis 1885).

KGW   IX Der handschriftliche Nachlass ab Frühjahr 1885–1889 in differenzierter Transkription, hg. von Marie–Luise Haase u.a., Berlin/New York (De Gruyter) 2001 ff. (Neuedition des späten Nachlasses).

KGB   Nietzsche, Briefwechsel. Kritische Gesamtausgabe, hg. von Giorgio
       Colli und Mazzino Montinari, fortgeführt von Norbert Miller und
       Annemarie Pieper, Berlin/New York (De Gruyter) 1975ff.

KSB   Friedrich Nietzsche, Sämtliche Briefe. Kritische Studienausgabe in 8
       Bänden, hg. von Giorgio Colli und Mazzino Montinari, München/Berlin/
       New York (De Gruyter/dtv) 1986 (text–und seitengleich mit der KGB,
       aber nur die Briefe Nietzsches). in Bd. 8: Verzeichnis der Adressaten,
       Gesamtregister.

       Nachberichte zur KGB, hg. von Norbert Miller, Annemarie Pieper, Jörg
       Salaquarda.

니체 관련 핸드북 및 편람

NHB   Henning Ottmann (Hg.), Nietzsche–Handbuch. Leben–Werk–Wirkung,
       Stuttgart/Weimar (Metzler) 2000 (Neuausgabe vorgesehen für 2020).

NLN   Christian Niemeyer (Hg.), Nietzsche–Lexikon, Darmstadt (Wissen-
       schaftliche Buchgesellschaft) 2009, 2., durchgesehene und erweiterte
       Auflage 2011.

NLM   Enrico Müller, Nietzsche–Lexikon, UTB 5015, Paderborn (Fink) 2020.

NWB   Nietzsche Research Group (Nijmegen) unter Leitung von Paul van
       Tongeren, Gerd Schank und Herman Siemens (Hg.), Nietzsche–Wörter-
       buch, Berlin/New York (de Gruyter) 2004 ff. Im Druck bisher erschienen
       Bd. 1: Abbreviatur–einfach; weitere Artikel online in: Nietzsche–On-
       line, Nietzsche–Portal des Verlags De Gruyter.

NK   Heidelberger Akademie der Wissenschaften (Hg.), Historischer und
       kritischer Kommentar zu Friedrich Nietzsches Werken, 6 Bände,
       teilweise gegliedert in Teilbände, Berlin/Boston (De Gruyter) 2012 ff.
       (Abschluss geplant 2023).

ZGL   Hauke Reich, Nietzsche–Zeitgenossenlexikon. Verwandte und Vor-
       fahren, Freunde und Feinde, Verehrer und Kritiker von Friedrich Ni-
       etzsche (Beiträge zu Friedrich Nietzsche, Bd. 7), Basel (Schwabe) 2004.

BN   Nietzsches persönliche Bibliothek, hg. von Giuliano Campioni, Paolo
      D'Iorio, Maria Cristina Fornari, Francesco Fronterotta, Andrea Orsucci
      unter Mitarbeit von Renate Müller–Buck (Supplementa Nietzscheana,
      Bd. 6), Berlin/New York (de Gruyter) 2003.

니체의 전기 및 연대기, 간행사, 전거 연구, 저술사, 수용사

CPJ   Curt Paul Janz, Friedrich Nietzsche. Biographie, 3 Bde., München
      (Hanser) 1978–1979.

CBT   Raymond Benders und Stephan Ottermann unter Mitarbeit von Hauke
      Reich und Sibylle Spiegel, Friedrich Nietzsche. Chronik in Bildern und
      Texten, hg. im Auftrag der Stiftung Weimarer Klassik, München/Wien
      (Hanser) 2000.

SPG   William H. Schaberg, Nietzsches Werke. Eine Publikationsgeschichte
      und kommentierte Bibliographie (am. Or. 1995), aus dem Amer. v.
      Michael Leuenberger (Beiträge zu Friedrich Nietzsche, Bd. 4), Basel
      (Schwabe) 2002.

HGNA David Marc Hoffmann, Zur Geschichte des Nietzsche–Archivs. Elisa-
      beth Förster–Nietzsche, Fritz Koegel, Rudolf Steiner, Gustav Naumann,
      Josef Hofmiller. Chronik, Studien und Dokumente (Supplementa
      Nietzscheana, Bd. 2), Berlin/New York (de Gruyter) 1991.

BNPC Thomas H. Brobjer, Nietzsche's Philosophical Context. An Intellectual
      Biography, Urbana and Chicago (University of Illinois Press) 2008.

BNE   Thomas H. Brobjer, Nietzsche and the English. The Influence of British
      and American Thinking on His Philosophy, Amherst, NY (Humanity
      Books) 2008.

KNG   Richard Frank Krummel unter Mitwirkung von Evelyn Krummel, Ni-
      etzsche und der deutsche Geist, 4 Bde. (Monographien und Texte zur
      Nietzsche–Forschung, Bd. 3, 9, 40, 51), Berlin/New York (De Gruyter)
      1998–2006.

RLN   Alfons Reckermann, Lesarten der Philosophie Nietzsches. Ihre Rezep-

tion und Diskussion in Frankreich, Italien und der angelsächsischen
Welt 1960–2000 (Monographien und Texte zur Nietzsche-Forschung,
Bd. 45), Berlin/New York (De Gruyter) 2003.

니체 연구 학술지 및 출판 연감

WNB   Weimarer Nietzsche-Bibliographie, hg. von der Stiftung Weimarer
Klassik-Herzogin Anna Amalia Bibliothek, bearbeitet von Susanne
Jung, Frank Simon-Ritz, Clemens Wahle, Erdmann von Wilamow-
itz-Moellendorf, Wolfram Wojtecki, 5 Bde., Stuttgart/Weimar (Met-
zler) 2000–2002; s. auch Internet-Quellen.

NSt   Nietzsche-Studien. Internationales Jahrbuch für die Nietzsche-For-
schung, begründet 1972 von Mazzino Montinari, Wolfgang
Müller-Lauter, Heinz Wenzel, 1999–2017 hg. von Günter Abel, Werner
Stegmaier, seit 2018 hg. v. Christian Emden, Helmut Heit, Vanessa
Lemm, Claus Zittel, Berlin/New York (de Gruyter).

NF   Nietzscheforschung. Jahrbuch der Nietzsche-Gesellschaft, 1993–2012
hg. von Volker Gerhardt und Renate Reschke, 2013–2018 von Renate
Reschke, seit 2019 hg. von Enrico Müller, Berlin/Boston (De Gruyter).

JNS   The Journal of Nietzsche Studies, begründet 1991 von Howard Caygill,
z.Z. hg. von Jessica N. Berry, z.Z. University Park, PA (Penn State
Press).

NNSt   New Nietzsche Studies. The Journal of the Nietzsche Society, be-
gründet und hg. von David B. Allison und Babette Babich, New York
(Fordham University) 1996ff.

ND   Nietzsche in der Diskussion (Monographien und Sammelbände), Würz-
burg (Königshausen & Neumann) 1984ff.

MTNF   Monographien und Texte zur Nietzsche-Forschung, begründet 1972
von Mazzino Montinari, Wolfgang Müller-Lauter, Heinz Wenzel,
1999–2017 hg. von Günter Abel, Werner Stegmaier, seit 2018 hg. v.
Christian Emden, Helmut Heit, Vanessa Lemm, Claus Zittel, Berlin/

New York/Boston (de Gruyter).

SN   Supplementa Nietzscheana, begründet von Wolfgang Müller–Lauter, Karl Pestalozzi, hg. von Karl Pestalozzi, Berlin/New York/Boston (de Gruyter).

BFN   Beiträge zu Friedrich Nietzsche. Quellen, Studien und Texte zu Leben, Werk und Wirkung Friedrich Nietzsches, hg. von David Marc Hoffmann, Basel (Schwabe).

인터넷 자료

www.nietzschesource.org: Nietzsches Werke und Briefe nach KGW und KGB.

ora-web.swkk.de/swk-db/niebiblio/index.html: WNB.

www.nietzsche-news.org: Informationsportal zu Publikationen, Konferenzen, Veranstaltungen zu Nietzsche.

www.nietzschecircle.com: Informationsportal zu Nietzsche mit zahlreichen weiteren Links und eigener Zeitschrift (The Agonist).

부록 2

니체의 저작물

1870년 유고

《고대 그리스 음악극Das griechische Musikdrama》
《소크라테스와 비극Sokrates und die Tragödie》
《디오니소스적 세계관Die dionysische Weltanschauung》
《비극적 사유의 탄Die Geburt des tragischen Gedankens》

1872년

《비극의 탄생Die Geburt der Tragödie》

1872년 유고

《쓰이지 않은 다섯 권에 대한 다섯 개의 서문Fünf Vorreden zu fünf ungeschriebenen Büchern》
《우리 교육기관의 미래Über die Zukunft unserer Bildungsanstalten》

1873년

《다비드 슈트라우스, 고백자와 저술가: 반시대적 고찰 I David Strauss der Bekenner und der Schriftsteller: Unzeitgemässe Betrachtungen I》

1873년 유고

《그리스 비극 시대의 철학Die Philosophie im tragischen Zeitalter der Griechen》
《비도덕적 의미에서의 진리와 거짓Ueber Wahrheit und Lüge im aussermoralischen Sinne》
《독일인들에게 보내는 경고Mahnruf an die Deutschen》

1874년

《삶에 끼치는 역사의 이로움과 해로움: 반시대적 고찰 II Vom Nutzen und Nachteil der Historie für das Leben(Unzeitgemässe Betrachtungen II)》

《교육자로서의 쇼펜하우어: 반시대적 고찰 III Schopenhauer als Erzieher(Unzeit-gemässe Betrachtungen III)》

1876년

《바이로이트의 리하르트 바그너: 반시대적 고찰 IV Richard Wagner in Bayreuth(Un-zeitgemässe Betrachtungen IV)》

1878~1879년

《인간적인 너무나 인간적인 I Menschliches, Allzumenschliches I》

《인간적인 너무나 인간적인 I Menschliches, Allzumenschliches II》

1881년

《서광 Morgenröte》

1882년

《즐거운 학문 Die fröhliche Wissenschaft》

1883~1885년

《차라투스트라는 이렇게 말했다 Also sprach Zarathustra》

《포겔프라이 왕자의 노래 Die fröhliche Wissenschaft. Lieder des Prinzen Vogelfrei》

《인간적인 너무나 인간적인: 농담, 간계, 그리고 복수 Die fröhliche Wissenschaft. 'Scherz, List und Rache'》

1886년

《선악을 넘어서 Jenseits von Gut und Böse》

1887년

《도덕의 계보 Zur Genealogie der Moral》

1888년

《바그너의 경우 Der Fall Wagner》

1889년
《니체 대 바그너Nietzsche contra Wagner》
《우상의 황혼Götzen-Dämmerung》

1888~1889년
《안티크리스트Der Antichrist》
《이 사람을 보라Ecce homo》
《디오니소스 송가Dionysos-Dithyramben》

옮긴이 후기

생각해보니, '나는 하나의 뉘앙스다'라고 말했던 니체는 완벽하게 살았다. 점점 자신이 되어갔다. 이미 철학자인 니체가 점점 철학자가 되어갔다. 결국 미쳤을 뿐 아니라, 대단하게도 미쳐도 될 때까지 니체는 온 힘을 다해 기다릴 수 있었으며, 미쳐야 할 때 그렇게 했다. 이것이 진정한 니체의 능력이었고, (또 이런 의미에서) 니체를 완벽하게 만들었다. 가령 '힘에의 의지'를 결국 하나의 저작으로 완성했다면, 그렇게 할 수 있었다면 니체는 미치지 않았을 것이다. 니체는 결코 체계로 끝날 수 없고, 체계로 남을 수 없는 것의 운명을 알고 있었다. 또 그러한 하나의 삶으로서 자신의 운명이 결국 어떻게 끝날 수밖에 없는지도 알고 있었던 것 같다. 그렇게 니체는 토리노에서 맞게 될 자신의 운명을 기다리고 있었을 것이다. 물론 기다리지 않은 채 자신에게 나타나는 세계를 '먼저' 구성하면서, 결코 완전히는 알려지지 않는 것으로 머물 수밖에 없는 것을 만들어내면서. 차라투스트라가 죽어가는 줄타기 곡예사에게 한 말처럼, 니체도 위험으로부터 자신의 천직을 만들어냈으며, 그 천직으로 몰락했다. 결국 니체는 체계를 이루는 개념이 아니라 뉘앙스로 남을 수 있었고, 그렇게 할 수 있을 정도로 완벽했다.

뉘앙스를 그대로 전달할 수 있는가? 뉘앙스를 배워서 따라 할 수 있는가? 뉘앙스는 전달할 수도, 따라서 가르칠 수도 없다. 체험할 수 있을 뿐이다. 니체를 가르칠 수 있는가? 니체의 사유를 전달하는 어려움은 뉘앙스를 전달하는 어려움과 같은 것이다.

이 책의 제목은 《니체 입문》이지만, 흔히 기대하는 '입문서'는 아니다. 사실 니체 입문서라는 말은 그 자체로 이상하게 들린다. 니체의 저서를 읽어도 이해하기 어려워서 이 책을 읽는다면, 이 책을 읽고 난 후에도 달라진 것은 별로 없을 것이다. 어떤 니체 입문서를 읽어도 사정은 마찬가지일 것이라 생각한다. 다른 한편으로, 어떤 의미에서는 분명 니체의 입문서라고 할 수는 있다. 왜냐하면 니체의 저서는 계속 읽고 또 읽어도 입문서가 필요하다고 느끼게 하기 때문이다. 나에게도 그래서 이 책은 한 권의 니체 입문서이다. 물론 가장 완벽한 니체 입문서는 니체의 저서들밖에 없다. 니체의 저서들 자체가 서로에게 영원한 입문서가 된다. '니체의 독자'라면 니체를 읽으면서 이것을 깨달을 것이다. 니체 스스로가 계속해서 철학자가 되어가는 과정에 있었던 것이라면, 니체의 독자들은 스스로 원하는 한 계속 니체에 입문하는 과정에 있을 것이다.

이 책 《니체 입문》의 저자이자 명망 있는 니체 연구자인 슈텍마이어도 그렇게 한 사람의 니체 독자로서, 또 이미 니체를 읽고 아는 독자를 위한 책으로 이 책을 구상했을 것이다. 이 책은 이미 니체를 읽고 안다고 생각하는 사람들, 니체를 읽으며 오해를 하거나 이해를 하면서 수많은 시간을 보낸 사람들, 니체의 생각인지 자신의 생각인지 헷갈리면서 니체를 계속 새로 알게 되는 가운데 자신을 계속 벗어나는 사람들을 위한 책이다. 그래서 이 책은 소위 '입문서'임에도 불구하고 니체의 저서나 철학 개념에 대한 기본적이고 자세한 설명이 아니라, 니체의 사유 그 자체의 성격에 대한 일종의 개관으로 기획되었다. 또 같은 이유에서 니체의 사상 전체를 한 개인으로서의 니체의 경험, 영향, 친구, 환경 등과 함께 보여주기 위해 비교적 짧은 입문서임에도 불구하고 일종의 니체 연보에 해당하는 '1장 니체의 삶과 경험들'에 많은 페이지를 할애한 것 같다.

방금 언급한 이 책의 성격 및 저자의 의도와 관련하여, 이 책의 역자로서 한 가지 사항을 언급하고 짧은 역자 후기를 마무리하고자 한다. 이 책에서 저자 슈텍마이어의 문체는 매우 압축적이고 간결하다. 내용 역시 마찬가지이다. 그래서 번역을 하면서 독자의 이해를 돕기 위한 역자 주를 통해 니체의 개념을 설명하거나 보충적인 내용을 짧게 또는 길게 추가할 필요성을 느끼지 않은 것은 아니다. 하지만 역주를 거의 생략했다. 이 책은 저자 슈텍마이어가 서문에서 밝히는 것처럼, 그 의도가 "니체의 철학을 체계적 가르침들로 확정해서 설명하는 대신 니체가 철학하는 방식과 태도 자체를 가급적 그대로 보여주는" 것이며, 그럼으로써 '학설을 통해 설명하는 가르침'이 아니라 니체가 의도한 대로 '가르침에 반대하는 가르침'으로서 보여주는 것이다. 그래서 "얇은 입문서로 기획된 이 책이 허락하는 지면이 그리 많지 않지만, 그럼에도 니체의 텍스트로부터 그의 발언과 표현을 직접 그대로 들어보고자" 하는 것이다(그래서 독일어 원서에도 전거 몇 개 외에는 각주가 없다). 이러한 저자의 의도에 따라 니체 연구자인 역자 역시 한국에서 역자 주를 길게 다는 경향임에도 역자 주를 거의 달지 않았다. 저자인 슈텍마이어의 의도와 태도를 역주를 통해 훼손하고 싶지 않았을 뿐 아니라, 독자에게 친절하지 않은 니체의 사유 및 글쓰기와 그러한 불친절로 보이는 니체적 태도의 의미를 말하는 저자의 의도를 생각하여, 기꺼이 독자에게 친절하지 않은 역자가 되고자 했다. 슈텍마이어가 니체를 전달하는 어려움을 말하면서, 니체가 무엇을 말하고 있는가가 아니라 어떻게 말하고 있는가를, 무언가를 가리키고 있는 '태도' 그 자체를 니체의 사유 내용으로 보여주려고 한 것처럼 나 역시 최선을 다해 '역자'의 일, 역자의 기능만을 생각하고자 했다. 그래서 역자 주를 붙이는 대신 독일어 문장 자체에 전제되어서 저자가 명시적으로는 표현하지 않는 철학적 내용이 우리말에서 그대로 자연스럽게 이해되도록 하기 위해, 필요한 단어나 구절들을 번역서 본문 속에서 부가어로 보충하는 정도로 그침으로써 번역자의 임무에만 최대한 충실하고자 했다.

2020년 8월

홍사현

니체 입문

초판 1쇄 발행 2020년 9월 21일
초판 4쇄 발행 2023년 9월 8일

지은이 베르너 슈텍마이어
옮긴이 홍사현

펴낸이 김현태
펴낸곳 책세상
등록 1975년 5월 21일 제2017-000226호
주소 서울시 마포구 잔다리로 62-1, 3층(04031)
전화 02-704-1251
팩스 02-719-1258
이메일 editor@chaeksesang.com
광고·제휴 문의 creator@chaeksesang.com
홈페이지 chaeksesang.com
페이스북 /chaeksesang   **트위터** @chaeksesang
인스타그램 @chaeksesang   **네이버포스트** bkworldpub

ISBN 979-11-5931-506-0 03160